HISTOIRE

DE LA

POLITIQUE COMMERCIALE

DE LA FRANCE.

HISTOIRE

DE LA

POLITIQUE COMMERCIALE

DE LA FRANCE

ET

DE SON INFLUENCE SUR LE PROGRÈS DE LA RICHESSE PUBLIQUE

DEPUIS LE MOYEN AGE JUSQU'A NOS JOURS

PAR CHARLES GOURAUD.

—

TOME PREMIER.

PARIS

AUGUSTE DURAND, LIBRAIRE, RUE DES GRÈS, 5 ;
DENTU, LIBRAIRE, PALAIS-ROYAL.

—

1854

DISCOURS PRÉLIMINAIRE.

L'économie politique ne cesse de retentir des prédications d'une école qui prétend l'établir sur des principes entièrement nouveaux.

Les douanes qui séparent les différents États, et qui jusqu'ici avaient passé pour le boulevard de leur agriculture, de leur industrie et de leur commerce, ne sont, s'il faut en croire les maîtres de cette école, que des entraves qui enchaînent sans profit pour aucune nation la liberté des relations de toutes. Imitant et poussant à ses dernières conséquences une réforme dont l'Angleterre a l'honneur d'avoir la première donné le généreux exemple, tous les peuples aujourd'hui doivent diminuer peu à peu leurs tarifs, et, dans un avenir aussi rapproché que possible, arriver à les supprimer complétement. Le temps est venu de restituer au genre humain les territoires que l'inintelligente cupidité des siècles barbares a usurpés sur la propriété originairement indivise du sol du globe, de mettre tous ces territoires en commun, de confondre tous les marchés, et de former une république commerciale universelle où l'échange entre tous les peuples des productions de toute la terre soit absolument libre.

Les fruits d'un tel régime, s'il s'établit jamais dans l'univers, seront, au dire des novateurs, aussi merveilleux que lui-même.

Au point de vue matériel d'abord, ce sera d'un pôle à l'autre l'ère de l'abondance et du bien-être. Plus de disettes, plus de chômages, plus d'encombrements, plus de crises. Le mouvement du travail et le développement des capitaux prenant un essor prodigieux, on verra dans le même temps baisser les prix de revient et de vente de toutes choses, et hausser les salaires, les profits et la rente.

La révolution sera plus vaste encore dans le monde moral. La confusion des territoires provoquant l'alliance des nations, l'humanité tendra de plus en plus à ne former qu'une société ou plutôt qu'une famille. On licenciera les armées permanentes : des conférences diplomatiques, tribut suprême payé au vieil esprit de discorde qui a si longtemps déshonoré l'histoire et ensanglanté l'univers, termineront tranquillement, des rives de l'Ohio à celles de la Tamise, et des bords de la Seine à ceux de la Néva, les différends, désormais tout intérieurs, de la grande confédération humaine, et la terre deviendra un immense atelier où chacun, sous l'aimable loi de la paix perpétuelle, n'aura plus d'autre ambition que de travailler au bonheur de tous.

De telles idées assurément sont spécieuses, et si, dans le

choix du régime économique qui doit gouverner le monde,
il fallait se décider sur l'apparence, il n'en est point qui,
mis en balance avec celui-ci, pût prétendre à lui disputer
la palme. Mais, pour persuader des philosophes et pour
toucher des hommes d'État, il faut autre chose encore que
des apparences.

Tout système nouveau se produisant en ce monde avec
la prétention d'y remplacer un système opposé, établi
d'ancienne date, et ayant par là seul en sa faveur le préjugé de la longue possession, doit, s'il veut obtenir la
confiance des esprits sérieux, satisfaire avant tout à une
double épreuve.

La première est de prouver la vérité de ce qu'il annonce.

Une école se présente apportant, dit-elle, dans les plis de
sa robe l'affranchissement de l'univers et le bonheur du
genre humain : il serait insensé de se refuser à l'entendre,
mais il serait plus insensé encore de la croire sur parole.
Les systèmes sont comme les loteries, où la chance de
gagner est d'autant plus faible que la somme promise au
gagnant est plus forte : plus ils sont magnifiques en promesses, plus d'ordinaire ils sont pauvres en fondement.
Se justifier soi-même et donner des preuves de ce qu'elle
avance, voilà la première épreuve par où doit passer
toute doctrine nouvelle.

Mais cette épreuve elle-même réussît-elle pleinement, à
la gloire des novateurs, ils ne seraient pas dispensés pour
cela d'en subir une seconde.

Si les traditions, même les plus sujettes à la critique,

ont en leur faveur le préjugé de la sanction du temps, la nouveauté la plus heureuse, au contraire, a contre elle le préjugé du défaut de toute expérience. Un régime existe depuis plusieurs siècles sur la terre. Il a des imperfections peut-être; quel régime n'a les siennes? Mais il existe, et il a eu la confiance de nos pères : pourquoi n'aurait-il pas la nôtre? Vous voulez le changer? soit : rien d'humain n'est éternel; mais, avant que nous admettions votre nouveauté, outre les preuves à l'appui qu'elle n'est pas une chimère, il nous faut cette démonstration de plus qu'elle vaut mieux que le régime ancien, et que celui-ci a définitivement fait son temps.

Enfin, quand il ne s'agit de rien moins que de bouleverser le système d'administration de l'univers, il faut, avant de franchir un tel pas, connaître parfaitement deux choses : ce que valent au fond les maximes nouvelles qu'il est question de prendre, et les maximes anciennes qu'on parle de quitter

Dans un précédent ouvrage [1], accueilli par le public

[1] *Essai sur la liberté du commerce des nations*, ou *Examen de la théorie anglaise du libre échange*, un vol. in-8°. Paris, 1853. On avait préalablement jeté les bases de cet ouvrage dans un article publié par la *Revue des Deux-Mondes*, dans sa livraison du 15 avril 1852, et intitulé : *Tendances de l'économie politique en Angleterre et en France*. Nous adressons ici nos remercîments aux organes de la presse périodique et quotidienne qui ont bien voulu s'occuper de ces travaux, et particulièrement aux écrivains distingués qui, à divers titres, en ont appuyé les conclusions; à Paris, dans la *Revue*, l'*Assemblée nationale*, le *Constitutionnel*, le *Répertoire de jurisprudence*, le *Journal d'agriculture pratique*, et en province dans divers recueils ou journaux de Marseille, de Lyon, de Lille, de Valenciennes, de Rouen et de Mulhouse.

avec une bienveillance dont nous ne saurions nous montrer trop reconnaissant, nous avons, en ce qui nous concerne, accompli déjà la première moitié de cet examen préalable. Quel en a été le résultat? Rien moins que favorable à la nouvelle école. Interrogé longuement, discuté pied à pied et maxime par maxime, son système nous est, d'un bout à l'autre, apparu aussi vicieux dans ses fondements que romanesque dans ses espérances. Un volume entier, consacré à la mise hors de doute des conclusions que nous exprimons là, nous dispenserait, à la rigueur, d'en apporter ici aucune démonstration. Cependant, et sans vouloir renouveler d'ailleurs une controverse épuisée, les preuves de la vanité du libre échange, envisagé comme doctrine, et de son danger, considéré comme régime, sont si faciles à rassembler et à saisir, qu'avant de passer outre, et pour écarter toute fin de non-recevoir à cet égard, nous en présenterons un tableau rapide au lecteur.

Le vice du libre échange, considéré soit comme système, soit comme régime, ne saurait être plus décisif contre son adoption qu'il ne l'est : ses principes eux-mêmes détruisent ses conséquences. C'est au nom de la liberté qu'il s'annonce, c'est au progrès qu'il prétend conduire l'humanité : si on le mettait en pratique, il mènerait l'univers à la servitude, et les nations à la décadence.

C'est, avec un peu d'attention, ce dont il est aisé de se rendre compte.

La liberté du commerce que font entre eux les différents peuples du globe dépend d'une condition évidente, c'est que ce commerce soit livré à la concurrence aussi étendue que possible de tous ces peuples. Qu'un seul d'entre eux soit, je ne dirai pas opprimé, mais simplement gêné dans l'exercice du droit naturel qu'il a de prendre, par son travail et par son génie, toute la part à laquelle il peut prétendre dans ce commerce, il ne sera plus vrai de dire qu'il est libre. Mais la concurrence, à son tour, ne saurait ni s'établir ni durer entre les peuples, si leurs forces respectives, en capital, richesse naturelle et le reste, ne sont ou égales, ou équivalentes. Supposez, en effet, que l'un d'entre eux soit, sous ces différents rapports, mieux doué que chacun des autres, ceux-ci deviendront impuissants à soutenir la lutte, le monopole naîtra et l'univers sera opprimé. Or, les peuples, tels du moins que les ont faits la nature, la politique et le temps, ne sont rien moins qu'égaux l'un à l'autre. Pour rendre la concurrence entre eux possible et durable, que faut-il donc faire ? Une chose évidemment indispensable : égaliser artificiellement les conditions de la lutte, de manière à prévenir à tout moment l'oppression du plus faible par le plus fort. C'est là l'unique et pur office de l'institution des douanes : elle n'a d'autre but que d'assurer l'indépendance du travail et du commerce de l'univers, en équilibrant, au moyen de taxes de différence imposées par la nation la plus pauvre à l'échange des produits de la nation la plus riche, les forces inégales de chacune d'elles. Supprimez donc une telle institution, abolissez les douanes, aurez-vous développé la liberté du travail et celle du commerce? Vous les aurez détruites, car vous en aurez renversé les seules garanties et les premiers fondements. Qu'est-ce donc alors que le libre échange? Vous le voyez : c'est une doctrine qui, sous le manteau de la liberté, n'est absolument rien que la théorie du monopole.

Mais suivons-la sur le second terrain où, s'il fallait l'en croire, elle serait sans rivale, le terrain du progrès; cette démonstration de sa vanité y va prendre un bien autre caractère d'évidence et de force.

Le progrès est matériel ou moral : matériel, il se manifeste par l'abondance et par le bien-être; moral, par l'accélération du mouvement imprimé à la marche de la civilisation. Le libre échange, en venant à application, produirait-il quelque chose de semblable? Il produirait tout le contraire.

Le progrès matériel de l'univers est le même évidemment que celui de toutes les nations qui le composent, car le bien-être d'un corps ne saurait se former de la souffrance de ses membres. Mais l'abondance et l'aisance qui en est la suite ne sauraient naître que du développement de la production; car comment jouir d'objets qui n'existent pas? Plus donc le nombre des peuples producteurs, et partant la diversité, la quantité et l'importance des produits iront augmentant dans le monde, plus le progrès matériel de l'humanité s'accroîtra. Mais cet accroissement du nombre des peuples producteurs et de la quantité générale de la production du globe serait-il favorisé par le libre échange? Il serait rendu impossible. Otez les douanes :

le blé cultivé aujourd'hui sous leur égide, chez la plus grande partie des peuples des deux mondes, ne pourra plus l'être avec avantage que dans deux ou trois États seulement : ruinés par la concurrence insoutenable de l'Amérique et de la Russie, les agriculteurs des autres parties du globe seront obligés de renoncer à cette riche culture ; et la quantité de sa production, au lieu de croître, ira diminuant de plus en plus. Il en sera de même de l'exploitation des mines, de la fabrication du fer, de la laine, du coton, du lin, etc. ; le monopole de ces travaux tombera aux mains d'une ou deux nations plus favorisées par la nature ou plus avancées en civilisation industrielle que les autres, et la production languira ou s'éteindra chez le reste. Quel progrès en résultera-t-il pour le bien-être du genre humain ? En d'autres termes et généralisant la question, étant évident que le libre échange diminuerait la liberté du travail et avec elle l'importance de la production, on demande par quel miracle on y verrait l'abondance sortir du progrès de la rareté.

Mais, au lieu d'envisager l'univers ensemble, allons plus au détail et considérons chaque peuple en particulier.

L'effet du libre échange, ou alors il n'est qu'une illusion, doit être de mettre chaque nation particulière dans le plus grand état de prospérité possible. Mais quelle est la grande source de la prospérité d'un peuple? Le travail. Le libre échange développerait-il les éléments et les fruits du travail ? Il les étoufferait.

On me promet l'abondance ; je n'en demande pas tant :

honnête et pauvre ouvrier, je me contente du nécessaire ; mais avec quoi obtiendrai-je ce nécessaire ? Avec le prix de mon travail, sans doute. Or, qui est-ce qui donne du travail dans une nation, le producteur indigène ou le producteur étranger ? L'indigène. Quant à l'étranger, bien loin d'en donner, il le retire. Supposons donc le libre échange. Autrefois, sous l'empire des tarifs, des sucreries, des houillères, des forges, des filatures étaient ouvertes dans ma contrée et y prospéraient ; j'y trouvais de l'ouvrage et, au bout de mon ouvrage, mon pain et celui des miens. Mais voilà que l'école nouvelle l'emporte. Les usines nationales, impuissantes, pour telle ou telle raison, à soutenir sans protection la concurrence étrangère, ou restreignent leurs travaux, ou diminuent leurs salaires, ou tombent tout à fait. Ou je chôme moitié de la semaine, ou je suis sans ouvrage. Je demande en quoi le libre échange a augmenté mon bien-être ? Le libre échange se trompe ; il avait les meilleures intentions, sans doute ; mais, en attendant, il m'a jeté ma famille et moi dans la misère.

On me dit, il est vrai, que je gagnerai à cela d'être fourni à meilleur marché, par une nation étrangère, des objets nécessaires à mon entretien et à ma vie. C'est une moquerie, sans doute. La valeur des objets est relative à nos besoins et à nos facultés. Il n'y a pas de cherté pour le riche, il n'y a pas de bon marché pour le pauvre. Que m'importe que le pain soit à vil prix, si je n'ai pas de quoi payer ce prix ; que m'importe qu'il soit cher, si mes salaires ou mes profits me permettent de l'acheter ?

On touche au vif le vice irremédiable du système de la
nouvelle école : dans la guerre aveugle qu'elle fait au régime des douanes, elle ne prend pas garde qu'en ruinant
le producteur elle affame l'ouvrier.

Mais ce n'est que le commencement de ses méprises.
Ce ne sont pas seulement le travail et les salaires qui
vivent et qui se développent à l'abri des douanes chez les
différents peuples, ce sont l'agriculture, l'industrie, la navigation, toutes les grandes branches, en un mot, de l'activité, et partant de la richesse publique.

Voici, par exemple, une nation ou médiocrement dotée,
ou très-arriérée, qui encourage chez elle par des tarifs, sans
lesquels elles n'y sauraient vivre, un certain nombre de
grandes manufactures. Ces manufactures occupent d'abord
un certain nombre de bras, ensuite elles jettent sur le
marché et dans le torrent de la richesse sociale un certain
nombre de produits : elles ne sont pas par là des causes d'ap-
pauvrissement, sans doute. Mais elles font plus. Partout où
il s'élève une fabrique, il se concentre aussitôt sur un es-
pace déterminé, ordinairement très-étroit, une population
considérable ; bientôt les agriculteurs environnants, assurés du placement de leurs denrées, font des efforts qu'ils
n'auraient jamais faits sans cela : l'argent arrive, on dé-
friche les terres, ou on les cultive mieux ; au bout de quelque temps, tout le territoire se transforme, et des moissons
couvrent un sol qui n'était autrefois que bruyères et que
landes. Combien n'y a-t-il pas d'exemples de ce que je dis
là ! Les vallées de la Loire, de l'Aveyron, du Gard, des

Vosges, étaient pauvres et incultes : un jour, des houillères, des forges, des filatures de coton, des verreries, etc., s'y établissent et y prospèrent sous le régime des douanes ; bientôt toute l'agriculture de la contrée s'enrichit. Je suppose le libre échange : les filatures, verreries, forges, houillères chôment, les populations sont sans travail, partant elles consomment moins ; quel progrès en résulte-t-il pour la richesse du sol ?

On varierait sans fin ces exemples ; mais ne nous arrêtons qu'aux sommités des choses, les lumières du lecteur feront aisément le reste.

Une des grandes promesses encore du libre échange dans cet ordre d'idées, c'est de procurer au consommateur les objets nécessaires à son entretien et à sa vie au plus bas prix possible, en lui permettant de les acheter sur le marché où ils sont le moins chers ; car, disent les novateurs, c'est une iniquité et une duperie de faire surpayer sur le marché national des objets qui sont à plus bas prix partout ailleurs. Et là-dessus arrivent des volumes de déclamations sur l'opulence du producteur indigène s'engraissant, à l'ombre des douanes, des sueurs et de la misère du peuple.

O Envie ! ô le plus sot comme le plus vil des sentiments humains ! Voilà donc le grand crime du producteur indigène : il est riche ! Mais je viens, ô Envie, de vous traiter de sotte ; il est juste que je prouve qu'ici en effet, comme partout, vous l'êtes.

D'abord, ainsi que je l'ai déjà fait remarquer, ce producteur indigène, ce grand criminel qui est riche, donne du travail à une certaine population, et celle-ci, à l'aide de son travail, trouve son pain : que vous a fait cette population pour que vous lui retiriez son salaire et sa subsistance? vous ne pouvez pas dire qu'elle soit riche, elle! Ensuite, comme je l'ai encore fait voir, ce producteur enrichit sa contrée en provoquant autour de sa fabrique une production plus considérable de denrées : que vous a fait cette agriculture environnante et pourquoi voulez-vous la ruiner?

Vous me dites, pour me distraire de toutes ces ruines, que j'aurai la satisfaction d'acheter moins cher, chez un étranger mieux doté de la nature ou plus avancé en industrie, les objets nécessaires à ma vie? Mais, d'abord, en êtes-vous bien sûre? Etes-vous bien persuadée que, quand il n'y aura plus ni houillères, ni forges, ni filatures, ni draperies, etc., florissantes dans mon pays, quand mon industrie nationale enfin sera détruite, êtes-vous bien certaine que l'étranger producteur, à qui vous faites si libéralement et si habilement cadeau du monopole de toutes ces choses, ne relèvera pas ses prix? Soit : je suppose que par esprit de fraternité, cet esprit est très-commun entre acheteur et marchand! cet étranger seul producteur, devenu maître du marché, ne me rançonne pas, empêcherez-vous la diminution générale de la production d'agir fatalement comme cause de cherté? Ensuite, c'est un axiome en économie politique que les produits, en définitive, ne se payent qu'avec des produits. Si ma nation, moins avancée en capital, en industrie, en civilisation générale, etc., qu'une nation rivale, ne peut sans douanes arriver à produire de quoi payer à l'étranger l'approvisionnement de son entretien, avec quoi, dans le système du libre échange, parviendra-t-elle à s'acquitter? A la manière du Portugal, ou de la Turquie, sans doute : en hypothéquant son territoire, en aliénant son revenu, et en vivant, sous les plus beaux climats du monde, dans l'inertie, la gêne et l'immobilité? Où sera encore là le progrès?

O Envie! nous raisonnons, vous et moi, d'une manière bien différente; vous trouvez que le producteur protégé qui vous vend ce qu'il fabrique, plus cher que vous ne l'achèteriez à l'étranger, est trop riche? Moi je trouve qu'il ne l'est pas assez. C'est l'opulence du producteur qui fait l'abondance et le bas prix du produit. Producteur pauvre, produit cher; la maxime est infaillible; je suis donc, en ma qualité de consommateur, directement intéressé à encourager le producteur de mon pays. Demanderez-vous pourquoi? Cela éblouit les yeux. C'est que si j'encourage ce producteur et si je l'enrichis, il pourra consacrer un plus grand capital à la fabrication de son produit; y consacrant un plus grand capital, il perfectionnera sa fabrication, et il me livrera avec le temps son produit meilleur et moins cher. Chez une grande nation, en effet, quand des profits considérables se réalisent quelque part, les capitaux inactifs s'y portent, et bientôt la concurrence se mettant dans cette opulente industrie, elle fait en perfection et en modicité de prix des progrès extraordinaires. Faut-il des exemples? Rappelez-vous le sucre indigène, payé un prix exorbitant par nos pères, et tombé à si bas prix chez leurs enfants qu'il a fallu en toute hâte protéger les colonies contre une concurrence en moins de trente ans devenue insoutenable. Voilà les sources économiques de l'abondance et du bas prix.

Il est vrai que, sous ce régime des douanes contre lequel vous n'avez point assez de foudres, on suppose que chaque génération, profitant des sacrifices de cherté que s'est imposés en sa faveur la génération qui la précéda, saura s'imposer des sacrifices analogues en vue des générations qui doivent suivre; mais qu'a cette supposition de blâmable? Vous parlez de progrès, ô Envie; en connaissez-vous de réalisable, dans le monde du travail et de la richesse, sans capital? Quand les douanes protégent obstinément sur le sol de mon pays des industries qui n'avancent même qu'avec lenteur, savez-vous ce qu'elles font? Elles augmentent le capital national, c'est-à-dire cette masse de richesse produite et reproductive, consistant en mines et carrières, usines, ateliers de toute sorte, ponts, routes, canaux, etc., à l'aide de laquelle les générations futures augmenteront encore l'abondance et la prospérité publique. Que ferait donc le libre échange du capital des nations dont l'industrie ne prospère qu'à la faveur des douanes? Il le tarirait, puisqu'il amènerait la fermeture des établissements de travail, la ruine de ces ouvrages-ouvriers qui multiplient sans cesse la production publique, et conséquemment celle des éléments de formation du capital lui-même.

Et on dit que cette doctrine nous donnerait le progrès matériel! Mais arrêtons-nous, car aussi bien j'entends le lecteur qui me crie que j'abuse du triste droit de prouver l'évidence et que je fais injure à son bon sens.

Passons donc, et venons maintenant en quelques mots à l'examen des promesses de progrès moral que les novateurs joignent à celles que nous venons de juger.

La destruction des douanes accélérerait-elle le mouvement de la civilisation, comme ils le pensent? C'est une énorme erreur : elle en briserait le ressort.

Sur quoi a reposé jusqu'ici, sur quoi repose encore de nos jours la civilisation de la race humaine? Sur sa division en nations et sur la rivalité de ces nations. Et que sont les douanes, sinon un des plus énergiques et des plus intelligents engins de rivalité qui soient au monde? Si un seul peuple se trouvait, grâce au libre échange, en possession exclusive de fabriquer telle ou telle machine, d'ouvrer telle ou telle tige, tel ou tel filament, de produire seul, en un mot, tel ouvrage que ce soit, les progrès de ce travail seraient-ils aussi assurés et aussi rapides que s'ils étaient commis à l'intelligence et à l'activité de dix nations? Quel progrès voyez-vous à empêcher les nations pauvres ou attardées de conquérir, à l'aide des douanes, la liberté de leur génie avec celle de leurs bras, et de venir prendre sur la scène de l'univers place au soleil de la concurrence? Quel profit trouverait la civilisation agricole, industrielle, maritime du genre humain, à se voir confiée à l'énergie d'une seule nation, au lieu de l'être à celle de toutes?

Mais ils veulent changer tout cela. Le principe de la civi-

lisation, à les en croire, ce n'est plus la rivalité, c'est la
fraternité des peuples; et, à une lutte séculaire, il est temps
de faire succéder l'ère de la paix perpétuelle. Nous voilà en
pleine utopie. Que dire à une école qui propose naïvement
de refaire les lois du genre humain? Que la tâche de la
philosophie n'est pas de les refaire, mais de les observer;
qu'il est un plus grand philosophe que toutes les écoles,
ce philosophe éternel qui posa à l'origine les assises séculaires sur lesquelles reposent toutes les choses; que Dieu
n'a pas fait de ce monde un théâtre de repos; que nous
avons, comme disait avec raison un grand controversiste,
l'éternité pour nous reposer, et que la loi de cette vie est le
travail et le combat; que la fraternité est un mensonge de
peuple à peuple, et que l'amitié du plus fort ne sera jamais
pour le plus faible que l'amitié de Rome; qu'une nation
fournie est une nation vassale : et une nation vassale, tôt ou
tard une nation conquise; que la cession par un peuple à un
autre de sa nationalité commerciale est le prélude de son
abdication politique; que qui livre son marché livrera fatalement quelque jour la propriété de son territoire; que la
république universelle en commerce, comme en politique,
est un rêve; que la terre n'est faite ni pour se passer de
gouvernement, ni pour obéir à un seul gouvernement ;
que c'est folie, enfin, de prétendre changer les décrets de
la Providence, la constitution de la nature et le cœur de
l'humanité? Disons-le par acquit de conscience; mais
étonnons-nous avec le lecteur qu'il soit venu une époque en France où de telles choses aient été mises en

doute et où il ait été nécessaire seulement de les rappeler.

Voilà donc ce que ferait le libre échange du progrès moral aussi bien que du progrès matériel du genre humain : il ne les développerait pas, comme il l'assure ; bien loin de là, il les arrêterait. Je disais tout à l'heure que cette doctrine était la théorie du monopole; je puis ajouter, pour achever de la définir, que c'est celle de l'immobilité.

Jugez donc à présent la vérité de cette grande maxime qui est le fondement, la substance, la devise de tout le système, que l'intérêt des nations est d'abolir leurs douanes, et qu'il n'y a plus aujourd'hui d'économie politique digne d'hommes d'Etat philosophes et de peuples civilisés que celle qui consiste, si d'un mot il faut la peindre, à n'avoir plus d'économie politique !

Les grands éléments de ce jugement sont rassemblés, et notre tableau résumé des preuves de l'inanité du libre échange pourrait, sans inconvénient, finir ici ; ajoutons-y cependant encore quelques traits, non pour le besoin d'une démonstration superflue, mais pour l'achèvement d'une œuvre que, puisque nous l'avons entreprise, il ne faut pas laisser incomplète.

Il y a bien des manières, tant les preuves en abondent, de montrer à la nouvelle école le néant de sa doctrine. On en a sous les yeux une première; en voici, entre trois ou quatre autres qu'il serait aisé de produire, une seconde qui, outre l'avantage de faire pénétrer le lecteur d'une manière très-directe dans le vice théorique du système, aura aussi celui d'en montrer au grand jour l'extrême danger politique.

Le beau génie auquel il en faut toujours revenir lorsqu'il s'agit de vérifier les titres du genre humain, Montesquieu, au commencement de son immortel ouvrage [1], dit, en parlant en général du caractère des lois : « Elles doi-« vent être tellement propres au peuple pour lequel elles « sont faites, que c'est un très-grand hasard si celles « d'une nation peuvent convenir à une autre. » Le mot est vrai de toutes les institutions positives ; mais s'il en est dont il le soit plus particulièrement encore que de toutes autres, ce sont, sans contredit, les institutions économiques.

Il n'est rien de plus divers ni de plus relatif que les intérêts matériels des peuples, et partant il n'est rien de moins absolu ni de moins uniforme que le régime d'administration qui leur convient. Tout influe sur le choix et sur la conduite de ce régime : la constitution géographique et physique de la contrée ; le degré de civilisation, le génie, les mœurs de ses habitants ; la concordance ou l'opposition des intérêts que la nature ou l'art ont créés sur son territoire ; les rapports comparés de voisinage, les exigences de la politique, l'état général du monde : sans compter que la plupart de toutes ces choses encore sont sujettes à varier elles-mêmes avec les révolutions et avec le temps.

---

[1] *Esprit des lois,* liv. I, chap. 3.

Ainsi, la même administration économique ne conviendra pas à une île, à une péninsule ou à un pays purement continental : un grand Etat disposant d'un vaste territoire et étant à la fois agriculteur, manufacturier, navigateur et possesseur de colonies, aura nécessairement une politique commerciale différente de celle d'un petit royaume resserré entre quelques montagnes, n'ayant qu'une terre aride, peu d'industrie et point de côtes. La situation du pays pourra aussi déterminer sa vocation et partant son gouvernement économique : tel Etat sera, par sa topographie, appelé à un grand transit, tel autre au commerce de nécessité, un troisième au commerce d'économie ; un autre, par la fertilité de son climat et la beauté de son ciel, sera, au contraire, poussé à devenir un grand producteur. Un peuple chez lequel les habitudes du travail seront anciennes, les mœurs financières très-développées, le génie agricole, manufacturier ou maritime dominant, pourra être conduit dans des voies où un autre peuple, doué, dans le même ordre d'idées, de facultés moindres ou différentes, ne pourrait entrer sans trouver sa ruine. Que dirai-je enfin ? l'équilibre de la puissance des peuples est instable, il varie d'âge en âge ; telles maximes économiques auront convenu à une nation dans un siècle, qui, le siècle suivant, par suite de remaniements de territoires ou d'un changement quelconque dans la puissance relative des nations, auront cessé de lui être avantageuses.

Faut-il, animant ces généralités, leur prêter voix, corps et vie ? Rien n'est plus simple. Il est sensible que la consti-

tution géographique des îles de la Grèce, par exemple, leur
donnera des intérêts tout divers de ceux que créeront à la
Prusse sa constitution continentale, à la Hesse sa situation
d'enclave, à l'Espagne son état péninsulaire. Un empire
complet comme la France, à la fois continental et colonial, agriculteur, manufacturier et navigateur, aura des
intérêts d'un tout autre ordre et d'un tout autre genre
qu'un petit pays comme le Wurtemberg ou le Hanovre.
La nature et la politique feront de la Suisse le pays par
excellence du transit, de la Hollande celui du commerce
d'entrepôt et de factage, tandis que la Saxe ou la Bohême
n'auront d'espérance que dans la production agricole et
industrielle. L'Angleterre, à l'apogée de la grandeur et
de l'expérience, pourra former des entreprises et s'engager
dans des routes où le reste des nations, pour être moins
puissantes et moins avancées qu'elle, échoueraient ou périraient. Enfin, l'économie politique aujourd'hui ne sera
pas exactement ce qu'elle était il y a trois siècles, alors que
la Russie était presque inconnue, que les Etats-Unis n'existaient pas, et que la maison d'Autriche était l'effroi du
monde.

En un mot, et sans plus de descriptions, s'il est évidemment des lois qui doivent être aussi variées que l'univers et
aussi variables que le temps, ce sont les lois économiques.

Que prétendent cependant nos novateurs? Au mépris de
toutes les nécessités de la nature, ils prétendent soumettre
les siècles et le monde à un régime économique unique !

Plus de douanes, disent-ils, la perfection est de ne tenir

aucun compte des différences sans nombre de situation, de
puissance, de génie, etc., des peuples; le progrès est de faire
abstraction de tous les intérêts des nations. Celle-ci n'est
que maritime; peu importe, on l'administrera comme si
elle était exclusivement continentale, et réciproquement,
les arts industriels chez celle-là sont dans l'enfance, chez
cette autre ils sont parvenus à un état de civilisation presque extrême; ce n'est rien, on administrera de même ce
vieux peuple et ce peuple enfant. Ou plutôt, car cette énumération est une duperie, je me trompe quand je dis : on
administrera; dans ce nouveau système, le progrès est de
supprimer toute administration : moins une société prend
soin de ses intérêts propres, plus elle avance, jusqu'à ce
que n'en prenant plus aucun souci et que laissant les simples particuliers, ses membres, sans direction, contrôle ni
protection, se gouverner à leur caprice et au hasard, elle
renonce entièrement à toute législation économique!

Aveuglement singulier de l'esprit de système! Comment
des hommes éclairés ont-ils pu méconnaître qu'un régime
économique unique ne peut convenir à aucun peuple ou
qu'il ne convient qu'à un seul; comment ont-ils pu penser
et dire que le progrès pour chaque nation était de se rapprocher de ce régime, en dépit de ce que lui conseillerait
le soin le plus vulgaire de sa propre conservation; comment enfin ont-ils pu chercher le type et l'idéal de l'administration du commerce du globe dans la suppression
absolue de cette administration? C'est ce qu'on se perd à
concevoir.

Ils allèguent un exemple, celui de la réforme qu'a osée l'Angleterre des tarifs qui, cinq siècles durant, ont protégé la formation de sa grandeur. A la lumière de ce qui précède, il est aisé de juger ce que vaut ce singulier appel en garantie, tenté en désespoir de cause par l'école du libre échange. Rien n'est plus faible : bien loin de témoigner en faveur de la nouvelle doctrine, l'exemple de l'Angleterre bien compris n'est propre qu'à montrer aux autres peuples tout le danger qu'ils courraient à se départir des mesures de protection qu'exigent leurs intérêts nationaux. En deux mots, et pour conclure, en voici la preuve.

L'Angleterre, dans des proportions d'une hardiesse extrême, a réformé la vieille législation économique à laquelle elle doit d'être tout ce qu'elle est, c'est-à-dire la première nation commerçante de l'univers. Mais pour quels motifs a-t-elle osé cette réforme? Il serait trop long de les exposer tous ; je me borne, cela suffira du reste à nous conduire à notre but, je me borne à rappeler les deux grandes raisons qu'elle-même en a officiellement données.

Ces deux raisons, ce sont d'une part sa détresse alimentaire et l'impuissance où elle est de nourrir la population qui couvre son sol, et d'autre part l'encombrement produit sur son marché par un développement ou plutôt par un excès de production manufacturière qui l'étouffe.

Ces deux raisons peuvent-elles porter les autres nations à imiter l'Angleterre? Il serait contradictoire qu'il en fût ainsi. Si les Anglais font appel aux récoltes de l'étranger, c'est qu'apparemment cet étranger n'est pas dans la détresse alimentaire où ils sont ; et il est impossible que tous les peuples de la terre aient intérêt comme eux à inonder le monde de produits manufacturés , car alors l'encombrement serait universel, et le monde plein.

Mais on peut poser aux partisans de la réforme commerciale anglaise un dilemme décisif et qui suffirait à lui seul à démontrer l'inutilité de l'exemple qu'ils allèguent. Ou bien l'Angleterre a été assez puissante pour pouvoir défier, comme elle l'a fait, sans qu'il en résulte aucun danger ni présent ni à venir pour elle, l'industrie et la marine de toutes les autres nations, et alors quelle est la marine ou l'industrie d'aucune de ces nations qui soutiendrait la lutte dans le système du libre échange? ou bien l'Angleterre, toute puissante qu'elle soit, s'expose à de grands périls en marchant dans une telle voie ; mais alors qui peut être tenté de s'y engager après elle ?

Ils vantent ensuite la générosité du peuple anglais. C'est par esprit de philanthropie, s'il faut en croire les novateurs, que ce peuple offre à tous les autres de supprimer les douanes qui protégent respectivement leur travail et leur production indigène. Mais qui ne voit que cette mise en commun de tous les territoires serait, au profit de l'Angleterre, la société la plus monstrueusement léonine qui se puisse imaginer ?

Qu'apporterait-elle d'abord dans la communauté commerciale? Son marché? Il est beau, sans doute ; mais, de son propre aveu, il est encombré et encombré des propres produits de ses manufactures : que gagneraient donc les autres nations? Ceci seulement, de servir à l'écoulement du trop-plein de ce marché.

En outre, qui est semblable à Tyr? Qui, dans l'état présent du monde, peut déployer sur le théâtre de la rivalité commerciale une ligne de bataille de cette étendue et de cette profondeur?

Que poursuit donc ce peuple sous le nom, ironiquement choisi sans doute, de république du commerce de l'univers, sinon le salut de la prépondérance et l'établissement de la monarchie absolue du sien !

Et on dit intrépidement : Regardez l'Angleterre et imitez-la ! Mais, je vous prie, qu'a regardé l'Angleterre, lorsqu'elle s'est décidée au pas hardi qu'elle a franchi? Ses propres intérêts, ses nécessités, son génie, sa puissance. Pourquoi ne voulez-vous pas que les autres nations se décident dans la même conjoncture d'après les mêmes principes, et chacune en prenant conseil de ses besoins et de sa gloire?

Mais non ! le progrès c'est d'imiter l'Angleterre, *à priori*, sans examen ; le progrès c'est d'abaisser ses tarifs, *ex cathedra*, sans daigner consulter ni ses intérêts ni ses forces, sans peser un moment

> .....Quid ferre recusent,
> Quid valeant humeri.....

L'Angleterre a réformé sa législation économique, il suffit ; tout ce qui lui convient nous convient, et le salut de sa suprématie est l'intérêt de l'univers !

Arrêtons-nous ici ; aussi bien devient-il par trop difficile de prêter un corps de discussion à des ombres aussi vaines, et il est des bornes imposées à la plus légitime controverse par le respect de l'évidence. Le tableau d'ailleurs que nous voulions retracer des principales preuves de l'inanité du libre échange est, au point où nous voilà parvenus, aussi complet qu'il était nécessaire, et le lecteur est pleinement en mesure de décider à présent si nous avons avancé quelque chose d'excessif en disant que des deux épreuves auxquelles, pour obtenir l'adhésion des esprits droits, cette doctrine devait satisfaire, la première, celle de l'examen préalable de ses principes, était pour nous chose épuisée.

Mais il est, avons-nous dit, une enquête d'un autre genre, à laquelle de plein droit donne encore ouverture la production d'un système aspirant, à quelque titre que ce soit, à remplacer dans la politique d'un peuple un régime anciennement établi : c'est l'enquête de savoir si ce régime, qu'on parle de changer, mérite en effet de l'être. Est-il vicieux en principe, mauvais ou insuffisant en pratique ; ou bien, ayant eu ses mérites autrefois, est-il devenu, avec la chute des ans, inutile, incomplet ou nuisible ? Toutes ces questions naissent d'elles-mêmes, à l'occasion des prétentions qu'élève aujourd'hui chez nous l'école du libre échange de remplacer par ses maximes les traditions séculaires qui forment encore, au moment où nous écrivons, et puissent-elles continuer à la former longtemps ! la base de la politique commerciale de notre pays. Cette politique a pour elle la consécration du temps : excellent préjugé, sans doute; mais il ne suffit pas à l'immortaliser, et des novateurs paraissant qui demandent son abandon, par là seul elle est mise en demeure de constater directement la légitime possession des titres en vertu desquels elle administre les affaires de la nation.

— A quoi bon, diront quelques sages, si ces novateurs qui l'attaquent sont visiblement des chimériques? La tradition est-elle tenue de fournir les preuves de sa valeur à toute requête qu'il peut plaire au premier rêveur venu de lui en signifier? Il est démontré que le libre échange est un roman : passons.—

Les sages auraient raison si l'esprit de chimère n'avait pas plus de prise sur le reste du monde qu'il n'en a sur eux-mêmes; mais il en est, hélas! bien autrement.

Les mauvaises doctrines sont surtout dangereuses par le tort qu'elles font aux bonnes. D'elles-mêmes, la plupart du temps, leur extravagance repousse plus les esprits qu'elle ne les attire; mais le venin de défaveur qu'elles répandent sur les institutions qu'elles ont pour but de détruire ne s'en insinue pas moins dans l'opinion. On rougirait de s'en dire le partisan, on tremblerait à la proposition directe de les mettre en pratique; mais peu à peu, et sans qu'on s'en aperçoive, la foi qu'on avait dans les anciennes coutumes va diminuant de plus en plus, si bien qu'un jour elle meurt ou va mourir.

Que de tristes et irrécusables preuves n'avons-nous pas eues, de nos jours, de ce que je viens de dire?

Le droit de propriété semblait bien établi dans le monde : des révolutionnaires à moitié fous sont venus qui l'ont mis en soupçon. On les a repoussés avec horreur, il est vrai ; mais dans combien d'esprits cependant, je dis des meilleurs, je ne sais quel vent d'incertitude, soulevé par ces sectaires, n'a-t-il pas un moment fait trembler l'antique fermeté de la foi ! Que de gens n'avons-nous pas coudoyés, dans l'étrange épidémie sociale dont à peine nous sortons, qui , excellents propriétaires , trouvaient odieux que l'on révoquât en doute leur droit d'acquérir, de posséder et de transmettre leurs biens, mais à qui cependant la folie du communisme donnait par instants de tels vertiges , qu'on les surprenait, qui l'eût cru ! à dire tout bas : Il y a peut-être bien quelque chose à faire !

Il se passe depuis trente ans quelque chose de sembla-ble dans le mouvement de l'opinion , en France, au sujet du libre échange.

Tous les bons esprits non-seulement le repoussent, mais, quand on vient à leur développer les raisons qu'ils ont de le repousser en effet , sont prêts à dire : — A quoi bon ! quelle folie ! — et tournent les feuillets. Cependant, et, l'instant d'après, écoutez plus d'un de ces incorruptibles croyants : — Il y a pourtant quelque chose à faire, vous di-sent-ils ; il faut céder au progrès et au temps. La politique des douanes est bien vieille, ne serait-elle point décrépite ? Le libre échange est une folie, d'accord, et nous prenez-vous pour des gens si simples que de ne pas le voir ? mais il faut abaisser les tarifs cependant, ainsi le veut le progrès. — Heureux s'ils n'ajoutent pas avec la gravité d'un Président de Chambre : — Voyez l'Angleterre ! —

Et voilà comment, tout romanesque et funeste que soit le libre échange, il ne suffit pas de démontrer aujourd'hui qu'il est funeste et romanesque; mais il est devenu nécessaire encore d'examiner si la politique à la destruction de laquelle il s'acharne, et dont la ruine serait son triomphe, vaut quelque chose ou ne vaut rien.

D'ailleurs pourquoi, en cette matière comme en toute autre, ne pas appliquer aux traditions le même esprit d'examen que l'on applique aux nouveautés? Les traditions, elles aussi, sont bonnes ou sont mauvaises. Si elles sont mauvaises, pourquoi trembler de nous en assurer et pourquoi hésiter soit à les corriger, soit à les changer? Si elles sont bonnes, au contraire, il n'y a que profit pour elles et pour tout le monde à ce que leur mérite soit mis en pleine lumière. La vérité a besoin d'être présente et claire pour échauffer et pour illuminer les esprits : quand on la conçoit mal, on ne se passionne guère pour elle et, de proche en proche, on finit par lui devenir indifférent.

Aussi ne suffit-il pas d'avoir démontré, chose si facile du reste, que le libre échange est un rêve; il faut, pour que la tâche soit complète, examiner encore et mettre le lecteur en état de décider si la politique que ce système aspire à remplacer a, comme ses partisans l'assurent, fait son œuvre et son temps. Il faut, pour définir plus précisément encore le terrain de cette contre-épreuve, rechercher si la politique séculaire que suit aujourd'hui la France, dans l'administration de son commerce avec les nations étrangères, mérite la confiance du gouvernement et des citoyens, ou si elle en est indigne.

C'est ce qu'on entreprend de rechercher dans ce nouvel ouvrage.

Bien des manières s'offraient d'exécuter l'entreprise en vue de laquelle on le publie; mais une entre toutes a paru mériter la préférence, pour le naturel et pour la décision avec laquelle elle mène au but.

On traduit à la barre de l'opinion une politique commerciale qui, plusieurs siècles durant, a eu la foi des hommes publics qui se sont succédé sur ce sol; on traite cette politique de barbare, d'arriérée, d'inintelligente, de funeste; on la dénonce comme une calamité sociale; on fait plus : emporté par une passion qui ne respecte pas plus les personnes que les choses, on va jusqu'à dire que cette politique, sous ombre de bien public, constitue, pour une partie de la nation, des priviléges exorbitants, au détriment de l'autre; enfin, on se répand contre le système économique qui régit la France en torrents de récriminations, dont le bruit est tel qu'il couvre presque celui de toutes les autres affaires de ce monde. Il est un moyen bien simple de mettre chacun en état de décider si cette rumeur est aussi fondée qu'elle est forte : c'est d'amener à la barre où on les cite les traditions qu'on veut détruire, et là de leur donner la parole et de leur permettre de s'expliquer. Ce n'est pas tout, en effet, que d'avoir inventé un roman, et de proposer au genre humain de courir l'aventure de le mettre en pratique : il est juste, avant d'immoler à ce roman des institutions longtemps respectées, d'écouter ce qu'elles peuvent avoir à produire à leur décharge, ou même en leur faveur. L'imagination, en effet, ne dispense pas de l'équité. Vous voulez condamner le passé? S'il est coupable, nous vous le livrons ; mais, pour savoir s'il est coupable, il faut le juger ; et pour le juger, à ce qu'il semble, il faut l'entendre.

Mais dira l'école : — Que peut-il avoir à produire sans quoi on ne puisse le juger? — Une chose, que vous avez tort d'oublier : ses œuvres.

Comment ! cette politique à peine bonne, dites-vous, à jeter aux gémonies de la civilisation, cette politique a fait en partie les destinées de notre pays, et l'exposition de ses actes et des conséquences qu'ils ont eues serait une pièce inutile au dossier du procès que vous lui intentez? Voilà qui serait étrange. Il n'en peut être ainsi : précieux ou funestes, les effets de cette politique ont, avant tout, besoin d'être connus; c'est sur eux seuls qu'elle doit être jugée.

Maintenant, quelle était la meilleure manière de les faire connaître? On a pensé que c'était de les raconter.

L'histoire est incomparable. Témoin inflexible et naïf, elle voit tout, elle dit tout, elle met sa valeur à tout. On voit au naturel, dans ce fidèle tableau des événements de la vie des peuples, les causes qui en préparent, en élèvent, en soutiennent, en corrompent, en précipitent la fortune. Point d'apologies, point d'inventions : l'histoire ne dénigre rien, ni ne défend rien. En matière d'administration surtout, elle est infaillible. L'administration est comme la guerre : tout y est de conséquence; rien ne s'y passe, bon ou mauvais, qui n'y amène un résultat. Un gouvernement prend une bonne mesure, corrige un abus, crée une institution utile, conclut un traité avantageux : à courte date la prospérité publique s'ensuit. Mais qu'il se trompe dans l'une de ces choses, au contraire : l'erreur est à peine commise que déjà la misère en sort.

Aussi le simple tableau de la formation, du développement, des vicissitudes, des tendances diverses, des actes enfin et des œuvres de la politique commerciale qu'a suivie jusqu'ici la France, nous a-t-il paru, avec la pièce, la plus décisive que ses partisans ou ses adversaires pussent produire à sa gloire ou à sa confusion, le mode le plus court comme le plus naturel d'établir les éléments de l'enquête qui fait l'objet de cet ouvrage.

Ajoutez une autre considération. On parle de mettre la France, toute vieille qu'elle soit, à l'école, et des faiseurs de système modestement s'en chargent. S'il est une école cependant où elle ait chance d'apprendre aujourd'hui quelque chose, n'est-ce pas d'abord, n'en déplaise aux novateurs, celle de sa propre histoire ? Quel admirable cours d'économie politique que cette suite simplement exposée de phases et d'événements par lesquels ont passé, depuis la misère du moyen âge jusqu'à l'opulence de nos jours, l'agriculture, l'industrie, la navigation, le commerce de la nation! Quelles leçons que ces alternatives de bonne et de mauvaise fortune. rapprochées, par le simple récit des faits, des causes qui les ont amenées! Quels professeurs que ces grands hommes qui, aux différents âges de cette histoire, ont travaillé de tout leur génie et de toute leur âme à la constitution de la richesse nationale, les Louis XI, les François Ier, les Henri IV, les Richelieu, les Mazarin, les Colbert, les Choiseul, Napoléon enfin, sans nommer cette foule d'hommes de mérite qui, sous l'inspiration de ces énergiques initiateurs du bien public, ont appliqué ou ont continué leurs traditions! Certes, il y a là une école économique toute faite, aussi vivante que les écoles des faiseurs de systèmes sont mortes, aussi solide qu'elles sont romanesques, aussi près de la vérité et de la nature qu'elles en sont éloignées; et ses enseignements valent sans doute tout ce qui peut sortir, même de plus étrange, du laborieux travail d'imaginations échauffées.

Tel est le cours de politique commerciale aux immortelles séances duquel cet ouvrage vous convie. Après y avoir entendu la France elle-même, si je puis ainsi dire, exposer à quelles maximes elle doit d'être ce qu'elle est, quels fruits tour à tour de progrès ou de décadence elle a recueillis du respect ou du mépris de ces maximes, vous déciderez vous-mêmes, les yeux sur les faits, je ne dis pas du mérite général du libre échange, la question en principe est vidée, mais de la convenance qu'il peut y avoir pour notre pays à quitter les voies de son passé pour entrer dans une route nouvelle.

Quant à nous, c'est au rôle de narrateur que nous voulons nous borner, et, parvenu au terme de ces récits, nous ne reviendrons pas, après l'histoire, sur un débat qu'elle aura définitivement instruit. Nous laisserons avec confiance le lecteur en présence des grands éléments et des grands considérants du jugement qu'il aura vu se former sous ses yeux. Ses lumières, son bon sens et son patriotisme achèveront la tâche.

On connaît à présent les origines, les antécédents et le dessein de cet ouvrage : c'en est assez, sans doute, pour introduire à sa lecture, et nous ne prolongerions pas davantage cet entretien préliminaire, n'était un point encore que nous n'y avons point touché, et sur lequel, avant que d'entrer en matière, il convient, à divers titres, de donner une explication finale.

En poursuivant ici le rétablissement des vrais principes qui doivent diriger la France dans l'administration de ses intérêts commerciaux, nous ne tendons pas seulement à la confusion complète des fausses doctrines qu'une école chimérique essaye d'y substituer. Ce n'est pas seulement la poursuite et comme l'épuisement de la réfutation du libre échange qui, une seconde fois, après une année nouvelle de réflexions et de recherches, nous ramène dans un même cercle d'études. C'est moins le libre échange aujourd'hui que nous venons combattre, qu'un esprit général d'utopie dont il est l'une des plus tristes productions, et qui, avant de s'être abattu sur la science

économique, dans d'autres domaines déjà de la pensée
et de l'activité publique a causé des désordres et a provoqué des ruines qui doivent être l'école de tous les honnêtes gens.

Cet esprit, véritable protée de désorganisation politique et sociale, change de nom, il est vrai, suivant les
différents ordres de choses où le malheur veut qu'il se
produise; mais, aux caractères identiques que partout il
accuse, qui aujourd'hui avec un peu d'attention peut s'y
méprendre, et, après tout ce qu'il nous a coûté déjà, qui,
à moins d'être déçu par le vain mirage d'un système, peut
consentir encore à en être la dupe?

L'histoire de ses succès, partout où, un moment, la colère du Ciel sans doute a permis qu'il réussît, n'est que
l'histoire de nos malheurs.

Vous souvient-il de cette journée fatale?

Une honnête liberté régnait : la nation, après soixante
ans de combats, était enfin en possession de l'administration de ses affaires; la forme du gouvernement n'était pas
la meilleure qu'on eût pu souhaiter, il y avait des défauts,
des abus, des causes de défaillance secrète, hélas! nous ne
l'avons que trop vu, dans cet ordre de choses; mais enfin,
tel qu'il était, il avait cet incomparable avantage que la
dignité humaine y était sauve, car la vie publique y était
libre.

Générations adolescentes, nous grandissions paisible-
ment alors, préparant notre jeunesse aux luttes à venir de
cette noble vie. Et pourquoi le malheur des temps nous

en a-t-il frustrés? Nous en eussions été dignes, car nous étions appris à respecter les lois.

Inexpérimentés comme on l'est à cet âge, rien ne troublait chez nous ces fortes espérances.

De temps en temps, une rumeur sourde qui, à des oreilles plus exercées, eût révélé quelque catastrophe possible, venait bien troubler l'heureux silence de notre retraite. Mais elle était si faible, qu'elle se perdait bientôt dans le bruit ordinaire que fait l'exercice de la vie publique. D'ailleurs, chacun de nous répétait en son âme, avec ce palatin de Posnanie : *Malo periculosam libertatem quàm quietum servitium.*

Tout à coup le jour se couvre : l'éclair sillonne l'étendue, un coup de tonnerre l'ébranle et le ciel entier de l'Occident s'embrase et retentit. A cette clarté lugubre, la nation entière, en un moment debout, accourt... Quel spectacle! Dieu épargne aux générations qui viendront après nous cette douleur amère !

La liberté gisait souillée de sang, de lie et de boue. Quelques heures avaient suffi pour mettre en poudre les institutions tutélaires qui quarante ans l'avaient protégée. La foule, violente, désordonnée, presque ivre, se ruait dans l'anarchie. Quelques hommes énergiques, au cœur tranquille, mais l'âme déchirée, veillaient, suprême arrière-garde d'une société prête à périr, sur les immenses décombres qu'avaient entassés cette journée. Tout semblait renversé, les idées comme les choses : les plus sages avaient je ne sais quel air hagard qui étonnait et qui repoussait. Un

désordre hideux avait bouleversé du même coup les esprits
et les faits; tout était confondu : on eût dit un torrent
fangeux qui serait soudain tombé dans une rivière tranquille.

D'où venait cependant cette ruine inexplicable?

De cet esprit d'utopie dont tout à l'heure j'ai parlé.

Une secte s'était élevée, toute pleine de cet esprit, qui
ne rêvait que la subversion des principes sur lesquels l'existence de toute société repose. Semblables à ces eaux im-
pures, dont le long séjour dans les fissures des fondations
les disjoint peu à peu et finit par les dissoudre, les doctrines
de cette secte, ensevelies pendant toute la durée de la monarchie dans les profondeurs de la nation, en avaient obs-
curément corrompu les croyances. La société, prêchaient
ces sectaires, est un contrat vicieux : l'individu est tout, la
société n'est rien. Le gouvernement est une invention des
ambitieux : l'homme n'a pas besoin d'être gouverné,
l'an-archie est son état naturel. La patrie est un mot. La
propriété est un vol : la terre n'est à personne, ses fruits
sont à tout le monde. Il n'y a point d'inégalité de droit
sur la terre : à chacun, non pas suivant ses facultés, non
pas suivant son travail, mais suivant ses besoins. Dieu
n'est que le spectre de consciences abusées par le charlata-
nisme des prêtres. La famille est un lien de convention,
que le préjugé a établi, et qu'un faux respect humain continue. Enfin, ces novateurs étranges avaient, vingt ans,
ainsi sapé et miné une à une toutes les croyances du
genre humain. Puis un jour, à la faveur d'une émotion

politique, qui en toute autre circonstance n'eût été rien, s'élevant soudain des bas-fonds sociaux où ils avaient jusque-là vécu, ils avaient jeté la nation la plus honnête, la plus sensée et la plus polie de l'univers, dans un chaos de sentiments, d'idées et de langage, dont l'histoire n'avait jamais offert d'exemple.

Une telle révolution eût suffi sans doute, si nous en avions eu besoin, à nous apprendre tout ce que peut de mal en ce monde l'esprit de chimère, quand une fois il s'y déchaîne.

Mais nous étions réservés encore à plus impitoyable leçon.

La jeunesse est généreuse : voyant cet immense désordre, nous nous y jetâmes tous hardiment. Si profonde que soit l'anarchie, pensions-nous, nous irons au fond du gouffre et nous en rapporterons la société intacte et la liberté vivante.

La liberté vivante ! Pauvres enfants !

Il devint bientôt évident que la société se relèverait. A la vigueur de sa défense chacun préjugea d'abord son salut.

Mais bientôt les esprits clairvoyants tremblèrent pour la liberté.

Nulle part l'homme n'est plus homme que sur la terre de France : la même fougue qui l'entraîne vers l'anarchie, en un moment, et avec la même et irrésistible impulsion, le pousse vers la dictature. Mélange merveilleux de sentiments contraires qui fait en même temps de ce peuple le plus révolutionnaire et le plus conservateur de l'univers !

En présence de ces folles et criminelles utopies, la France pâlit d'horreur d'abord et bientôt de colère. Un cri de vengeance s'éleva de tous les points du territoire, et un mouvement de réaction, d'une énergie sans pareille, à l'instant commença.

En quelques mois il avait fait sa tâche. Il va s'arrêter, espérions-nous. Erreur mortelle, il continua !

Arrête! cria en vain le génie de la liberté mourante ; arrête, je ne suis pas coupable ; arrête, et respecte les lois !

Vaines paroles : le flot montait toujours.

Quand on mettait la main sur le cœur de la nation, on ne le sentait frémir que de haine pour le désordre et d'horreur pour les sectaires, même vaincus, qui l'avaient un moment bouleversée. La liberté avait cessé d'avoir aucun prix pour la France ; tout lui était bon, hors l'utopie ; et elle n'aspirait plus à rien qu'à résigner aux mains d'un seul homme la conduite de ses destinées !

Un jour enfin ce fut ce qu'elle fit.

Et pourquoi ce sacrifice immense ? Pourquoi ? Pour ces belles doctrines !

Considérez cependant l'économie politique : n'est-elle pas aujourd'hui, grâce à l'école du libre échange, précisément livrée à l'esprit d'utopie qui engendra toutes ces doctrines et toutes les conséquences qui s'en sont suivies ? Au même esprit absolument.

Tout ce que demandaient, tout ce que promettaient les

socialistes dans l'ordre religieux, social, politique, les libres échangistes le promettent et le demandent dans l'ordre économique; leur système est comme un abrégé
étrange de toutes les rêveries et de toutes les mauvaises
pensées du génie de la Révolution.

Du premier mot d'abord que leur faut-il? La république
universelle. C'est un préjugé, à les en croire, que chaque
nation s'administre selon ses intérêts et selon ses mœurs.
Comme les novateurs les plus radicaux qui soient sortis
du bouleversement de février, ils tiennent et ils prêchent
qu'il ne faut pas former les institutions pour les besoins
des peuples, mais qu'il faut de force faire entrer les peuples
dans le cadre préconçu de certaines institutions.

Une fois ce premier pas fait, les voilà sur la pente du
socialisme et ils le reproduisent en entier.

Arrière les vieilles idées de la politique de l'ancien
monde : la perfection du gouvernement est à ne pas gouverner, elle est dans l'an-archie, comme écrivait ce révolutionnaire célèbre. L'Etat est sans conscience, sans respon-
sabilité, sans devoir ; l'individu est tout, *laissez le faire :*
citoyen de l'univers, il ne doit rien qu'à lui-même, et
toute solidarité nationale est un mensonge et un rêve.

Respectent-ils davantage le principe de propriété? Pas davantage; écoutez-les : nulle nation n'a le droit de posséder
en propre un certain territoire; le sol du globe n'appartient pas aux différents peuples, il appartient indivis à la
totalité des individus qui composent le monde. La propriété territoriale est un vol, un vol à la libre possession

et à la libre jouissance que tous les hommes ont chacun naturellement de tous les fruits de l'univers.

S'arrêtent-ils au moins devant la loi du travail ? Pas plus que ne l'ont fait les utopistes, leurs maîtres ou leurs émules. L'économie politique autrefois disait à l'individu : Travaille, épargne, prévois, c'est toute la science. Travaille, lutte, à l'abri de la protection que t'accorde l'Etat, contre la sévérité de ton climat, l'ingratitude de ton sol, le retard de ton génie, le défaut de tes lumières. Je te couvrirai tant qu'il sera nécessaire contre des rivaux trop puissants, dont la concurrence étoufferait la liberté de tes bras ; travaille. Epargne ; l'épargne est la *seconde providence du genre humain*. Prévois ; ne travaille ni pour toi ni pour le présent ; travaille pour le bien général de l'Etat et pour celui de l'avenir. Ta richesse est dans la richesse publique ; ton bien-être est dans celui des générations qui viendront après toi. Mais que dit la nouvelle école à ce même individu ? Ce que lui disait le socialisme par la bouche de ses plus forcenés sectaires : Tu n'es pas sur la terre pour travailler, mais pour jouir, et pour jouir le plus largement et le plus promptement qu'il est possible. Qu'importent avenir, patrie et le reste ? Ce sont des mots. Ce n'est pas ton travail qui est national, c'est ton estomac. On parle de patriotisme ? Le patriotisme est à bien vivre. Enrichira la patrie qui pourra. Laisse-toi nourrir et vêtir par l'étranger. L'indigène qui t'emploie, sous ombre de te donner du travail, vit de tes sueurs et de tes peines ; affranchis-toi. Le consommateur est tout, le producteur n'est rien.

Assez longtemps la chair a crié et gémi; le temps est venu de la réhabiliter devant Dieu et devant les hommes.

Est-ce tout? Non, il manquait un trait à cette ressemblance; il restait à l'école du libre échange, pour prouver de la façon la plus éclatante qu'elle n'est rien qu'une division du socialisme, il lui restait d'envelopper cet effroyable matérialisme de doctrine et de langage dans le manteau de la mysticité. C'est ce qu'elle a fait. Elle a érigé en religion la poursuite du bien-être. C'est au nom de la fraternité, de la paix perpétuelle, de la renaissance de l'âge d'or, qu'elle a répandu son système. L'égoïsme le plus charnel qui fut jamais a été pompeusement donné pour l'explosion d'un amour qui embrassait le genre humain; et une école à désapprendre l'amour de la patrie, pour le sanctuaire de la fraternité!

Enfin, l'identité des principes est manifeste : c'est bien cet esprit d'utopie qui nous a coûté partout si cher, sous le nom de socialisme, qui aujourd'hui, sous celui de libre échange, domine la science économique : c'est lui! il faudrait être aveugle pour ne le pas voir; c'est lui! ce sont ce même langage, ces mêmes rêveries, cette même mysticité de dehors et ce même matérialisme de fond; c'est lui! c'est d'un seul coup, renfermé sous l'apparente enveloppe d'une doctrine de progrès et de liberté, tout ce que, dans cette longue épidémie morale qui a suivi la révolution de février, les âmes ont respiré de plus énervant, de plus équivoque et de plus malsain!

Mais quoi? un esprit d'utopie d'un caractère aussi per-

nicieux et d'une influence aussi funeste dans tous les domaines où jusqu'ici il s'est produit, pourrait-il être, dans
l'ordre économique, d'une action inoffensive? Ce serait
un grand miracle, sans doute; mais loin de là. Au contraire,
s'il est aujourd'hui surtout un champ d'études où cet esprit
soit redoutable, c'est celui qui en ce moment nous occupe.

La préoccupation exagérée peut-être où vit notre âge de
la satisfaction des intérêts et des appétits matériels rend
d'autant plus dangereuses les erreurs d'une science qui,
comme l'économie politique, prétend enseigner aux gouvernements et aux peuples les lois suivant lesquelles il
faut administrer les uns et contenter les autres. Egarer les
intérêts à la poursuite de telles chimères aujourd'hui;
exalter les appétits en leur présentant le mirage d'espérances aussi vaines et aussi excessives; parler à ce siècle
d'affaires ce langage de roman; tenir à cette époque, déjà
par elle-même si portée au matérialisme, ces discours
sensuels et dissolvants, c'est entretenir l'esprit et le caractère publics dans un milieu d'idées et de principes qui ne
peuvent être pour tous les deux qu'une occasion d'erreur
et de ruine.

Eh bien, et c'est ici l'explication dernière où j'en vou-
lais venir et sur laquelle je terminerai ce *Discours*; eh bien,
dis-je, c'est en se plaçant en présence de tels faits et de
tels dangers, que l'auteur de ce livre a conçu la pensée et
s'est senti le courage de l'entreprendre. Il s'est 'dit qu'il
était aujourd'hui une œuvre d'honnête homme et de bon
citoyen à accomplir en économie politique, et que c'était d'y

venir, face à face et visière levée, combattre l'esprit d'utopie. Il n'a point regardé à son peu de talent, il n'a vu que
la noblesse de la cause; et il a pensé qu'à défaut de la
gloire, qui ne va qu'aux succès brillants, il y aurait peut-
être place pour quelque estime pour lui, si, dans une tâche
de bien public, il apportait, si faibles qu'ils fussent, le
tribut de ses efforts et le concours de ses convictions.

La composition de cet ouvrage est sortie de cette pensée,
et comme elle en avait suggéré l'entreprise, elle en a inspiré l'esprit. Qu'y avait-il de plus décisif à tenter, en effet,
pour disputer l'économie politique à la domination des
théories chimériques qui l'égarent aujourd'hui, que d'opposer à ces théories la suite des fortes maximes grâce
auxquelles s'est, pierre à pierre, élevé l'édifice de la richesse nationale? Pour nous, du moins, nous nous sommes
persuadé qu'il n'était point pour l'esprit public, en telle
matière, d'école ni plus noble ni plus saine. Les lecteurs
en jugeront : quelque imparfaite esquisse qu'on leur présente ici de ces grandes traditions, peut-être la vivante
éloquence que la plume la plus malhabile ne saurait leur
enlever trouvera-t-elle, et Dieu le fasse! le chemin de leur
esprit et de leur patriotisme. Ils décideront ensuite où est
le devoir des générations contemporaines; et s'il faut
qu'elles continuent à porter le poids de la fortune que
leur ont léguée les siècles, ou s'il est temps qu'elles com-
mencent à en prendre le deuil.

HISTOIRE

DE LA

POLITIQUE COMMERCIALE

DE LA FRANCE.

LIVRE I.

MOYEN AGE.

Du dixième siècle à la fin du quinzième.

État de la France sous le régime féodal. — Morcellement de son territoire. — Condition civile de sa population. — Absence totale de sécurité. — Servage et ignominie du travail. — Ignorance, grossièreté et misère de ces temps. — Onzième siècle. — Commencements de réaction contre la féodalité. — Rôle du clergé. — Institution de la trêve de Dieu. — Multiplication des monastères : leur bienfaisante influence à cette époque. — Les croisades : leurs résultats économiques. — Douzième siècle. — Insurrection des communes. — Formation des hanses ou compagnies de monopole. — Influence de ces deux événements sur les progrès de l'industrie et du commerce. — Règne de Philippe-Auguste : ses résultats. — Treizième siècle. — Saint Louis : son génie, ses vertus, ses travaux. — Il organise les corporations et il réglemente les métiers : dans quel but. — État de l'industrie en France sous ce règne. — Fin du treizième siècle. — Philippe le Bel. — Bienfaits de son administration. — Sa cupidité et ses exactions. — Il vend le droit de faire le commerce à l'étranger. — A quelle occasion. — Établissement des droits de haut passage et de resve. — Progrès de la France depuis l'origine du dixième siècle jusqu'à la fin du treizième. — Établissement et célébrité de nos foires durant cette période de temps. — Par quels marchands elles étaient fréquentées, et quelle sorte de commerce il s'y faisait.— Prospérité des Républiques italiennes et particulièrement de Venise, des Villes de la Flandre et de la Ligue Anséatique pendant le moyen âge : raisons de cette prospérité. — Caractère des échanges qu'elles entretenaient avec la France.—Quatorzième siècle : son caractère.—Il est entièrement perdu pour les progrès des arts et des travaux de la paix : pourquoi. — Décadence de la France pendant cet âge. — Établissement des douanes intérieures sous le roi Jean : dans quelles circonstances.—La France est entièrement livrée à l'occupation commerciale étrangère. — Charles VII : son inertie. — Activité prodigieuse et inutile de Jacques Cœur. — Avénement de Louis XI. — Son génie : il relève la France. — Vigueur et sagesse de son administration. — Il jette les bases de la politique commerciale extérieure de la nation.—Influence du chancelier d'Oriolle à cet égard. —Mort de Louis XI; résultats de son règne. — Fin du moyen âge.

La richesse de la France n'est « l'œuvre ni d'un jour ni d'un homme ». Elle s'est formée lentement, par un accroissement continu, mais pénible : édifice élevé pierre à pierre, des mains de trente générations, après bientôt dix siècles de révolutions et d'efforts.

La tâche des premiers qui y travaillèrent fut bien dure · jamais origines peut-être n'avaient été plus opprimées.

On était à la fin du dixième siècle. La monarchie barbare fondée par le génie de Charlemagne, impuissante à se soutenir dans sa vaste et violente unité entre les mains de ses successeurs, s'était démembrée, d'abord dans son ensemble, et bientôt dans ses parties. Non-seulement les divers royaumes qu'elle avait réunis s'étaient séparés les uns des autres, mais l'impulsion au déchirement ayant été une fois donnée, chacun d'eux s'était dissous. Le territoire naturel de la France, par l'effet de cette vaste ruine, d'une province qu'il était de l'empire maintenant écroulé des Francs, s'était divisé en une poussière d'Etats dont le nombre, à l'époque où commence cette histoire, s'élevait à près de cent. Un ordre social nouveau, la féodalité, était sorti comme de lui-même de cette dissolution de territoire. Une foule de petits tyrans locaux, tout gouvernement central ayant péri, avaient surgi sur le sol de la France et s'en étaient, du droit de la force, attribué et partagé la propriété. Tous les biens étaient ainsi tombés aux mains d'une aristocratie composée, tout compris, d'un million d'individus environ, et dont le reste de la population était ou la sujette ou la chose. Le caprice de l'arbitraire ou du malheur avait au hasard, en effet, distribué celle-ci en deux lots : l'un, celui des vilains dont le seigneur était le souverain et le propriétaire foncier, et qu'il chargeait d'impôts au premier titre et de redevances au second ; l'autre, celui des serfs, esclaves du sol où ils étaient nés, qui en suivaient la condition, qui se vendaient et qui s'achetaient avec lui, et qui n'avaient la propriété ni de leur travail ni de leur personne. Organisation sans précédents de société qui avait couvert toute la surface de notre pays d'une confédération de despotismes individuels d'autant plus oppresseurs qu'ils étaient plus immédiats, et d'autant plus impitoyables qu'ils ne devaient compte qu'à Dieu des abus de leur puissance.

Le génie du mal se fût étudié à écraser les origines de la fortune de la France sous le poids d'un régime politique et civil plus mortel à tout progrès, qu'il n'aurait pu sans doute rien inventer de pis. C'est ce que suffirait à montrer sa seule description générale ; mais considérons-en les effets de plus près : remontons par la pensée dans la barbarie de cet âge de fer et représentons-nous ce qu'était, sous de telles lois, ce que fut, tant qu'elles pré-

valurent, la condition, je ne dis pas de développement,
quel développement digne de ce nom est possible dans
l'esclavage? mais simplement d'existence, du commerce
de notre pays.

La France territoriale étant dissoute, son admirable
géographie naturelle; dont elle aurait pu tirer un tel
parti, ne lui servait plus de rien. En vain était-elle assise
sur les deux mers les plus commerçantes du globe, les
côtes de ces mers appartenant à sept ou huit souverains
indépendants les uns des autres, rivaux et souvent en
guerre entre eux, aucune grande politique commerciale
n'était possible. Que pouvait le duc de France, avec son
vain titre de roi et son petit domaine, de toutes parts
borné par des voisins aussi puissants que lui, pour l'exploitation des côtes de l'Océan, dont la propriété, pour
ne nommer que les grands feudataires, était divisée
entre un duc de Normandie, un duc de Bretagne, un
comte de Poitou, un duc d'Aquitaine, etc., ses vassaux,
il est vrai, mais ses pairs? Que pouvait-il davantage sur
la Méditerranée, possédée par moitié par les comtes de
Toulouse et de Provence? Sans côtes on n'a point de
marine, sans marine pas de grand commerce. Le morcellement de la propriété de ses côtes équivalait alors pour
la France à une complète impuissance maritime. A l'intérieur, la féodalité l'avait-elle mieux servie? Elle l'avait à
chaque pas couverte de frontières jusque dans son sein
même. Chaque fief était comme un royaume étranger à
tous les autres. Quelle exploitation nationale du territoire était permise dans un pareil système?

Mais ce n'était là encore que le moindre des incon-
vénients économiques du régime féodal.

Ce régime ayant détruit toute administration centrale et substitué à la puissance et à l'unité d'action , dont une administration seule de ce genre dispose, une multitude de petits pouvoirs locaux sans ressources et sans vues d'ensemble, les voies de communication entre les diverses parties du territoire étaient rares, difficiles, dangereuses. Quelques chaussées, derniers restes et derniers témoins de la grandeur et du génie de Rome, étaient seules capables de servir aux transports , et encore personne ne les entretenait-il plus depuis la mort de Charlemagne. Aussi les moindres trajets alors étaient-ils des voyages dont on n'envisageait même l'entreprise qu'avec effroi. On en a divers témoignages contemporains, d'une éloquence naïve. On sollicitait l'abbé de Cluny de venir réformer un monastère près de Paris : « Ce serait une trop laborieuse « entreprise, répondit-il en s'excusant, et nous n'oserions « passer en des régions étrangères et inconnues [1]..... » Lambert, évêque d'Arras, refusait, vers cette même époque et pour les mêmes motifs, de se rendre à Noyon pour le sacre d'un de ses confrères [2]. Mais quel commerce entretenir dans un tel état de routes ?

Encore si l'ignorance seule eût été cause de ce triste morcellement et de cet abandon plus triste encore d'un des plus beaux territoires du monde, l'intelligence et l'activité de la nation auraient promptement suffi à remédier au mal ; mais la féodalité contenait des germes d'oppression et d'abestissement économique bien autrement actifs et bien autrement funestes encore.

Le principe de tout travail et l'âme de tout commerce

[1] *Vie de Bouchard*, comte de Melun.
[2] *Histoire de la ville de Lille.* Paris, 1764, p. 168.

est la sûreté. Il faut, pour que l'homme se livre avec succès à une profession quelconque, qu'il soit assuré de ne pas
être troublé dans l'exercice de cette profession et de ne pas
être dépouillé des fruits qu'il en espère. Tout à fait à l'o-
rigine, le seigneur féodal, intelligent de son propre intérêt,
avait été un protecteur en même temps qu'un maître pour
le vilain qui cultivait ses terres et pour le serf qui fabri-
quait ses armes, ses vêtements ou ceux de sa famille ; mais
bientôt la nature avait été la plus forte, le tyran dans le
seigneur avait prévalu sur le souverain ; il avait bientôt,
dit Guillaume de Tyr [1], « oublié les fondements de son pacte
« d'alliance avec le peuple », et, au lieu de protéger l'industrie de ses vassaux, il s'était mis à la rançonner et à la
piller. Les châteaux s'étaient multipliés, nids de vautours,
d'où le châtelain et ses bandes tombaient à l'improviste
sur le marchand assez hardi pour porter ses productions
d'une province dans une autre. Les rivières étaient surtout
infestées par ces bandits ; et l'histoire a conservé le nom [2]
de plusieurs d'entre eux, qui s'étaient rendus célèbres sur
la Loire, sur la Seine et sur le Rhône. Aux brigandages à
main armée des barons se joignaient ceux des chevaliers.
Ces redresseurs des torts du genre humain n'étaient le plus
souvent, surtout au commencement, que des voleurs de
grand chemin, employant une partie de leur errante
existence à détrousser les passants [3]. Ajoutez enfin un autre fléau, non moins funeste à la sécurité du travail que

[1] *Histoire des croisades*, liv. I.

[2] Voyez l'*Histoire de Bretagne* de Lebaud, l'*Histoire du Languedoc* de
D. Vaissette, etc.

[3] Ces mœurs violentes de la chevalerie ont été très-bien peintes par
Sainte-Palaye, *Recherches*, etc.

tous ceux-là, la chasse La chasse, cette « paresse active»,
comme l'appelle ingénieusement Hallam [1], était alors une
passion à laquelle toute la population noble se livrait avec
fureur. Il en résultait pour le progrès matériel de la nation
les conséquences les plus pernicieuses. Pour conserver les
forêts et les bêtes sauvages, des restrictions sans nombre
étaient apportées par le seigneur féodal au défrichement
du sol. Les terres que le vilain possédait sous redevance
étaient à tout moment envahies et saccagées par des équipages de chevaux, de chiens et de valets, qui détruisaient
tout sur leur passage; et l'intelligence de la plupart des
barons ne s'élevait pas jusqu'à concevoir que leur intérêt
au moins eût été de faire passer leur cupidité avant leur
plaisir. Quelques écrivains modernes se sont étonnés de la
rareté des traces qu'ont laissées dans l'histoire l'agriculture,
l'industrie et le commerce de ces siècles de malheur; s'il
faut s'étonner plutôt de quelque chose, c'est que quelque
lueur de vie économique ait pu encore s'y conserver.

Mais le travail d'une nation, pour porter des fruits, n'a
pas besoin seulement de sécurité, il lui faut deux choses,
en outre, sans lesquelles il ne peut que languir : la liberté
et l'honneur.

Les temps féodaux les lui refusaient également.

L'oppression et presque l'infamie, tels étaient alors la
condition et le caractère du travail.

Un esprit de fiscalité, peut-être sans exemple, s'était
abattu sur toute la France. Le malheureux artisan ne
pouvait faire un pas sans payer une redevance : redevance
pour passer sur le pont du seigneur ou sur sa route, pour

---

[1] *L'Europe au moyen âge*, chap. IX.

venir à son marché, pour naviguer le long du domaine,
pour avoir la permission de conduire les marchandises en
traîneau, et jusque pour le prétendu dommage causé par
la poussière soulevée sur les chemins par les misérables
charrettes dont se servait le commerce [1]. Heureux quand,
par grâce, le seigneur consentait à ne pas obliger le passant à s'écarter de sa route et à traverser sur ses terres,
pour être dans le cas de payer le passage [2]. A cette oppression fiscale des routes, ajoutez celle de la terre elle-même.
La terre que cultivait le vilain était grevée directement de
la redevance féodale, qui montait couramment à vingt pour
cent, et de la dîme ecclésiastique, qui était à peu près de
même valeur : en sorte que l'impôt foncier rendait près de
la moitié du produit net.

Telle était la condition du travailleur libre. Quel capital
était capable de se former dans l'ordre de cette condition?

Quant aux serfs, dans l'état d'abjection où la loi féodale
les tenait, quel intérêt avaient-ils à augmenter soit le rapport des terres, soit la perfection de l'industrie? Le même
à peu près que des bestiaux ou des machines ont à améliorer un champ ou à faire prospérer une manufacture.

Ajoutez enfin que, dans l'esprit de ces institutions, si
piller était noble, travailler était vil, de sorte que la féodalité semblait d'un bout à l'autre comme une conspiration
infernale contre tout le développement de toute richesse
publique.

Que dirai-je encore? Dans ces temps malheureux, la
grossièreté et l'ignorance, complices de l'esprit d'exaction

---

[1] Voyez Ducange, aux mots *Pedagium, Pontaticum, Teloneum, Mercatum
tallagium, Lastagium,* etc.

[2] Baluz, *Capitul.*, p. 621.

et de rapine, venaient contribuer encore à étouffer tout
progrès. Le rude et grossier baron, qui vivait de chasse et
de pillage, ne pensait guère à se loger ni à se vêtir avec
luxe. Il ne recherchait ni la magnificence dans les meubles, ni la richesse dans les vêtements. Il ignorait jusqu'au
nom d'art. L'industrie et le commerce, ainsi restreints à
l'entretien des strictes nécessités de la vie, ne pouvaient s'é-
tendre sur beaucoup d'objets. Le défaut des lumières était
égal à celui du goût. C'était rareté alors qu'un homme qui
sût lire et écrire. Le clergé seul s'en piquait, et toute la
population noble se fût crue déshonorée de l'apprendre.
Où le vilain, pour ne pas parler du serf, s'en serait-il instruit? Et cependant l'agriculture, l'industrie et le commerce, tout le travail, en un mot, opprimé, méprisé ou né-
gligé par le reste de la nation, était entre ses mains.

Dans un tel état de choses évidemment, et tant qu'il
était destiné à prévaloir, la misère la plus profonde devait
être l'inévitable condition du peuple.

Et c'est ce qui avait lieu, en effet.

En vain la nation habitait-elle le sol le plus fertile : la
faim alors était une maladie épidémique, fréquente et souvent mortelle. Elle sévissait comme la peste, emportant
parfois, après une agonie pleine d'horreur, des populations
entières; et il n'était pas rare, tant les disettes étaient affreuses, de voir des serfs essayer d'y échapper en mangeant
de la chair humaine [1]. En vain aussi l'abondance naturelle
des matières premières offrait-elle au génie industriel des
habitants toutes les facilités imaginables de naître et de
s'exercer : les nobles entretenaient quelques artisans parmi

[1] Au témoignage de Raoul Glaber, liv. IV, chap. IV.

leurs serfs; il y avait dans chaque ville un tisserand, un
forgeron et un corroyeur, et c'était toute l'industrie. Quant
au commerce, enfin, il était réduit à un colportage, soit
de denrées, soit d'articles de première utilité, dont le régime de fiscalité et d'extorsion que l'on vient de décrire
composait un métier si avili et si périlleux, que c'est
merveille seulement qu'il se soit rencontré alors des créa-
tures humaines que l'espoir d'un gain si chèrement
acheté ait pu engager à le faire.

C'est pourtant de ce berceau de misère et d'abjection
qu'est à la fin sortie la fortune industrielle et commerciale
que nous possédons aujourd'hui.

Comment s'est opéré ce grand changement? Par l'action persévérante d'une politique, maintenant vieille de
près de mille ans, dont nous allons aborder l'histoire.

La nature sociale est comme la nature physique : elle
ne souffre pas sans réagir contre la cause de sa souffrance,
et plus cette souffrance est profonde, plus, pour peu qu'il
reste encore quelque force à l'être opprimé, la réaction est
énergique. La France souffrait intolérablement du régime
féodal, il fallait qu'elle en mourût ou qu'elle le brisât.
Mais comme elle était d'ailleurs pleine de santé et pleine
de vie, le signal du combat ne devait pas tarder à sonner.
La lutte, en effet, s'engagea presque aussitôt et, dès le commencement du onzième siècle, une ère de résistance à la
féodalité s'ouvrit, où celle-ci, après d'immenses efforts,
dut enfin succomber. Cette ère que l'on pourrait appeler
l'âge héroïque du travail national, et qui ne dura pas
moins de cinq cents ans, car elle n'eut définitivement
accompli son œuvre qu'à la fin du quinzième siècle;
cette ère, dis-je, compose la première époque de l'his-

toire de la politique commerciale de la France, époque
toute d'origines et de préparation, sans doute, mais
pendant laquelle s'enfoncèrent profondément dans le sol
les assises indispensables à la construction du reste de l'é-
difice.

Cet édifice évidemment ne pouvait s'élever sans une
organisation préalable un peu forte de la sécurité publique.
Ce fut la modeste mais énergique ambition des générations
qui traversèrent cette première et dure période, de conquérir les garanties de cette sécurité. Elles y parvinrent
pied à pied, par une suite d'efforts de chaque jour dont le
détail, sans doute, est perdu pour l'histoire, mais dont
l'ensemble et les grands résultats, du moins, ont traversé les âges.

Ce fut le clergé, à son honneur, qui mit le premier la
main à l'œuvre. Le clergé, dans la société féodale, était
naturellement destiné par la sublime religion dont il était
l'organe à commencer la pacification matérielle et morale dont cette société avait besoin pour sortir de la barbarie. Il comprit et il remplit noblement ce rôle.

Dès le commencement du onzième siècle, un synode se
rassembla au diocèse d'Elne, en Roussillon, pour établir ce
que dans un naïf et touchant langage, il appela la Trêve
de Dieu. Il fut réglé que, dans toute l'étendue du comté,
nul, sous peine d'excommunication et, bientôt après,
d'anathème, ne pourrait attaquer son ennemi depuis le
samedi soir jusqu'au lundi matin; que nul n'assaillirait
en quelque temps que ce fût un moine ou un clerc non
armé, ni un homme allant à l'église ou en revenant, ou
qui accompagnerait des femmes; que les églises et les
maisons d'alentour à trente pas seraient des lieux sacrés,

où tout combat serait un sacrilége ; que toute personne, enfin, voyageant en compagnie d'un ecclésiastique, serait sacrée comme lui. Ce cri de paix retentit bientôt dans tous les diocèses de France. Les évêques d'Aquitaine, d'Arles, de Lyon, de Bourgogne, et après eux dix conciles le répé-tèrent. Peu après, la législation de charité ébauchée par le synode d'Elne se compléta : la défense de l'appel à la force fut étendue du mercredi soir au lundi matin de chaque se-maine, à la durée entière de l'avent, au carême, à tous les jours de fête, de sorte que les trois quarts de l'année furent interdits à la violence ; les pèlerins, les marchands, les laboureurs avec leurs outils et leurs bestiaux furent couverts par la protection morale du clergé, et les charrues enfin furent, comme les églises, déclarées monuments d'a-sile et mises solennellement sous la sauvegarde de Dieu.

La foi alors était naïve et forte. L'ordonnance des con-ciles au milieu de cette société sauvage mais croyante eut force de loi, et c'est la première institution à l'abri de laquelle l'industrie et le commerce aient commencé de respirer dans notre pays. Institution aussi glorieuse au clergé qu'utile au malheureux peuple, dont elle commença de disputer l'existence à l'un des plus horribles états civils qui aient jamais été, et qu'aujourd'hui, du milieu d'une civilisation presque extrême, nous ne saurions considérer sans émotion ni sans respect.

Mais le clergé fit plus encore.

A ce cri évangélique de paix qu'il jeta le premier dans l'anarchie féodale, il ajouta bientôt un cri de liberté. Il déclara aux barons que non-seulement les serfs étaient leurs égaux, mais encore qu'ils étaient les élus de Dieu. Il se recruta parmi la population serve, aussi bien et plus volontiers même, que parmi la population noble, et ainsi il ouvrit la porte à l'abolition de l'esclavage.

De grandes conséquences s'ensuivirent pour le progrès de la nation.

Le serf devenu prêtre oublia rarement son ancienne condition; mais, sous sa robe de bure, il fut le supérieur spirituel de son ancien seigneur, et dès lors le gouvernement moral de la société passa entre ses mains. Bien plus, le serf devenu moine put aussi devenir évêque et d'évêque conseiller des rois, et c'est ainsi qu'un jour, en pleine féodalité, Suger administra la France.

Enfin, la bienfaisante influence du clergé sur les origines de notre civilisation industrielle se fit sentir d'une autre manière encore dès les premiers temps de la féodalité. Les instituts religieux s'étant multipliés à profusion dans le onzième siècle, et les seigneurs, par esprit de pénitence ou autrement, ayant fait à ces instituts de nombreuses donations ou cessions de terrains, la foule des serfs qui entrèrent en religion purent défricher en paix, sous la protection « de la crosse », comme disait le proverbe, ces terrains qui ne demandaient que des bras pour devenir fertiles. Aucun droit féodal onéreux ne grevait ces domaines ecclésiastiques; leurs propriétaires haïssaient la guerre et protégeaient le travail : ce furent les asiles de l'agriculture, partout ailleurs opprimée et pillée; et c'est ainsi qu'une partie de notre territoire commença de sortir de l'état de bois, de bruyères et de landes, où la féodalité laïque l'avait presque tout entier réduit.

Heureuse l'Église, heureuse la France, si le clergé, comprenant toujours ainsi le rôle qu'il avait à remplir, avait su à toutes les époques approprier aussi admirablement sa

conduite à la satisfaction des besoins et des progrès de la
nation ! Mais écartons cette pensée pour admirer ic
comme il doit l'être, c'est-à-dire sans réserve, l'aposto-
lique et sage esprit d'administration auquel nos pères ont
dû les premiers pas qu'ils ont pu faire hors de la servitude
et de la barbarie.

Ces travaux du clergé remplissent seuls, durant le
onzième siècle, l'histoire des origines de notre politique
commerciale; mais bientôt, et comme le siècle allait finir,
un mouvement d'inspiration religieuse encore, mais d'un
caractère bien plus complexe, éclata, qui devait avoir
sur l'affranchissement du travail et sur les progrès de la
sécurité publique en France une portée autrement considérable : on a nommé les croisades.

Les résultats de ces vastes guerres, pour la civilisation
en général, sont aujourd'hui définitivement fixés par la
critique historique. On les peut résumer en disant qu'elles
ont ouvert l'Asie et l'Afrique à la religion de l'Évangile et
au génie de l'Occident. Mais on est généralement moins
d'accord sur la mesure comparée de bien et de mal qui en
résulta particulièrement pour la France. En fait, elles
coûtèrent des sommes immenses, elles dépeuplèrent les
campagnes, et elles augmentèrent ainsi la misère, en ra-
réfiant l'argent et en interrompant le développement de la
production; ce fut là la part du mal qu'économiquement
parlant elles causèrent à notre pays. Mais ce mal ne fut
que momentané et, mis en balance avec les avantages qui
le compensèrent, il fut loin de peser autant. La passion
d'aventures et de batailles qui animait presque seule les
seigneurs féodaux, et qu'ils ne pouvaient satisfaire que sur
le territoire national, trouva alors au loin un champ im-

mense où elle alla s'illustrer et s'éteindre. Cependant les campagnes et les villes respirèrent. Ensuite, le baron qui partait pour la croisade ou qui en revenait était obligé, pour soutenir son rang, de démembrer et de vendre son fief. Les acquéreurs manquant dans la population noble, qui presque tout entière s'était éprise de cet extraordinaire vertige de religion et de gloire, la roture, sous certaines conditions, fut admise à acheter les portions de domaines à vendre ; et ainsi commença au profit du peuple, avec le recouvrement successif des terres que la féodalité lui avait ravies, cette entrée dans le partage de la propriété foncière qui devait finir un jour par être si favorable au développement de la richesse publique. Enfin, une partie au moins, sinon encore de la France, au moins de son territoire, la Provence et sa magnifique capitale, Marseille, retirèrent, de l'immense affluence de croisés qui s'y précipitèrent et des relations qui s'ensuivirent avec le Levant, des avantages considérables. L'industrie, elle aussi, fit croisade à la suite de la religion, et elle rapporta de Grèce et d'Asie sur nos côtes de la Méditerranée des procédés de travail et des relations de négoce qui jetèrent pour des siècles meilleurs les fondements de notre fortune manufacturière et commerciale.

Cependant le temps marche, et plus il marchera, plus la voie où notre civilisation matérielle vient de poser le pied ira, lentement sans doute, mais continuellement, s'aplanissant de plus en plus. Les premières brèches, dès l'époque où nous sommes, sont faites au régime féodal ; il se soutiendra longtemps encore malgré ces brèches, mais il ne les réparera jamais et elles augmenteront sans cesse.

Le douzième siècle s'ouvrit. Il fut rempli surtout, comme la meilleure partie encore du suivant, du bruit et des conséquences des croisades; mais une vaste révolution cependant s'y produisit, l'insurrection des communes, qui lui donne une place à part dans l'histoire du travail de formation dont nous rassemblons ici les grands traits.

Les campagnes, toujours ouvertes et mal peuplées, étaient absolument sans défense contre le pillage ou l'exaction féodale; mais, dans les villes où la population était agglomérée, la résistance était plus facile. Elle naquit bientôt. Quelques barons ayant abusé même des excès, les bourgeois se comptèrent, s'unirent, se jurèrent commune ou assistance mutuelle et se soulevèrent. L'insurrection bientôt gagna de ville en ville, non point par concert, il n'y avait point de telles communications possibles entre les différentes populations alors, mais parce que la même lassitude des abus se fit sentir partout en même temps. La lutte fut douloureuse, et sur la surface entière du territoire elle eut des chances diverses. Cependant et en masse la bourgeoisie l'emporta, et le seigneur fut obligé de reconnaître par une véritable constitution ou charte écrite les droits conquis par les communes, savoir, en général, que les gens taillables ne le seraient plus à merci, mais qu'ils ne payeraient la rente au seigneur qu'une fois l'an; qu'ils seraient exempts des levées de travail ou d'argent infligées aux serfs, et que l'amende serait la seule peine des délits féodaux qu'ils pourraient commettre. Ce fut toute une révolution dans la vie civile et industrielle de nos courageux et malheureux pères. De là datent les premières garanties publiques de la liberté, quelle qu'elle fût, de leur travail et de la sécurité de leurs biens et de leurs personnes.

Ces garanties d'ailleurs obtinrent bientôt elles-mêmes

la caution d'une puissance que nous n'avons encore vue
jouer presque aucun rôle dans cette histoire , mais qui
à ce moment précis y apparaît et y prend, pour ne presque
plus la quitter, la première place : on a reconnu la royauté.

Le suzerain avait droit de confirmation sur les actes du
seigneur son vassal. Ce fut la porte par laquelle, sur l'appel
d'ailleurs des bourgeois eux-mêmes, le roi de France,
suzerain de presque tous les barons du royaume, entra
dans la révolution communale. L'identité des intérêts
était flagrante. Le roi avait besoin d'abaisser ses vassaux
pour augmenter son domaine et son pouvoir; les bourgeois
avaient besoin de ce même abaissement pour vivre à peu
près en paix des fruits de leur travail. D'instinct, le pacte
se fit. Louis le Gros, le premier, timidement encore , il
est vrai , et dans des vues où l'esprit de fiscalité l'emportait sur l'esprit politique , mais le premier enfin,
sanctionna diverses chartes communales. Après lui, Louis
le Jeune, dont l'administration éclairée et la charité
ardente de Suger animaient les conseils , entra dans les
mêmes voies; et ainsi se trouva définitivement accomplie
et consacrée , dès le milieu du douzième siècle , une
révolution qui , outre ses bienfaits matériels présents ,
avait ce grand caractère de lier clairement, dans l'esprit
du peuple à la fois et dans celui des rois , les progrès de
la fortune commerciale de la France à ceux de l'unité de
son gouvernement et de son territoire.

Une institution, née du même esprit d'où étaient sorties
les communes et qui ne fut pas non plus sans quelque
influence sur le progrès du commerce, parut à cette
époque : ce fut celle des hanses ou compagnies de monopole.

Les rivières principalement étaient tellement infestées par les exactions féodales que , de bonne heure, l'idée surgit d'opérer une sorte de rachat du produit annuel que ces exactions pouvaient rapporter. Les marchands allèrent trouver leurs seigneurs et affermèrent la perception des taxes que ceux-ci levaient sur le transport des marchandises par les voies fluviales. C'est ainsi que , dès 1121, Louis le Gros , agissant comme seigneur féodal envers les habitants de ses domaines, concéda, moyennant redevance annuelle, à une compagnie , qui fut dite des marchands de l'eau, les droits qu'il percevait sur le transport par la Seine de toutes les marchandises , dans un rayon équivalant à peu près à ce que nous appelons aujourd'hui la banlieue de Paris. En 1170, Louis le Jeune confirma cette compagnie dans ses droits, et elle dura plusieurs siècles.

En soi, à coup sûr, et si nous l'envisageons avec nos idées modernes , une telle institution n'était pas bonne. Tout monopole est oppresseur, et celui-ci ne tarda pas à le devenir ; mais c'était un progrès sur le passé, et mieux valait un monopole, quel qu'il fût, aux mains des marchands, que la perpétuité du brigandage et de l'arbitraire des barons.

Cet arbitraire , du reste, allait décroissant à mesure que le pouvoir royal s'agrandissait et s'asseyait.

Un règne s'ouvrit, à l'époque où nous voilà parvenus, qui devait remplir, non sans gloire, toute la fin de ce siècle , et à partir duquel le travail de reconstitution d'un gouvernement central en France prit dès lors une marche ascendante de plus en plus favorable à la sécurité publique , et, partant, à l'exercice de l'industrie et du commerce : ce fut le règne de Philippe-Auguste.

Philippe-Auguste augmenta de plus du double le domaine royal. Il y ajouta des provinces magnifiques, notamment l'Anjou, la Touraine, le Maine, le Poitou, et enfin, conquête plus importante que toutes les autres ensemble au point de vue politique, la Normandie. Cela fit un grand changement dans le partage territorial de la France : nul seigneur n'eut dès lors un domaine aussi étendu que le roi, et la réunion du reste du sol à ce domaine, c'est-à-dire la réalisation de l'unité du territoire, commença de se révéler aux esprits comme une œuvre possible. Ajoutez que cette extension du domaine royal fut sanctionnée par une grande victoire, la première victoire vraiment nationale de nos annales, Bouvines ; et qu'ainsi le premier grand progrès dans les possessions territoriales de la couronne apparut comme un progrès de l'unité et de l'indépendance de la nation. Philippe-Auguste, après cela, intervint plus résolûment encore que n'avaient fait ses prédécesseurs dans la révolution communale. Il sanctionna jusqu'à soixante-dix-huit chartes. Avec lui, par là, la royauté se manifesta visiblement aux masses comme le pouvoir le plus bienveillant et le plus protecteur auquel elles pussent recourir, et dès lors les yeux de tout ce qui souffrait, c'est-à-dire de presque toute la nation, de la nation industrielle et marchande surtout, se levèrent vers le trône. Philippe comprit ce rôle et s'en empara. Il institua un nouvel office, celui des baillis, sorte de juges-inspecteurs qui rappelèrent les *missi dominici* de Charlemagne, qui firent des tournées annuelles pour recueillir les plaintes du peuple et qui tinrent des assises mensuelles où furent jugés les délits féodaux des

seigneurs. Ajoutez à cela des règlements généraux d'ordre
public, tels que celui de la Quarantaine le Roi, transformation politique importante de la Trêve de Dieu, en vertu
de laquelle nul ne peut causer aucun dommage à son
ennemi, ni à ses parents ni à ses terres, pendant quarante jours à partir de la naissance de la querelle. Enfin
ce prince s'intéressa d'une manière plus directe encore
au progrès matériel de la nation. Il fit paver Paris, en
agrandit l'enceinte, et construisit, toutes choses nouvelles
en ces temps malheureux, des égouts, des halles, des
hôpitaux. Ces progrès paraissent peu de chose aujour-
d'hui; mais, à cette époque, ils furent immenses.

Mais tout ceci nous amène en plein treizième siècle :
voilà saint Louis.

Le Ciel plus doux voulut, en ces temps de malheur,
que le trône fût occupé par un homme dans l'âme duquel,
par une sorte de confusion sublime, les vertus d'un saint
fussent aussi les qualités d'un roi. Saint Louis revendiqua
contre la féodalité les droits de l'Evangile en même temps
et plus encore que ceux de la couronne, et les triomphes
qu'il remporta sur elle furent des victoires morales en
même temps que politiques.

La nation se trouva admirablement d'avoir trouvé un
tel maître.

Jusque-là le roi de France n'avait guère été qu'un com-
positeur de différends entre les barons et leurs vassaux;
avec saint Louis, ce fut un juge. Il étendit formellement au
royaume entier la Quarantaine le Roi, jusque-là bornée aux
domaines de la couronne, et par la vigueur avec laquelle
il frappa ses barons révoltés, à Taillebourg et à Saintes, il
montra qu'il avait le pouvoir de la faire respecter. Les sei-

gneurs ne purent plus impunément dépouiller ni assassiner les faibles. Plusieurs l'éprouvèrent. « Je châtie mes barons, dit le roi, quand ils méfont. » Mot nouveau, sans précédents jusqu'alors dans l'histoire de France et d'où datent, avec la prise de possession officielle par la royauté de l'administration de la sûreté publique, les origines de notre politique commerciale, au moins à l'intérieur.

Le désordre le blessait surtout comme chrétien, plus encore, s'il est possible, que comme roi. Aussi lui fit-il une guerre aussi généreuse que féconde.

Je n'en puis à la hâte rappeler que les grands actes.

Il centralisa d'un seul coup la juridiction jusque-là éparse des cours seigneuriales, en instituant le cas royal et l'appel. Tout homme franc put s'avouer du roi et se soustraire ainsi aux exactions de la justice locale; et tout vassal condamné en première instance par son seigneur put en appeler à la Cour du roi, qui se réunit à Paris à chaque grande fête et prit le nom de Parlement. Les membres réels de ce Parlement ne pouvaient guère être longtemps des barons : ils méprisaient toute science; des bourgeois furent insensiblement appelés à leur place, et l'administration de la justice souveraine passa ainsi, avec les légistes, aux mains de la caste opprimée.

Le domaine royal, déjà fort grand, s'était accru de plusieurs terres que saint Louis avait achetées ou dont il avait hérité, particulièrement des vicomtés et duchés de Béziers, de Narbonne et de Nîmes, si importants pour l'extension future du commerce. Saint Louis, par un esprit d'économie qui lui était aussi naturel que l'esprit de charité, s'appliqua à bien administrer ses possessions. Il le fit à merveille, par quantité d'ordonnances qui trahissent la sollicitude la plus ardente pour l'établissement de l'ordre public.

Enfin, il encouragea directement le commerce et l'industrie par des lois et par des statuts dont l'habileté et la justice, si l'on se reporte au temps et au peuple pour lesquels ils étaient faits, sont également dignes d'être admirés.

Ainsi il régla que le transport des grains d'une province à l'autre ne pourrait être défendu par les baillis et sénéchaux que dans le cas d'une nécessité bien reconnue, nécessité dont il se réserva le jugement, et que les défenses une fois faites, personne n'en serait exempté. Les entraves de tout genre que la division féodale du territoire mettait alors à la liberté du commerce et l'insuffisance de l'agriculture à prévenir les famines expliquent, de reste, la prévoyance de la première partie de ce règlement; et, quant à la seconde, il est visible qu'elle restreignait et soumettait à un contrôle efficace l'esprit d'arbitraire et de fiscalité des sénéchaux et des baillis.

Enfin, il organisa les corporations.

Dans ces temps de misère, l'esprit de fraude était universel chez les marchands. Saint Louis voulut donner au commerce la vertu qui doit en être l'âme, la probité. Il régla les métiers, la tâche de chacun et le modèle qu'il devait suivre. Œuvre de police en même temps que de progrès, qui était destinée, il est vrai, à devenir plus tard la source de bien des maux, mais non pas par la faute de son auteur. Les corporations étaient un bienfait au treizième siècle; ce ne fut pas le tort de Saint Louis si elles furent un fléau au dix-huitième.

Toutes ces institutions parlent; elles durent donner un certain élan à l'industrie et au commerce de notre pays.

Un monument contemporain, œuvre d'Etienne Boileau,

garde de la prévôté de Paris, monument bien connu sous le nom du *Livre des métiers*[1], nous a conservé le tableau naïf et évidemment fidèle de l'état où ils étaient l'un et l'autre. Boileau, dans son *Livre*, fait mention de cent métiers. Naturellement, c'étaient les métiers indispensables qui dominaient alors : ce sont aussi, de la boulangerie à la friperie, dernière profession très-importante dans la misère générale du peuple, ceux surtout que Boileau énumère ; cependant le *Livre des métiers* offre déjà quelques traces d'une civilisation industrielle plus avancée. La chevalerie et les tournois, sans doute, avaient répandu quelque goût du luxe ; car nous remarquons qu'à cette époque Paris rivalisait avec Saint-Denis, Lagny, Beauvais et Cambrai, pour la draperie et la teinturerie riches. Le peuple ne se couvrait, bien entendu, que de bure, mais la noblesse commençait à rechercher la soie. On commençait, vers la fin du treizième siècle, à la filer et à la tisser à Paris. Les croisés, apparemment, avaient rapporté déjà le secret de la travailler de Constantinople et de Sicile. Mais ce n'étaient là, à coup sûr, que de rares et faibles essais, car deux siècles plus tard encore la soie était si chère qu'elle entrait, comme les métaux, dans les traités de rachat et de rançon. Du reste, un mot peindra toute l'industrie de cette époque, mot extrait du livre de Boileau lui-même : la grande recommandation que les règlements de saint Louis font par-dessus toutes les autres aux ouvriers, sur la façon de leurs ouvrages, c'est qu'ils soient *solides*.

Encore un mot sur ce règne. Saint Louis eut-il une

[1] M. G. Depping en a donné, dans la *Collection de Documents inédits sur l'histoire de France,* une édition, la première complète, qu'il a fait précéder d'une excellente introduction.

marine? Quand on lit dans les mémoires du temps qu'il partit pour la terre sainte avec dix-huit cents vaisseaux et que précédemment Philippe-Auguste en avait mis en mer dix-sept cents, il semble d'abord que la question soit vidée; mais il n'y faut pas réfléchir longtemps pour voir que le grand nombre même de ces navires en décèle la petitesse et la grossièreté. Plus la marine s'est accrue, plus elle a souffert de diminution. A l'origine, on entassait vaisseaux sur vaisseaux pour réparer autant que possible leur imperfection par leur quantité. Cependant, de si grands armements furent un encouragement puissant pour la construction navale et pour la fabrication des armes, et Marseille particulièrement y trouva la source d'une prospérité au moins momentanée.

Quoi qu'il en soit, les résultats généraux de ce règne furent, sans nul doute, tout en faveur de l'agriculture, de l'industrie et du commerce de la nation, et si l'on peut dire que notre politique commerciale commença de poindre sous Philippe-Auguste, on peut ajouter qu'elle prit décidément place dans le conseil de nos rois sous saint Louis.

La fin du siècle et le commencement du suivant sont remplis par les derniers descendants directs de Hugues Capet. Cela forme, de la mort de saint Louis à l'avénement de Philippe de Valois, une période nouvelle de soixante années environ, pendant laquelle des événements très-nombreux se passèrent, dont plusieurs eurent sur le développement de notre richesse et sur l'esprit de son administration une action considérable.

Philippe le Hardi ne fit que passer, mais il réunit le Languedoc.

Philippe le Bel lui succéda. Avec lui commence un règne de trente ans qui, par l'importance comme par l'é-
tendue, domine toute cette époque.

On peut dire de ce prince qu'il continua par égoïsme et
par tyrannie l'œuvre à laquelle saint Louis s'était dévoué
par esprit d'ordre et de charité. Mais la grandeur des nations
emploie indifféremment les ouvriers et les instruments
les plus divers. Philippe le Bel fut un despote et un despote
avare et cruel, il est vrai; mais, comme le saint roi qui
l'avait précédé, il augmenta la force et la considération du
pouvoir central : à ce titre, et malgré les exactions qu'il
commit, l'économiste politique, envisageant les résultats
de son règne, reconnaîtra qu'il fut utile.

Le bien qu'il fit fut d'abord de réunir à la couronne des
provinces d'une grande importance, la Champagne, la
Brie, le Dauphiné et le Lyonnais. Riches conquêtes, la dernière surtout, pour l'industrie et pour le commerce. Depuis
l'acquisition de la Normandie, rien n'avait valu la réunion
de Lyon.

Ensuite il rendit le Parlement sédentaire à Paris, et il
appuya la prétention qu'eut celui-ci de devenir cour souveraine et en dernier ressort du royaume entier. Il continua ainsi une des plus grandes pensées politiques de saint
Louis, et il ébaucha l'œuvre de la centralisation judiciaire.
La justice féodale fut attaquée par là sur toute la surface
du territoire, et il n'y en eut plus un point où le commerce ne put espérer en l'appui du roi.

Enfin il rendit une ordonnance qui porta à la grande
vassalité un coup presque aussi rude que celui qu'elle
avait reçu des communes, ce fut d'autoriser les bourgeois
des seigneurs à devenir bourgeois du roi par un simple

aveu et sans autre formalité. L'existence de la plupart des communes était précaire et orageuse. D'une part, elles avaient à se défendre contre le seigneur, cherchant toujours, par ruse ou par force, à violer la charte qu'il avait consentie ; de l'autre, rien n'était plus tumultueux que leur vie : à chaque instant, des rivalités de quartier, des haines de corporation armaient la populace contre les bourgeois et ensanglantaient les rues. Les villes royales, au contraire, offraient sous le gouvernement de la couronne les deux grandes choses que cherche le commerce, l'ordre et la sécurité. Par l'ordonnance de Philippe le Bel, toute commune put passer sous l'autorité tutélaire du roi ; et la sécurité publique fit avec la centralisation un nouveau pas de plus.

Mais tous les actes de ce règne ne furent malheureusement pas marqués à ce cachet d'heureuse et d'habile politique.

Les charges de la royauté s'étaient accrues avec son domaine. Cependant, si Philippe le Bel eût été doué de l'esprit d'administration comme il l'était de l'esprit politique, il eût trouvé, dans l'extension de sa puissance elle-même, les ressources suffisantes à en couvrir les frais. Mais ce prince, naturellement violent et avide, prit les expédients de la fiscalité pour le génie de la finance. Il spécula sur la fabrication de la monnaie, qu'il altéra jusqu'à trente-cinq fois dans le cours de son règne ; il rendit une ordonnance somptuaire, interdisant ou vendant le luxe des ornements et des vêtements aux bourgeois et aux nobles ; enfin, prenant prétexte de l'esprit d'usure dans lequel les Juifs faisaient alors le commerce de prêt, il confisqua tous leurs biens et, après mille extorsions où l'absurde le disputa à

l'horrible, il les jeta hors du royaume. Ces énormités portèrent nécessairement un grand trouble dans la vie marchande de cette époque.

Mais Philippe y mit le comble en prenant directement
contre l'industrie et contre le commerce une des pires
mesures que la cupidité eût pu lui dicter.

Jusque-là, le peu d'échanges qui, dans la misère générale, s'étaient faits avec l'étranger, avaient été entièrement
francs de droits. On avait bien mis, dès le siècle précédent,
des entraves, soit perpétuelles, soit temporaires, à l'exportation des blés, des armes, du numéraire, des joyaux ;
mais l'intérêt des approvisionnements, la crainte de voir
hausser le taux de l'argent déjà excessif, une pensée enfin
de guerre contre les ennemis du royaume ou de la foi
avaient été les seuls motifs de ces règlements. Quant à
l'importation, comme il n'y avait pas encore d'industrie à
protéger, ni partant de concurrence étrangère à équilibrer,
aucun gouvernement n'avait songé à la grever d'impôts.

Il arriva, en 1305, que des ouvriers en drap du Languedoc, dont les manufactures commençaient à sortir de terre,
vinrent demander au roi d'interdire l'exportation des laines
et des matières premières dont ils faisaient usage pour les
ouvrer et les teindre, se plaignant de ce que les étrangers
enlevaient ces matières et ces laines et empêchaient l'industrie indigène de vivre. Ces ouvriers eurent en outre le
malheur de lui offrir d'acheter cette protection, moyennant
un droit fixe qu'ils s'engageaient à payer sur chaque pièce
de drap.

Philippe, avec plus de lumières, avait là une occasion
admirable de donner au génie manufacturier de ses sujets
direction et essor, et cela eût tourné au profit de ses fi-

nances aussi bien que de la nation. Il avait eu sous les yeux quelques années auparavant, dans son invasion en Flandre, un exemple qui aurait dû l'éclairer. Il avait été reçu avec un tel luxe par les Flamands que la reine, sa femme, considérant avec une jalousie grossière la toilette des bourgeoises de Bruges, s'était écriée, disent les chroniques [1] : « Il n'y a donc ici que des reines ! » Mais il ne vit dans la proposition des ouvriers du Languedoc qu'une occasion de remplir ses coffres, et il s'en saisit avidement.

Non-seulement il leur accorda, moyennant la finance qu'ils offraient, la protection illusoire et mal conçue que naïvement ils étaient venus chercher ; mais il déclara en principe que, sauf les épiceries, l'exportation de tout produit agricole ou manufacturé ne serait licite que moyennant un permis qu'il se réserva de vendre. Un certain Geoffroy Coquatrix, l'histoire nous a conservé son nom, fut chargé, comme directeur des ports et passages du royaume, d'établir partout des bureaux où se fit le débit de ces passavants.

Exaction aussi inintelligente qu'odieuse, qui opprimait dans son berceau l'industrie naissante de la France.

Et pourtant, malgré ces iniquités et ces fautes, ce règne ainsi que nous l'avons déjà dit, contribua au progrès de la nation et il a laissé une trace utile dans l'histoire de sa politique commerciale. C'est qu'il continua, dans une large part, à satisfaire au grand et presque à l'unique besoin de l'époque qu'il remplit, le besoin d'ordre et de sécurité. Tout s'effaçait devant ce besoin, au treizième

---

[1] Continuation de Nangis. Voyez aussi Anderson, *Origin of commerce,* ad ann. 1301.

siècle ; c'est, quand on juge les gouvernements de ce
temps, ce qu'il ne faut pas perdre de vue.

Une réaction violente contre les conquêtes administra-
tives de Philippe le Bel, témoignage de la vigueur et de la
sûreté des coups qu'il avait portés à la féodalité ; l'institution d'une chambre spéciale chargée de régler le prix
des autorisations pour l'exportation et l'importation ou
pour le *haut-passage*, comme on disait alors ; l'établissement d'un nouvel impôt du même genre, qui d'abord devait remplacer celui-là, qui ne fit que s'y ajouter et qu'on
appela le droit de *resve* (recette) ; des troubles violents dans
les campagnes, des séditions dans les villes : voilà à peu
près ce qui, du seul point de vue d'où il nous intéresse de
l'envisager, remplit l'intervalle de quinze ans qui s'écoula
depuis la mort de Philippe le Bel jusqu'à l'extinction définitive de la race directe des Capétiens. Ce fut une période
de stagnation, où le pouvoir royal fléchit un peu, mais
non pas de manière à changer sérieusement les conditions d'existence du commerce de l'époque, ni à altérer
d'une façon sensible les résultats économiques du règne
qui avait précédé.

Ces résultats étaient considérables, et, au moment où
nous voilà parvenus, c'est-à-dire au premier tiers bientôt
du quatorzième siècle, ils se manifestèrent par un mouvement commercial sans précédent jusque-là dans notre
histoire, et sur lequel il convient de s'arrêter.

La France avait péniblement mais persévéramment
avancé depuis trois siècles. L'extension du domaine royal
dans toutes les grandes directions du territoire naturel :
l'acquisition de la meilleure partie des côtes de la Manche
par la réunion de la Normandie, du tiers environ de celles

de l'Océan par la conquête du Poitou, de la moitié presque
de celles de la Méditerranée par l'absorption complète,
sauf quelques enclaves, du Languedoc ; au centre, la prise
de possession de l'Anjou, de la Touraine, d'une portion du
Berry, de la Brie, de la Champagne, de presque toute la
Picardie ; enfin la conquête, au moins momentanée, de la
Flandre, tout cela avait fini par composer un marché intérieur, comme nous disons aujourd'hui, d'une importance remarquable. La sûreté générale avait fait les
mêmes progrès que le domaine. Sans doute, la vassalité
non réunie était puissante encore, mais elle était partout
pressée par les possessions royales et intérieurement minée,
tant par les communes que par la faculté pour tout bourgeois de désavouer son seigneur et de s'avouer du roi.
D'heureuses conséquences avaient résulté de ce double
progrès. La fertilité naturelle du territoire, le génie industriel des habitants, à l'ombre d'une autorité tutélaire,
avaient pris un premier essor. Le commerce avait suivi ce
mouvement. Sans doute, toutes les routes n'étaient pas
sûres, et il fallait encore que les marchands voyageassent
armés et en caravanes ; mais enfin les pillages à main
armée étaient devenus bien moins fréquents qu'avant les
croisades et on avait bien plus de moyens de les repousser
et de les prévenir.

Dans une situation pareille, il était naturel que les
nations voisines de la France commençassent de chercher
à entrer en relations d'échanges avec elle. C'est ce qui se
déclara d'une manière très-remarquable, en effet, à la fin
du treizième siècle et au commencement du quatorzième.

Depuis longtemps, dans l'absence totale où l'on était de
poste aux lettres et de poste aux chevaux, la difficulté

d'entretenir des correspondances pour l'échange des marchandises d'une province à l'autre avait fait instituer à certains jours fixes, ordinairement à l'époque des fêtes religieuses, des foires. Dès le commencement du douzième siècle, par exemple, Paris avait trois foires, la Saint-Germain, la Saint-Ladre et le Lendit. Mais jusque-là ces foires n'avaient guère été que des marchés qui n'avaient servi qu'à la vente des denrées ou des quelques articles manufacturés du pays, et on n'y avait vu que des colporteurs des environs ou des contrées limitrophes. Tout à coup, vers le milieu du règne de Philippe le Bel, elles prirent un caractère et une importance extraordinaires. Au lieu de marchés obscurs et purement intérieurs, ce furent des réunions populeuses où affluèrent des marchands de toutes les nations. Les foires de Champagne et de Brie notamment, dont deux se tenaient à Troyes et les autres à Provins, à Lagny-sur-Marne, à Reims et à Bar-sur-Aube, devinrent extrêmement célèbres, et on y vit en même temps, outre des Français de tout le territoire, des Italiens, des Flamands et des Allemands. Il en fut de même de certaines foires du Midi, parmi lesquelles brilla de bonne heure celle de Beaucaire.

En saine appréciation économique assurément, le nombre et l'importance de ces marchés périodiques ne révèle pas, comme quelques écrivains à tort l'ont cru, le développement d'une grande prospérité en France, au commencement du quatorzième siècle. Les foires sont l'enfance du commerce. Un pays où la vie industrielle et commerciale est développée est, d'un bout de son territoire à l'autre, une foire universelle et perpétuelle. Quand on fait ainsi le commerce à jour fixe, c'est qu'on en fait quotidiennement très-peu. Mais ce peu cependant, en comparaison avec le néant qui avait précédé, était un grand progrès au quatorzième siècle; et c'était un phénomène aussi intéressant que nouveau dans notre pays que cette affluence subite de marchands étrangers sur son sol.

Quelle était la nature, et, autant qu'on peut le découvrir aujourd'hui sous la poudre des âges, l'importance de ces premiers échanges de la France avec les nations voisines? Comment l'Italie, la Flandre, l'Allemagne se trouvaient-elles, à cette époque de notre histoire et dans un temps où nous nous efforcions à peine de sortir de la barbarie, en état d'importer sur nos marchés des produits, ou dont ne nous connaissions pas la nature, ou dont nous étions hors d'état d'égaler, soit la perfection, soit le bas prix ?

C'est, pour l'intelligence du reste de cette histoire, ce dont il est intéressant de nous rendre compte.

Tandis que la France, du dixième au quatorzième siècle, se débattait dans la misère et dans l'anarchie, et que toutes ses forces se consumaient à conquérir quelques commencements d'unité et de sécurité, des contrées plus heureuses, au midi et au nord, étaient parvenues, grâce à quelques circonstances favorables d'abord, mais bientôt et surtout grâce à de bonnes lois, à une civilisation industrielle, maritime et commerciale, extrêmement avancée. Au midi, c'étaient les républiques de l'Italie, Amalfi, Lucques, Pise, Milan, Bologne, Florence, Gênes, et, déjà leur reine à toutes, Venise; au nord, c'étaient la Flandre et les villes de l'Allemagne et de la Baltique.

Un ciel et un sol unique, un littoral étendu, des facilités de communication par mer avec la Grèce, l'Afrique et l'Asie, des restes de cette ancienne culture matérielle et morale des Romains que les invasions des barbares n'avaient pu détruire tout entière, telles avaient été, si l'on veut, les causes originaires qui, dans la barbarie de la plupart des autres nations, avaient préparé l'Italie à devenir le berceau de la renaissance du commerce et des arts. Mais ces germes heureux eussent bientôt péri comme en France, si un régime social plus élevé et une conduite politique plus habile n'en avaient favorisé le développement. Il n'y a point de choses à proprement parler, il n'y a que des hommes, car les choses sont ce que les hommes les font. Transportez le régime féodal de la Bourgogne ou de la Bretagne en Lombardie ou en Toscane, il y eût produit les mêmes effets. Mais les villes italiennes avaient joui de bonne heure de la sécurité et de la liberté : leurs gouvernements, au lieu d'opprimer le génie manufacturier et commercial du peuple, l'avaient soutenu, dirigé, éclairé, protégé, au contraire ; de là la fortune de ces villes, leurs richesses, leurs lumières, leur puissance ; de là des palais de marbre et l'usage vulgaire de la vaisselle d'argent à Gênes, à Florence, à Venise, dans un temps où nos pères habitaient les uns des donjons, les autres des masures, et vivaient dans la grossièreté des peuples enfants.

Je ne m'étendrai pas sur chacune de ces républiques ; il suffira qu'en quelques mots je rappelle ce que tout le monde sait, du reste, de Venise : son histoire est en grand celle de toutes les républiques italiennes.

Ce n'avait été à l'origine qu'une retraite de fugitifs, et elle avait commencé par quelques pauvres cabanes. Le sel était alors le seul produit du sol, et la pêche presque le seul moyen de subsistance des habitants. Mais de bonne heure, dès la fin du septième siècle, la république naissante s'aperçut que ce port creusé au fond de l'Adriatique, à l'embouchure du Pô, de l'Adige et de la Brenta, entre l'Allemagne et l'Italie, pouvait devenir l'entrepôt naturel du commerce du Nord et du Midi. Dès lors, que fit-elle? Elle s'assura par des traités, tant chez ses voisins d'Italie que chez les riverains de l'Adriatique, d'abord le libre exercice, ensuite le monopole de la navigation et du commerce. Bientôt, elle confisqua à son profit l'exploitation des salines de toute la côte; elle interdit, sous peine d'exil, à tous ses citoyens l'achat du sel étranger, et elle força toute la haute Italie et toute la côte occidentale de l'Adriatique à consommer le sien. Ce fut l'origine de sa fortune. A partir de là, toute la législation, toute la politique de Venise n'avaient plus eu qu'un objet, la prospérité du commerce. Honneur, facilités de tout genre, encouragement sans bornes aux manufactures et à la navigation de ses nationaux, guerre implacable à celles des étrangers, elle avait dépensé pour développer sa fortune autant de génie et d'énergie que la France, à la même époque, en employait pour l'étouffer. Ainsi, tandis qu'il n'y avait rien de plus vil chez nous que la profession de marchand, par exemple, elle ne choisissait ses consuls que dans la classe des nobles, et elle voulait qu'à l'étranger ils menassent le train et ils obtinssent le respect de véritables souverains; tandis que nos rois se hâtaient de frapper d'impôts onéreux les premiers efforts de notre génie commercial naissant, les Vénitiens encourageaient par des libéralités magnifiques et ils protégeaient par une législation de fer le développement du leur. Y avait-il quelque part en Orient, en Grèce, en Italie, des ouvriers habiles en quelque sorte de travail?

la république les attirait, leur donnait droit de cité, les soutenait dans les commencements, à seule charge par eux de prospérer sur le territoire de Venise; elle frappait de mort, jusque chez l'étranger, l'artisan ou l'artiste qui avait exporté les secrets de son métier ; elle défendait de recevoir un négociant d'une autre nation sur ses vaisseaux, et elle grevait de droits énormes tout produit qui pouvait faire concurrence à son industrie. Enfin, sa politique commerciale était essentiellement protectrice de ses nationaux. Qu'en était-il résulté? Qu'à l'époque où nous voilà, après quelques siècles de persévérance, elle était la première puissance maritime, manufacturière et politique du Midi , que ses citoyens étaient sans comparaison les hommes les plus éclairés de leur temps, et que, de la mer Noire à la Manche, il n'y avait point de port qui ne fût une échelle de son commerce [1].

Les mêmes causes avaient produit des effets analogues dans le Nord. La Flandre, elle aussi, était naturellement bien située : la fertilité de son sol , la facilité de sa navigation intérieure la préparaient, comme les villes d'Italie , à devenir de bonne heure industrieuse et commerçante. Mais c'était la politique habile de ses comtes qui lui avait permis de tirer parti de ces avantages : eux aussi, comme les patriciens de Venise, ils avaient compris que tout commerce vit d'honneur et de protection. Ils avaient environné de la considération publique quiconque se livrait à l'industrie et au négoce , et ils avaient conclu avec les nations étrangères, principalement avec l'Espagne et avec l'Angleterre, des traités avantageux qui, d'Anvers à Barce-

---

[1] Voyez Daru, *Histoire de Venise*, liv. XIX.

lone, avaient, sur tous les marchés maritimes, établi la renommée des produits des manufactures de Flandre. Aussi Bruges et Gand étaient-elles devenues, grâce à leurs tisserands, dès la fin du quatorzième siècle, les plus grandes et les plus opulentes cités du nord de l'Europe.

Les villes de l'Allemagne et de la Baltique enfin avaient acquis, par une conduite semblable, une prospérité égale.

Vers le milieu du treizième siècle, deux d'entre elles, Lubeck et Hambourg, avaient formé le noyau de cette confédération manufacturière et maritime, depuis si fameuse sous le nom de Ligue Hanséatique, qui, cinquante ans plus tard, avait fini par embrasser, tant dans le nord que dans le midi de l'Allemagne, jusqu'à quatre-vingts villes. En même temps que cette confédération avait gagné en étendue, elle s'était accrue en prospérité. Mais comment cela? En se conduisant comme Venise et comme la Flandre · en protégeant énergiquement ses pêcheries, sa navigation, ses manufactures contre l'étranger; en établissant partout au dehors, au moyen de traités, des factoreries qui exploitaient à son profit jusque sur leur sol même le commerce des autres nations; en fermant la Baltique et la mer du Nord au reste du monde, comme Venise lui avait fermé l'Adriatique : et ainsi elle avait acquis tout le factage de l'Océan [1].

Tels étaient les marchands qui, à la fin du règne de Philippe le Bel, commençaient d'affluer à nos foires et dans les ports que nous possédions sur la Méditerranée, sur la Manche et sur l'Océan.

---

[1] L'historien le plus distingué de la Hanse est Sartorius, *Geschichte des hanseatischen bund*. Mallet en a donné un abrégé estimable, en 1805, sous ce titre : *De la ligue hanséatique*.

L'esprit de leur politique se révélait dans la nature de leurs échanges. Ils venaient se pourvoir sur notre marché de laine brute, de chanvre, de lin, de drogues tinctoriales, particulièrement de kermès et généralement de matières premières, et ils nous rapportaient ces mêmes matières filées, tissées et teintes. Ce commerce servait au développement de leur industrie et de leur marine, et, si l'on peut ainsi dire, au découragement des nôtres ; car, ayant l'avance sur nous, il était impossible que, livrés à nos seules forces, nous entrassions heureusement en concurrence.

C'est ce que d'instinct avaient aperçu ces ouvriers du Languedoc, qui, en 1305, étaient venus trouver Philippe le Bel. Ils avaient rencontré à Beaucaire, à Troyes, à Provins, cette école économique ambulante, porte-balle des grands exemples de l'Italie, de la Flandre, de l'Allemagne et de la Baltique. Cette école semait la leçon ; ils l'avaient recueillie, et, si loin qu'il y eût alors de Toulouse et de Carcassonne à Paris, ils s'étaient mis en route et ils l'avaient apportée à leur roi ; mais l'avarice de celui-ci avait étouffé son intelligence, et la proposition des drapiers du Midi, qui eût pu provoquer de sa part d'utiles règlements économiques, non-seulement était restée sans effet, mais avait été, comme nous avons vu, l'origine de mesures fiscales aussi odieuses qu'inintelligentes, qui devaient, des siècles durant, continuer d'opprimer le génie de la nation.

Caprices bizarres de la fortune ! Si, à ce point de notre histoire, il se fût aussi bien rencontré une suite de princes qui, profitant des leçons que nous donnaient les nations voisines, eussent commencé à protéger efficacement notre industrie et notre commerce, tout changeait, et qui sait que de malheurs, de souffrances et de crimes, cette adop-

tion d'une politique éclairée et civilisatrice n'eût pas épargnés à notre pays et au reste du monde?

Mais les arrêts d'en haut avaient autrement réglé le
cours des choses, et nos pères étaient loin encore, hélas!
de voir luire pour leur pays cette ère de lumière et de prospérité. Ce n'était pas le progrès qui allait commencer pour
eux à la fin du quatorzième siècle, c'était une période de
plus de cent cinquante ans de souffrances, où il semble
que la destinée se soit plu à rassembler tous les fléaux
qui peuvent affliger une grande nation.

C'est alors, en effet, que paraît dans nos annales la tra-
gique dynastie des Valois. Quelle époque, de leur avénement au moins à la moitié du siècle suivant! L'invasion
anglaise, Crécy, Poitiers, le pillage de nos plus belles provinces, le traité de Brétigny, qui démembre la France, de
Poitiers à Bayonne et de Bordeaux à Toulouse; une peste
effroyable, la Jacquerie, les ravages des grandes compagnies, les révoltes du Languedoc, de la Flandre, de la Bretagne, de Paris, l'insurrection bourgeoise, la démence de
Charles VI, les Bourguignons et les Armagnacs, et enfin
quarante ans d'une guerre affreuse pour en venir seulement
à reconstituer le territoire! De tels temps, comme on pense,
ne furent guère favorables, je ne dis pas au progrès, mais
au maintien de ce que les siècles précédents avaient acquis
d'aisance, au moins relative, à notre pays. Tout déclina:
si bien qu'à la fin de la guerre de cent ans tout était à
reprendre ou à recommencer.

Durant cette longue période, en effet, de désordres et de
désastres, il n'était aucun des progrès anciens qui n'eût
été non-seulement arrêté, mais remis en question, aucun
abus préexistant qui n'eût été confirmé ou aggravé, aucune

des branches de la fortune publique qui n'eût langui ou
séché.

D'abord le pouvoir royal n'avait guère fait, sauf quelques moments de répit, pendant tout ce temps, que se dégrader ou fléchir. Mais c'était la féodalité qui avait repris
tout le terrain perdu par la monarchie. Le domaine royal,
il est vrai, après mille vicissitudes, s'était, après l'expul-
sion définitive des Anglais, accru du Dauphiné, du Limousin et de la Guienne, mais ces belles réunions avaient
étendu le territoire du roi sans augmenter son pouvoir. Ce
pouvoir était disputé partout maintenant sur le sol même
de la couronne; et dans les provinces qui n'étaient pas encore réunies, c'est-à-dire dans près de la moitié de la France
encore, il n'existait que de nom. Le duc de Bourgogne, à
la fin de la guerre de cent ans, était presque aussi puissant
que le roi, et il se prétendait au moins son égal. Les maisons de Bretagne, d'Anjou, de Foix, d'Armagnac, d'Al-
bret, etc., exerçaient dans leurs vastes domaines presque
tous les droits régaliens. Enfin, cette grande œuvre de la
centralisation politique et administrative, qu'avaient si
fortement ébauchée saint Louis et Philippe le Bel, et de la
consolidation de laquelle dépendait l'établissement de la
police et de la sécurité générale, cette œuvre était compromise, et la monarchie aux cent têtes de la féodalité
était prête à disputer de nouveau à l'unité protectrice du
pouvoir royal le territoire et la nation.

Mais les Valois n'avaient pas seulement laissé s'avilir
ainsi entre leurs mains ce principe de la suzeraineté effec-
tive, qui était la plus sûre garantie de l'industrie et du
commerce contre les exactions du régime féodal, ils avaient
eux-mêmes, par le plus funeste oubli des intérêts du pou-

voir royal aussi bien que de la nation, adopté envers ce
commerce et cette industrie des mesures de désorganisation
et d'oppression qui avaient rappelé les plus mauvais temps
de la féodalité. Sans parler de l'altération des monnaies
dont Philippe le Bel leur avait donné le triste exemple, et
dont jusqu'à plus de la moitié du quatorzième siècle ils
avaient abusé de la manière la plus désastreuse, sans parler des impôts qu'ils n'avaient cessé de multiplier et
d'augmenter, et de faire peser particulièrement sur les
productions les plus indispensables du travail ou sur les
transactions les plus nécessaires de l'échange, sans parler
enfin de l'esprit d'extorsion fiscale, dans lequel ils avaient
fait du simple droit d'exercer le commerce de ville à ville,
par exemple, une matière à impôt ou plutôt à trafic, ils
avaient, en outre, commis en politique commerciale proprement dite deux fautes énormes, dont les conséquences
étaient malheureusement destinées à peser sur l'avenir de
la fortune publique du poids de la plus rude oppression
dont elle pût être obérée.

Le payement de la rançon du roi Jean ayant nécessité
ou paru nécessiter l'augmentation du prix de vente des
autorisations pour le commerce à l'étranger, un nouveau
droit, vers 1356, avait été, sous le nom d'*imposition foraine*,
ajouté à ceux de *resve* et de *haut-passage*, que payaient déjà
les marchandises à leur sortie du territoire. Quelques provinces, dans l'extrême misère où elles étaient réduites,
ayant refusé de se soumettre à ce nouvel impôt, Jean imagina d'ordonner qu'elles seraient *réputées étrangères*, c'est-
à-dire que toutes les marchandises sortant des autres
provinces du royaume payeraient, pour entrer chez les
premières, les mêmes droits de traites, rêve, haut-passage

et imposition foraine qu'elles acquittaient pour passer à l'étranger. A cet effet, des bureaux de perception de droits furent établis entre la Picardie et l'Artois; dans l'Anjou et le Maine, du côté de la Bretagne; dans le Poitou, du côté de l'Angoumois; dans le Berry et le Bourbonnais, du côté de la Marche, de l'Auvergne et du Forez; dans le Lyonnais et le Languedoc enfin, du côté de l'Auvergne, du Dauphiné et de la Provence. Et ainsi fut établi ce fameux et absurde système de *douanes intérieures*, morcellement économique du territoire, qui faisait revivre d'un seul coup, au détriment de l'unité politique de la nation et de l'unité commerciale du territoire, tout l'esprit de la féodalité, et qui ne devait définitivement tomber que sous les coups de la révolution.

La seconde faute des Valois, et celle-là leur avait été commune à tous, avait été de vendre l'exploitation du marché national à tous marchands étrangers se présentant à eux pour en payer l'achat, et ainsi, au lieu d'encourager par des prohibitions, comme faisaient les villes d'Italie, de Flandre, d'Allemagne et de la Baltique, l'industrie indigène, de la laisser, moyennant une redevance que la supériorité des étrangers leur permettait aisément d'acquitter, écraser par ceux-ci. C'est ainsi que, du commencement du quatorzième siècle au milieu du quinzième, le recueil des Ordonnances n'est plein que de priviléges accordés d'abord dans les foires, ensuite dans les ports, enfin dans les principales villes du royaume, aux marchands d'Aragon, de Catalogne, de Majorque, de Castille et de Portugal; aux Génois, aux Lombards, aux Lucquois, aux Plaisantins, aux Pisans, aux Bolonais, aux Florentins, aux Vénitiens; aux Flamands, aux Brabançons, et enfin aux Anséates [1]. Conduite détestable qui avait livré sans merci l'industrie et le sol de la France à l'occupation commerciale étrangère.

Ajoutez à cela un pays ruiné par tous les fléaux qu'avaient causés cent cinquante ans de guerre et de discordes, et vous aurez le tableau de la triste situation que présentait la France, quand, au milieu du quinzième siècle, elle put, débarrassée enfin des Anglais, songer à reprendre, sur son territoire reconquis, les traditions de politique commerciale qui avaient été, comme on voit, si gravement altérées depuis la mort de Philippe le Bel.

Ç'aurait pu être l'œuvre et la gloire du prince qui régnait à cette époque. Rétabli enfin sur son trône par l'héroïsme de la nation, Charles VII aurait pu s'acquitter envers elle d'une partie de ce qu'il lui devait, en travaillant, durant les huit années de repos qui terminèrent sa vie, à panser les séculaires blessures que l'incapacité de sa maison lui avait faites. Il avait à côté de lui un homme dont le génie égalait le courage, Jacques Cœur; un homme à l'habileté et à l'activité duquel il avait dû le rétablissement de ses finances et la possibilité de nourrir les troupes qui avaient jeté l'étranger à la mer; négociant consommé, dont les vastes relations et la prodigieuse fortune nous étonnent encore aujourd'hui; patriote ardent, prêt à tout pour son pays, et qui avait mis son âme dans sa devise : *A vaillans cœurs rienz impossible* [2]. Jacques Cœur, qui avait su faire

[1] Voyez le recueil des *Ordonnances* des rois de France, et la belle table chronologique qu'en a donnée M. Pardessus.

[2] Cette devise se lit ainsi, sauf que le mot « cœurs » y est allégoriquement représenté par deux cœurs entrelacés, dans la balustrade découpée à jour du balcon de la belle maison que Jacques Cœur avait élevée à Bourges dans le goût vénitien, et qui y sert maintenant d'Hôtel-de-Ville.

fleurir ses factoreries privées à l'étranger, durant l'invasion anglaise, aurait su pendant la paix, sans doute, rétablir le commerce national; mais le prince qui avait eu le courage de laisser, sans mot dire, assassiner Jeanne d'Arc, n'était digne que de payer Jacques Cœur, comme il le fit, par l'ingratitude et par l'exil.

L'œuvre était vaste au reste, et pour l'entreprendre il fallait un roi : il parut enfin, ce fut Louis XI.

Ce prince, qu'on peut haïr mais qu'on est contraint d'admirer, a joué un rôle considérable dans la politique commerciale de notre pays. Il en est, à tout prendre, le père. Avec lui et par lui, en effet, finit la prévalence du régime de société que, depuis le dixième siècle, nous avons vu opprimer l'essor de cette politique, et commence un système de gouvernement à l'ombre duquel elle pourra désormais se constituer et agir. Intermédiaire entre la barbarie du moyen âge et l'aurore de la civilisation moderne, son règne, en terminant l'époque féodale proprement dite, clôt la première période des annales que nous retraçons ici et en résume, en même temps qu'il les féconde, tous les grands résultats.

Il y avait bien des choses à faire en France, quand Louis XI monta sur le trône, pour réparer les maux qu'avait causés jusque-là l'incapacité des Valois dans l'administration de la fortune publique. Il ne les fit pas toutes, mais il accomplit les plus difficiles et les plus utiles.

D'abord il détruisit radicalement non pas la grande vassalité, comme on l'on a dit souvent à tort, mais ce qu'on peut appeler la monarchie féodale. Il y eut encore des grands vassaux après lui, et ce fut l'œuvre d'un autre politique d'en finir avec eux ; mais il n'y eut plus qu'un roi de France. Outre la réunion au domaine de la couronne de provinces telles que la Bourgogne , l'Artois , l'Anjou, le Maine, la Provence, le Roussillon, l'Armagnac et le Rouergue, réunions qui avancèrent d'un pas de géant la formation territoriale du royaume, il fit faire à la puissance politique et administrative de la royauté un progrès définitif, grâce auquel la vie commerciale en France fut enfin possible : il la mit au-dessus de toutes les autres puissances. Sans être encore un maître absolu , le roi, avec lui et à partir de lui, fut le maître. Dès lors il put y avoir de l'ordre et de la sécurité dans l'étendue entière du territoire, tant et toutes les fois que le gouvernement central le voulut, et l'agriculture , l'industrie, le commerce et la navigation nationale purent sous cette égide respirer et prendre essor.

Mais Louis XI n'a pas seulement la gloire d'avoir établi, avec l'unité du gouvernement en France, la seule base solide sur laquelle pût s'élever notre politique commerciale nationale, il en a encore, avec une sûreté de principes et de main qui donne la plus haute idée de son génie d'administration , créé l'esprit et tracé le plan.

Sa jeunesse et plus tard la première partie de son règne s'étaient écoulés au milieu de la guerre étrangère et de la guerre civile. Il avait appris à cette dure école le prix de l'ordre et de la paix. Il avait vu de ses yeux ce que coûtent à la prospérité , c'est-à-dire à la vraie source de la puissance des nations, l'anarchie , la dissipation , le désordre. Aussi s'appliqua-t-il à donner au commerce et à l'industrie du royaume toutes les garanties de sûreté et toutes les facilités d'exercice qu'il put imaginer.

Il commença par mettre fin au faux monnayage officiel
dont Philippe le Bel avait donné autrefois le premier
exemple et que les Valois ses ancêtres n'avaient que trop
continué. Il prit soin que la monnaie de France, sous le
rapport du poids et du titre, fût la meilleure de l'Europe,
et il en régla le cours proportionnellement à sa valeur in-
trinsèque. Il s'occupa de la création de routes et de canaux.
Il rétablit les postes, telles qu'elles avaient existé autrefois
sous Charlemagne et sous la domination romaine. Deux
cent trente courriers, institués par ses soins, portèrent les
lettres des particuliers en même temps que les siennes. On
put même courir avec les chevaux affectés au service de ces
courriers, en payant dix sous par cheval pour chaque traite
de quatre lieues. Enfin il convoquait fréquemment des
négociants à son conseil pour aviser avec eux aux moyens
de faire prospérer avec leurs affaires la fortune de l'Etat,
et il ne se décidait jamais, exemple que ses successeurs
auraient dû toujours suivre, qu'après les avoir entendus.

C'était beaucoup déjà pour le commerce que de tels soins
donnés à l'organisation de la police générale et au développement des voies de communication. Il fit plus. Il avait
admirablement compris qu'il n'y a, pour les nations comme
pour les particuliers, d'autre source de la richesse que le
travail. Aussi le vit-on, dès que la paix régna, s'appliquer
incessamment à développer ou à acclimater sur le sol national le plus d'industries qu'il lui fut possible.

Il avait été frappé de la grande sortie de numéraire
qu'exigeait annuellement, faute de manufactures indigènes, l'approvisionnement de la nation en vêtements, meubles ou ustensiles les plus indispensables. La France,
n'ayant point dans ses denrées de quoi suffire en valeur à

l'échange des produits industriels, si grossiers qu'ils fussent, dont elle avait besoin, allait s'appauvrissant de plus en plus : il entreprit d'y remédier.

Il commença par chercher à affranchir le royaume du lourd tribut qu'il payait aux étrangers et principalement aux Allemands pour l'achat des métaux de toute espèce, de l'or au plomb. Dans cette vue, il fit faire une recherche exacte de toutes les mines et minières du territoire, principalement dans les Pyrénées et dans les Alpes. Il rédigea toute une législation des mines, empreinte de l'esprit d'encouragement le plus habile et le plus éclairé. Ainsi, il déclara que l'exploitation de la mine serait conférée de préférence au propriétaire foncier, mais qu'en cas de refus de celui-ci, tout impétrant offrant des garanties suffisantes serait, moyennant une redevance d'un dixième ou d'un vingtième, suivant les cas, au propriétaire de la surface, mis en possession de l'exploitation libre du fonds. Il accorda à tout ouvrier indigène, se livrant à ce genre de travail, l'exemption du service militaire et celui de tout impôt pendant vingt ans. Les Allemands passaient alors pour les mineurs les plus habiles ; il les attira par la concession des mêmes avantages et par la délivrance gratuite de lettres de naturalisation.

Il en agit de même à l'égard d'autres industries, principalement en faveur de celle de la soie.

Il fit secrètement rechercher à Florence, à Venise et en Grèce, les secrets de cette riche manufacture, accorda des lettres de naturalisation à tous étrangers, principalement italiens, qui les importeraient en France, et les exempta eux, leurs femmes, veuves et enfants, de tout impôt. Il planta des mûriers, et il établit à Tours la première manufacture de soierie.

La marine marchande dont, depuis la réunion de la Provence surtout, il avait jugé l'importance, obtint toutes ses faveurs. Il publia une ordonnance, une des plus sages de son règne, par laquelle il permit à tous nobles et ecclésiastiques, de quelque qualité qu'ils fussent, de faire le commerce de terre et de mer, sans déroger, à charge pour ceux qui trafiqueraient par mer de ne se servir pour le transport de leurs marchandises que de navires français.

Intelligentes mesures qui, suivies, eussent pu faire de la France la rivale de la Hanse et de Venise, mais qui malheureusement furent bientôt abandonnées.

Le couronnement nécessaire d'une telle législation était la création d'un système de politique commerciale étrangère, qui empêchât l'industrie et la marine naissantes de la France d'être étouffées dans leur berceau par la concurrence de nations plus avancées. Louis XI n'y manqua pas. Bien conseillé d'ailleurs par son chancelier, Pierre d'Oriolle [1], esprit judicieux et né pour les affaires, qui

---

[1] Il existe plus d'une trace de l'influence des conseillers de Louis XI, et principalement du chancelier d'Oriolle, sur ses meilleures résolutions. Duclos, dans sa médiocre histoire, n'en a guère fait revivre le souvenir mais l'abbé Legrand, dans la volumineuse collection qu'il a rassemblée des actes de ce règne, et qui se trouve à la Bibliothèque impériale, nous en a conservé les preuves. Voici une pièce entièrement inédite, pensons-nous, que nous avons trouvée, enfouie dans le tome XVI de Legrand, et qui peut-être offrira quelque intérêt. C'est une lettre de d'Oriolle à Louis XI, le conjurant de persister dans la saine politique commerciale qu'il a adoptée vis-à-vis des Vénitiens. En voici les principaux passages :

« Sire, il y a ung docteur de Lyon qui est venu pour trouver façon s'il « peut de obtenir de vous exemption de la deffence que vous avez faicte de « l'espicerie, et se conduict tout icy contre nous par les Vénitiens et aultres « estrangers quy sont si desplaisans qu'ils peuvent par ce moyen tirer cha- « cun an deux ou trois cent mil escus de vous et de la substance de vostre

excellait dans cette partie de l'administration, il adopta dans cette vue vis-à-vis des étrangers une conduite aussi habile que ferme.

Il frappa d'interdit les foires de Genève qui ruinaient celles de Lyon. Il défendit à tous marchands français de les fréquenter; et il refusa à tous marchands étrangers qui s'y rendaient, soit le passage par la France pour leurs personnes, soit le transit pour leurs marchandises. De là, l'importance commerciale et plus tard industrielle de Lyon. Venise avait le monopole de la fabrication des étoffes précieuses et du commerce des produits de l'Inde : il prohiba les importations vénitiennes. Dès lors commencèrent la prospérité des fabriques françaises et le développement des relations de Marseille avec le Levant. Les Anséates, de temps immémorial, faisaient avec nos ports de l'Océan, prinpcialement avec La Rochelle, Bordeaux et Bayonne, un

« roiaume, et donner trouble au faict de vostre navigation en manière qu'il
« ne se puisse entretenir ; sire, tous les marchands qui se sont mys à faire
« les marchandises pour vostre dicte navigation, quy sont maintenant plus
« que oncques ne feureut, l'ont faict sous espérance de l'entretiennement de
« la dicte deffence sans laquelle ils ne porroyent défiuir ce qu'ils out com-
« mencé, et fauldroit que la marchandise et le navigage se conduisit par
« mains estrangères à grant et grant diminution de vous et de vostre roiaume.
« Il vous a pleu, sire, me octroyer que sur ce je seroys oy en vostre conseil
« et présent à ce que ceulx de Lyon vouldroyent dire pour y respondre, et
« que l'on n'y touscheroit que je n'eusse eté oy, ce quy ne s'est peu faire
« prontement; sire, vous supplie très humblement que en mon absence vous
« n'y souffriez quelque chose. Je m'esmerveille que ceulx de Lyon vueil-
« lent mieulx que les estrangers viennent vendre l'espicerie en leurs foyers
« que ceulx de vostre roiaume. ... *Et est tout certain, sire, que cecy se con-*
« *duict soubz mains en France par estrangers qui sont contens de despendre*
« (dépenser) *de l'argent pour venir à leurs fins et faire ce dommage à vostre*
« *navigage et aux marchands vos subjects....* Sire, je prye nostre benoist
« Créateur, etc., 22 novembre 1468. *Signé :* Pierre D'ORIOLLE. »

commerce avantageux au reste de la nation, en ce qu'ils exportaient, un excédant de produits naturels, tels que vins et sels, qui autrement eussent péri inutiles. Louis XI fit un traité de commerce avec eux, dans lequel il eut l'art encore de stipuler, en faveur de nos navires, ce que nous appellerions aujourd'hui des droits différentiels. Si bien qu'à la fin de son règne la France commençait de montrer sur la Méditerranée et sur l'Océan une marine militaire, imposante pour cette époque et pour son peu d'ancienneté.

Tel fut le génie administratif de ce prince, exécrable comme homme et admirable comme roi. Personnage d'une originalité extraordinaire, et dont l'âme assembla le plus étonnant mélange de bas instincts et de fortes qualités qui se soit jamais vu. Il n'a montré dans l'histoire de notre politique commerciale que des qualités. Aussi ses actes lui assignent-ils dans cette histoire une place à part au-dessus de tous ceux qui l'avaient précédé, et, à trois ou quatre exceptions près, tout au plus, au-dessus de tous ceux qui devaient le suivre. Quand il mourut, la politique commerciale de la France, grâce à lui était fondée, et il ne restait, pour lui faire produire des fruits, qu'à la développer selon l'esprit dans lequel il l'avait établie.

Ainsi finit l'époque féodale. Une époque nouvelle aussitôt commença dans nos annales, la Renaissance, qui devait remplir tout le siècle suivant.

Que devint, pendant ce temps, l'œuvre que tous les rois du moyen âge avaient poursuivie au travers de tant de visissitudes et que le dernier d'entre eux, sur les débris de la grande féodalité enfin vaincue, venait de si fortement ébaucher? C'est ce que l'ordre des temps nous amène à raconter.

LIVRE II.

LA RENAISSANCE.

Vœu unanime de la nation à la mort de Louis XI. — États généraux de 1484.
— Cahier du tiers État; chapitres du commerce et de la marchandise. —
Caractère remarquable de ces monuments. — Les vœux du tiers État sont
aussitôt oubliés qu'émis. — Le seizième siècle ouvre une ère nouvelle ; son
caractère général. — Voyages des Portugais et des Espaguols. — Découverte de l'Amérique. — Une part médiocre revient à la France dans ces
grandes entreprises : pour quelles raisons. — Guerres d'Italie. — Ce qu'en
pensait Louis XI ; esprit de leur origine. — Expédition de Charles VIII.
— Civilisation extrême de l'Italie à cette époque. — Ce qui résulte de la
mise en contact de la barbarie de nos pères avec cette civilisation.—Quelles
leçons Charles VIII et ses compagnons rapportèrent d'Italie. — Introduction de la culture du mûrier en Provence. — Louis XII ; son esprit et son
caractère. — Ce qu'il avait appris à l'école des Italiens. — Sagesse et résultats de son administration. — François Ier. — Progrès nouveaux réalisés
en France sous son règne.—Influence des Italiens sur la formation et sur le
caractère du génie économique de la France au seizième siècle. — État de
la France au milieu de ce siècle, d'après les relations des ambassadeurs
de Venise à Paris. — Guerres suscitées par l'ambition de Charles-Quint. —
Leur funeste influence sur le progrès de notre nation. — L'esprit de fiscalité se substitue de plus en plus à l'esprit d'encouragement dans notre législation économique. — Ses excès et ses ravages sous les règnes de François Ier et de Henri II. — Explosion des guerres civiles de religion. — La

France s'abîme dans l'anarchie , dans la misère et dans le sang. — Comment le dommage de l'un fait le profit de l'autre.—Déclin de la Ligue Anséatique, des Républiques italiennes, des Portugais et des Espagnols, depuis le commencement du seizième siècle. — Puissance naissante de l'Angleterre. — Sa misère à l'origine. — Dans quelle dépendance singulière elle se trouvait de la Ligue Anséatique.—Luttes de ses rois pour l'en délivrer, du quatorzième au seizième siècle. — Elle conquiert enfin sa liberté de travail. — Règne d'Élisabeth. — Génie et résultats de sa politique commerciale. — État contemporain de la France. — Fin du seizième siècle.

Quand, à la mort de Louis XI, le quinzième siècle, parvenu, lui aussi, à l'extrémité de sa carrière, fut près de s'éteindre, le dernier sentiment qu'en France, au moins, il exprima, fut le sentiment d'un irrésistible besoin de paix et de repos. Et, en vérité, la nation avait chèrement acheté, pendant la durée entière de l'âge qui allait finir, ce calme après lequel elle soupirait. Les souvenirs d'enfance des vieillards remontaient aux horreurs de la guerre des Bourguignons et des Armagnacs, et à la funèbre journée d'Azincourt; depuis lors, eux et les générations nouvelles qui s'étaient levées et qui les avait joints en route, n'avaient guère connu que les désordres de l'invasion étrangère ou de la discorde civile. Les deux premiers tiers du dernier règne avaient été remplis par la lutte de la monarchie contre Charles le Téméraire, et si la fin avait vu luire quelques jours comparativement meilleurs, ces jours cependant n'avaient été eux-mêmes ni assez sereins ni assez longs, pour que le royaume y eût trouvé le temps de réparer ses blessures, et de profiter des améliorations importantes qui avaient été introduites dans l'administration générale par le génie du feu roi. Aussi n'y eut-il qu'un cri en France, quand Louis XI disparut : La paix! la paix !

Louis XI, mourant lui-même, promenant un regard soucieux mais ferme sur la société, dont il allait laisser le gouvernement à un enfant, avait recommandé à tous ceux de ses serviteurs qui l'entouraient de laisser désormais là les projets qu'ils avaient si longtemps caressés ensemble : la réunion de la Bretagne et celle si importante, au point de vue commercial comme au point de vue militaire, de Calais, dernière possession en France du roi d'Angleterre. Il était mort, répétant que les affaires demandaient, à tout le moins, dix ans de paix.

Mais un témoignage plus imposant fut donné dès l'avénement de son successeur, par la nation elle-même, du besoin qu'elle éprouvait d'affermir et de développer, à l'ombre d'un peu de tranquillité publique, les germes d'activité commerciale et de génie industriel qu'elle sentait travailler confusément dans son sein. Nous voulons parler des Etats généraux, qui s'assemblèrent à Tours en 1484.

Les États généraux jouent dans notre histoire un rôle à peu près analogue à celui que remplissait le chœur dans la tragédie antique. Ils viennent, quand la scène principale un moment est vide et qu'au dehors de dramatiques péripéties se précipitent, raconter les sévérités de la destinée, les souffrances des héros et les vœux du spectateur lui-même. C'était la cinquième fois qu'on les voyait. Déjà en 1355 et en 1356, à la veille et au lendemain du désastre de Poitiers, ils avaient donné, dans un langage héroïque, la mesure de l'entente des affaires et de l'énergie de résolution que l'on pouvait attendre d'eux. Ils montrèrent dans des circonstances différentes, mais presque aussi solennelles, en 1484, une intelligence au moins égale des

difficultés et des besoins des temps. On a leurs cahiers [1] :
on est saisi de pitié au tableau qu'ils tracèrent des souffrances de la nation, et d'admiration devant les mesures
qu'ils proposèrent pour y venir en aide.

Ce sont le *chapitre du commun* et le *chapitre de la marchandise* qu'il faut lire pour se rendre compte de l'état
économique de la France à l'époque où nous voilà parvenus et de la grandeur des réformes que les contemporains
dès lors jugeaient, avec autant d'énergie que de sens, nécessaire et possible d'y introduire : compte-rendu douloureux, de toute la vie commerciale du moyen âge, qu'on ne
lit pas aujourd'hui sans je ne sais quel singulier mélange
de pitié, de sympathie et de respect.

Chers et tristes souvenirs de notre histoire! qu'ils vous
contemplent, ces beaux diseurs de dénationalisation
universelle, ces faiseurs de romans cosmopolites, où le
patriotisme est traité de préjugé barbare et suranné ;
qu'ils vous contemplent, et qu'ils nous disent si ces bourgeois du quinzième siècle donnaient à la postérité un
exemple ridicule, quand ils traçaient d'une main si ferme
les principes de la politique commerciale de leur pays !

Le *commun*, comme on disait alors, malgré les efforts
récents de Louis XI, endurait toujours d'horribles souffrances.

Les plus belles provinces de la France avaient été tellement ravagées par les guerres civiles ou étrangères, qu'à
moins d'une longue paix et du plus grand ordre, la misère
la plus affreuse y était la condition sans espoir du peuple.
Les Anglais d'abord, les Bourguignons ensuite avaient telle-

---

[1] Voyez, dans la *Collection de Documents inédits sur l'histoire de France*,
le *Journal des États généraux tenus à Tours en* 1484.

ment ravagé la Normandie, par exemple [1], que la plupart
des villes y étaient en cendres, et que dans les campagnes
on ne trouvait plus de bestiaux. La peste et la famine
avaient joint leurs horreurs à celles de l'invasion et de la
guerre civile. Le député du bailliage de Rouen, répondant
à l'évêque de Coutances, qui avait prétendu que sa contrée
avait été la plus malheureuse de France, lui dit : « Vous
« parlez de la peste, et quelle province n'a pas eu la peste
« ces dernières années ! [2] » La Bourgogne et l'Auvergne
avaient été tellement épuisées par la famine, que la foule
des pauvres rendus furieux par la rage de la faim avait
à peine pu être empêchée de piller le pays, et que partout sur les routes on rencontrait des morts et des mou-
rants [3]. Ajoutez les exactions et les pillages des gens de
guerre... : « N'est contrée où n'y ait tousjours gens
« d'armes allans et venans, vivans sur le povre peuple...
« les gens de guerre sont souldoyés pour le deffendement
« de oppression, et ce sont ceulx qui plus oppressent. Il
« fault que le povre laboureur paye et souldoye ceulx
« qui le batent, qui le deslogent de sa maison, qui lui
« ostent sa substance... encore y a pis, car l'omme de
« guerre ne se contentera point des biens qu'il trouvera
« en l'ostel du laboureur, ains le contraindra à coups de
« baston, à aller quérir du vin en la ville, du pain blanc,
« du poisson, espicerie, et aultres choses excessives... pire
« condicion que le serf, *car ung serf est nourry* [4]. » Joi-
gnez les impôts, la cruauté de leur perception et l'énor-

---

[1] *Journal des États généraux tenus à Tours en* 1484, p. 522 et 553.
[2] *Ibid.*, p. 539.
[3] *Ibid.*, p. 539 et 541.
[4] *Ibid.*, Appendice, chapitre *Du commun.*

mité de leurs taxes. Les tailles avaient été disproportionnées sous Louis XI, et leur exercice cruel à ce point, que des centaines de pauvres contribuables avaient été suppliciés par les commissaires dans le Maine, l'Anjou et le pays Chartrain, faute de payer [1]. « Ce peuple a été assommé « de charges importables, tellement que aucuns s'en sont « fuiz et retraictz en Angleterre, Bretaigne et ailleurs; et « les aultres mors de faim à grant et inumérable nombre; « et aultres par désespoir ont tué femmes et enfans et eulz « mesmes... et plusieurs, hommes, femmes et enfans, « par faulte de bestes, sont contraincts de labourer, à la « charue au col ; et les aultres labouroient de nuict, pour « crainte qu'ils ne feussent de jour prins pour lesdictes « tailles... et à la vérité » (trait suprême qui achève cet épouvantable tableau), « et à la vérité, » ajoute le rédacteur du chapitre du Commun, « se n'estoit Dieu qui conseille « les povres, et leur donne pacience, ils cherroient en « désespoir. » [2]

Devant tant de souffrances que faire ? Le tiers État le vit et l'indiqua clairement.

Avant tout, suivre les recommandations de Louis XI, maintenir la paix et en profiter pour réduire l'armée, les pensions et l'impôt. Cela fait, entrer résolûment dans la voie de la saine politique commerciale, intérieure et extérieure, que voici : « Semble aux gens desditz « Estatz que le cours de la marchandise doict estre fran« chement et libérallement par tout ce roiaume, qu'il « soit loisible à tous marchands de pouvoir marchander « hors le roiaume.... que l'imposicion foraine, et resve

---

[1] *Journal des États généraux tenus à Tours en 1484*, chap. *Du commun.*
[2] *Ibid.*

« et caucion que l'on baille pour icelle , doivent estre
« levées, prinses et receues par les fermiers ou commis,
« ez fins et extrémitéz de ce roiaume », c'est-à-dire, abolir
les douanes dans l'intérieur de la France, les reporter à la
frontière , et supprimer le trafic des autorisations de
commercer avec l'étranger. Ces bases de la constitution
économique de la nation ainsi jetées , les Etats la complé-
tèrent en demandant : le maintien de la prohibition des
draps et étoffes de soie , la répression énergique de la
contrebande , l'interdiction aux officiers du fisc de faire
le commerce pour leur propre compte, l'application à la
réparation et à l'entretien des ponts et chaussées des
péages seigneuriaux établis à l'intérieur, l'exécution des
ordonnances de Louis XI sur la circulation des espèces
étrangères ; enfin , l'emploi de la marine de l'Etat à l'escorte et à la protection des navires marchands.

Quand on lit cette charte de politique commerciale, ré-
digée par des bourgeois à peine émancipés , on se demande où ils avaient puisé des notions économiques aussi
saines et aussi élevées. Certes , la monarchie eût été heureuse de suivre de tels conseils , et plus heureuse encore
la nation, s'ils eussent été suivis ! Mais il a fallu trois
siècles de luttes et une révolution sans pareille dans
l'histoire pour réaliser les vœux de ces bourgeois du
moyen âge , et c'est d'hier seulement qu'ils figurent dans
notre droit public !

Ls siècle qui allait éclore n'avait pourtant qu'à remplir ce programme pour obtenir de la postérité la gloire
la plus durable et la plus pure , la gloire de fonder la
fortune de la nation. Mais, on le sait, il en est des tes-
taments des siècles comme de ceux des rois : ils ne sem-

blent écrits que pour être cassés. Ainsi du moins, pour
le malheur de l'Etat, en arriva-t-il de celui-ci. A peine
les députés de Tours étaient-ils rentrés dans leurs sénéchaussées et dans leurs bailliages, qu'un siècle nouveau
parut, qui a donné son nom à un âge entier de l'histoire,
la Renaissance, et où, au milieu du renouvellement, en
effet, qui s'y fit de toutes choses, en religion, en politique,
et en commerce, le *cahier de la marchandise*, si admirablement pensé qu'il fût, était destiné à rester lettre morte.

Est-ce à dire que cette époque célèbre de la Renaissance, si directement elle n'a rien ou presque rien fait pour
le développement de notre politique commerciale, ait été
sans influence tant sur l'esprit à venir de cette politique
que sur celui du progrès industriel et commercial de
la nation ? Loin de là : la Renaissance a laissé sa trace
dans les annales que nous retraçons ici, trace profonde
qui, après tout ce qui s'est passé depuis, s'y reconnaît
distinctement encore, et dont il importe de bien saisir la
direction et le caractère.

Le siècle entier qu'a duré cette époque, à partir à peu
près de l'avénement de Charles VIII, dans les dernières
années du quinzième siècle, pour finir environ à la paix de
Vervins, à l'aurore de la civilisation moderne, n'est qu'une
suite de grandes révolutions : révolution dans la constitution géographique elle-même du globe, si l'on peut
ainsi dire, par la découverte de l'Amérique ; révolution
dans le système politique de l'Europe par les guerres
d'Italie et celles suscitées par l'ambition de Charles-Quint ;
révolution religieuse enfin par la Réforme, aidée de l'Im-
primerie. Quel âge ! depuis l'établissement du christia-
nisme on n'avait pas vu de changements pareils.

Il n'est pas un seul de ces changements qui n'ait eu,
ou immédiatement, ou par contre-coup dans l'avenir, une
influence radicale sur la civilisation économique du genre
humain et partant sur celle de la France. L'agriculture,
l'industrie, le commerce, la navigation de tous les peuples ont éprouvé cette influence. Quelles en ont été les
conséquences pour notre nation ?

On sait quelle vaste révolution ont produite tout d'abord
les découvertes et les fondations coloniales des Portugais et
des Espagnols au seizième siècle, en matière économique.
Elles ont changé la forme et la route du commerce. Le
commerce maritime a pris la place du commerce de terre.
Le trafic du monde a passé des peuples du Midi à ceux de
l'Occident. Enfin, en même temps que la mer a donné la
fortune, elle a donné aussi et plus que jamais la puissance.

Quelle part prit la France dans ce grand mouvement?
Une part malheureusement très-petite; détournée, pendant la première moitié du seizième siècle par les guerres
d'Italie, pendant la seconde par les guerres de religion, du
soin d'une grandeur que dans d'autres circonstances il lui
eût été alors facile d'acquérir, elle a assisté à cette révolution magnifique et elle y a à peine figuré.

Quel changement cependant, si au lieu de l'orageuse
et stérile minorité de Charles VIII, la France eût joui, à la
fin du quinzième siècle, de cette paix que Louis XI et les
Etats de Tours auraient voulu lui donner ! Peut-être l'immortel Génois, méprisé dans sa patrie, refusé en Angleterre, refusé en Portugal, refusé en Allemagne, rebuté
huit ans en Espagne, fût-il venu en France, s'il ne l'avait
pas sue encore une fois livrée à l'anarchie. Imaginez les
maximes commerciales du cahier de la marchandise appli-

quées à l'administration de ces magnifiques colonies, qui
devaient périr si tôt aux mains des Espagnols : nous pre-
nions la tête dans cette grande révolution.

Regrets trop superflus! Déjà, dès le commencement du
quinzième siècle, un Français, un gentilhomme, Jean de
Béthencourt, seigneur de Grainville, qui ne croyait pas,
celui-là, que ce fût se déshonorer que d'aller fonder au
loin, par le commerce, la grandeur de son pays, avait découvert et conquis les Canaries, et offert à son gouvernement de les lui donner; mais c'était le temps de la démence de Charles VI : son offre était restée sans réponse,
et il avait fini par s'adresser à l'Espagne. Nos navigateurs
n'eurent pas plus de succès au seizième siècle. Jacques
Cartier et Roberval s'immortalisèrent en découvrant le
Canada et l'Acadie; mais c'était le fort de la guerre contre
Charles-Quint, et déjà commençait la persécution des réformés. François Ier, tout ouvert et politique qu'il eût
l'esprit, ne s'arrêta pas plus à la découverte de Roberval
qu'à celle de Cartier. Enfin, le grand Coligni lui-même
essaya en vain, sous Henri II, d'établir la France avec sa
secte dans le Brésil. Le chevalier de Villegagnon, son core-
ligionnaire, qu'il envoya en Amérique, y fut abandonné
de la France, et il vit périr, sous les coups des Portugais,
sa colonie à peine fondée.

Triste rôle de nos gouvernements, dans la révolution
qui changeait alors toutes les conditions d'existence et
d'équilibre du commerce du globe!

A défaut cependant de prendre part à cette révolution,
la royauté, au seizième siècle, fit deux choses dont, au point
de vue de l'avenir de notre fortune maritime, la postérité
lui doit tenir compte : elle réunit au territoire la Bretagne

et Calais. Ce furent deux belles conquêtes. Les Anglais furent ainsi définitivement chassés de notre sol, et nous eûmes toutes nos côtes du détroit et de l'Océan dans la main.

Trois grandes séries de guerres, auxquelles nous prîmes malheureusement la part la plus prolongée et la plus importante, les guerres d'Italie, celles suscitées par Charles-Quint, et enfin les guerres de religion, nous détournèrent, avons-nous dit, pendant le seizième siècle, des soins alors si féconds que nous aurions pu donner au progrès de notre fortune commerciale.

De ces guerres, les premières seulement, par voie indirecte, nous rapportèrent quelque avantage au point de vue économique ; les autres ne furent pour notre agriculture, notre industrie et notre commerce, que des sources de ruine.

La fortune souvent se joue de la sagesse humaine : elle fait sortir le bien du mal et le mal du bien. Il n'y avait rien de plus déraisonnable que les guerres d'Italie proprement dites. Louis XI, à qui autrefois on les avait proposées, les avait jugées, quand il disait ce mot profond qu'Anne de Beaujeu plus tard répétait vainement à son frère : « Aller chercher des conquêtes en Italie ! c'est acheter bien cher un bien long repentir. » Et pourtant ces guerres, si funestes en politique générale, furent utiles au progrès économique de la France. Il n'y avait rien de plus conforme à une politique saine et élevée, au contraire, que les guerres entreprises par François Ier et soutenues par Henri II, pour abattre la puissance disproportionnée de la maison d'Autriche ; et pourtant, par les dépenses où elles jetèrent le royaume et le désordre où elles mirent nos finances, elles

nous furent, la part d'intérêt que nous avions au rétablissement de l'équilibre européen réservée, aussi ruineuses que
les guerres d'Italie nous avaient été profitables. Distribution
singulière de la justice historique, qui semble, en ces deux
grandes rencontres, avoir demandé à la raison compte des
fautes de la folie !

Quand, en l'année 1494, nos pères, sous la conduite
d'un jeune homme d'un esprit romanesque, escaladèrent
ces monts, qu'ils n'avaient point passés depuis Charlemagne, la noble et malheureuse nation qu'ils heurtèrent,
et dont ils commencèrent la ruine, arrivait à l'apogée de
la civilisation.

L'apparition des grands hommes dans les lettres et dans
les arts est le plus incontestable signe de la culture matérielle et morale d'un peuple. Il en avait déjà paru et il
allait s'en montrer encore en Italie une sorte d'affluence,
quand nous y pénétrâmes. L'Italie, aux siècles précédents,
avait déjà donné au monde Dante, Boccace, Pétrarque,
Cimabué, Giotto, Brunelleschi, Alberti. Bramante, Péru-
gin, Léonard de Vinci y florissaient à notre arrivée ; et déjà
allait s'ouvrir cet âge magnifique qui devait réunir Machiavel, Guichardin, Arioste, le Tasse, Raphaël, Michel-
Ange, Corrège, le Titien, le Primatice, Benvenuto Cellini,
Palladio et Paul Véronèse.

La contrée n'était pas moins extraordinaire que la nation.

Elle était couverte de temples et de palais. L'architecture antique avait reparu « plus charmante et plus belle »
dans les merveilles de Florence et de Pise. Milan achevait
son dôme ; Venise, depuis longtemps, avait terminé Saint-
Marc ; et bientôt Bramante, Michel-Ange, Palladio et
d'autres allaient faire des monuments de leur pays ce

qu'autrefois avaient été ceux de la Grèce, l'école et souvent le désespoir du génie.

Les arts industriels avaient suivi le même mouvement.

Venise, dont la grandeur seulement naissante des Portugais et la découverte toute nouvelle de l'Amérique n'avaient point encore sapé la puissance, Venise avait porté le génie de l'industrie à un degré extraordinaire. Ses édifices sur pilotis, ses digues, ses ponts, ses constructions navales attestaient une connaissance et un usage de l'hydraulique, de la mécanique et de la métallurgie, sans précédents peut-être dans l'histoire. Elle était pleine, elle et son territoire, de fabriques de soieries, de draps, et même de tissus de coton; la filature, la teinture, la préparation des cuirs, la fabrique des dentelles n'y connaissaient point de rivales; elle avait des raffineries de sucre, des savonneries, des verreries, des manufactures de glaces, des imprimeries enfin, qui fournissaient et qui étonnaient le monde.

Florence n'était ni moins industrieuse, ni moins riche. Ses seules manufactures de draps occupaient plus de trente mille ouvriers. Le port de Gênes était plein de navires, qui, rivaux de ceux de Venise, faisaient tout le grand commerce du temps, de la mer Noire à la Baltique. Milan comptait près de cent monnaieries.

Ajoutez que, chez toutes ces républiques, l'économie politique pratique avait, sans le secours des livres, découvert tous les grands procédés de finance et de négoce sur lesquels l'économie politique pure a fait de si beaux et hélas! de si longs discours depuis.

Les Florentins connaissaient et avaient répandu dans toutes les parties de l'Europe tous les secrets et toutes les opérations de la banque. Venise avait autorisé la circulation du papier-monnaie, elle usait des emprunts, elle publiait de temps à autre ses budgets, elle avait des bureaux de statistique, elle avait créé une banque de consignation.

Les campagnes étaient dans l'Italie du nord et dans l'Italie du centre, en Piémont, en Lombardie, en Vénétie et en Toscane au moins, aussi riches que les villes. L'art d'élever les bestiaux, l'usage des engrais, celui des irrigations, etc., y étaient choses vulgaires.

Ajoutez enfin que la liberté, cette mère de la civilisation, régnait partout et faisait prospérer tout.

Telle était l'Italie quand, sur l'appel d'un usurpateur de Milan et de quelques seigneurs mécontents de Naples, Charles VIII, la tête pleine de romans, ne sachant guères où il allait, mais poussé par quelque arrêt du destin sans doute, et pour justifier une fois de plus la vieille et narquoise devise : *Gesta Dei per Francos*, y entra.

On pressent déjà que cette mise en contact d'un peuple encore demi-barbare avec une nation parvenue au faîte de la civilisation dut nécessairement être pour ce peuple une occasion admirable de s'éclairer et de se policer. Ce fut ce qui arriva en effet, et ces folles guerres d'Italie devinrent ainsi, à notre insu et sans préméditation aucune de notre part, une école de culture matérielle et morale d'une fécondité imprévue.

D'abord, cela est cruel à dire, mais l'histoire est impitoyable, ces descentes en Italie de nos gens d'armes, escuyers, varlets et le reste, eurent une influence immédiate sur le repos et partant sur la prospérité de la nation. Depuis au moins cinq siècles, notre territoire n'était qu'un théâtre de guerre civile ou étrangère. L'armée nationale elle-même, y était un fléau : elle alla guerroyer par delà les monts, ce fut une trêve, pendant laquelle nos campagnes respirèrent.

Ensuite, nos rois, les seigneurs de leur suite, et jusqu'au dernier soldat, en traversant ces grasses plaines de la Lombardie et de la Toscane, en séjournant dans ces magnifiques cités de Milan, Pise, Florence, Rome et Naples, aspirèrent par tous les sens le goût de l'ordre et du luxe. Grand nombre individuellement allèrent jusqu'à Venise; ils y virent toutes les merveilles de l'industrie unies à celles de l'art. Je suppose qu'à Florence, par exemple, il n'y eut pas de soldat même, tant le paysan français est éveillé, qui ne contemplât avec admiration, et sans doute avec quelque commencement de goût à les imiter, les chefs-d'œuvre de l'industrie toscane. Puis ils comparèrent tous cet état de lumières et de prospérité avec l'état d'ignorance et de misère où ils avaient laissé la patrie, et ils ressentirent les premiers germes d'une honte féconde, qui devait un jour transformer la France.

Les rois, leurs généraux, et leurs conseils virent plus loin. Les monuments de l'architecture civile les frappèrent par leur solidité et par leur commodité, unies à la plus grande richesse. Ils s'entretinrent avec les politiques, les administrateurs, les artistes qui avaient été les ouvriers de cette splendide civilisation. Ces conversations laissèrent dans leur mémoire des traces profondes; leur vanité se sentit humiliée, en même temps que leur honneur mis en jeu de se voir si ignorants dans la patrie des Médicis, des Machiavel, des Michel-Ange et des Raphaël.

Fuori i barbari! dehors les barbares, crièrent les Italiens. L'injure exaspérait nos rois, mais ils comprirent bientôt que ce n'était pas à grand coups de sabre qu'ils la vengeraient;

que Fornoue, Ravenne et Marignan n'étaient que d'héroï-
ques passes d'armes, qui ne produisaient rien; qu'il n'y
avait qu'une chose pour nous à emporter d'Italie : les
magnifiques leçons de politique et d'art qu'elle donnait.

C'est ce que tout de suite ils firent, et Charles VIII lui-
même le premier, prince de peu d'esprit, mais d'un bon
naturel et d'une imagination vive, que ce beau spectacle
de la traversée de la Péninsule avait frappé extrêmement. Il
emmena de Naples toute une colonie d'architectes, de
sculpteurs et jusqu'à des manœuvres, qui vinrent à Amboise nous apprendre ce que c'étaient que le goût et le
style.

Les compagnons du roi se piquèrent d'émulation.

Ils avaient vu, à Naples et dans sa campagne, des manufactures de soie et des plants de mûriers. Roger, roi de
Sicile, avait, au douzième siècle, rapporté du Levant et de
Grèce cette riche industrie et l'avait établie à Palerme.
« Quelques gentilshommes de la suite de Charles huic-
« tiesme, dit Olivier de Serres [1], à qui il faut laisser conter
« ces origines, ayans remarqués, au royaume de Naples,
« la richesse de la soye, à leur retour chés eux, apportè-
« rent l'affection de pourveoir leurs maisons de telles com-
« moditéz. Après estre finies les guerres d'Italie, envoyè-
« rent à Naples quérir du plant de meuriers, qu'ils logèrent
« en Provence, le peu de distance qu'il y a des climats d'un
« pays à l'autre facilitant l'entreprinse. Aucuns disent que
« ce feust en l'extrémité de telle province, enclavée dans
« celle du Dauphiné, où premièrement les meuriers abor-
« dèrent, marquans mesme Alan près du Montellimar, qui

---

[1] *Le Théâtre d'agriculture*, liv. V, chap. xv.

« en feust lors pourveu par le moien de son seigneur, qui
« avoit accompaigné le roi en son voïage : comme les vieux
« gros meuriers blancs qu'on y void encores aujour-d'hui[1],
« en donnent quelque témoignage... »

Mais Louis XII et son ministre, le judicieux cardinal
d'Amboise, firent bien autrement encore profiter la France
des exemples de l'Italie.

Louis XII, prince d'un esprit ouvert, doux et éclairé,
était l'un des hommes les plus capables d'apprendre à
cette grande école ce qu'il était nécessaire d'en tirer alors
pour l'avantage le plus immédiat du royaume.

Il avait conversé avec les Italiens les plus illustres de son
temps. Il avait fréquenté, à Milan [2], Léonard de Vinci, et il
avait entendu cet homme prodigieux, le premier peintre de
son temps, parler également bien de peinture, de sculpture,
d'architecture, de littérature, de mécanique, d'hydraulique, de ponts, de chaussées, de canaux, et cætera. Il avait
reçu Machiavel à Amboise, et il avait pu recueillir, de la
propre bouche de l'immortel Florentin, ces simples et
saines maximes d'administration, qui valent à elles seules
tous les traités d'économie politique du monde ; « La sé-
« curité publique et la protection sont le nerf de l'agricul-
« ture et du commerce. Un prince doit honorer ceux de
« ses sujets qui se distinguent dans leur profession. Il doit
« les encourager à exercer tranquillement leur capacité
« dans toutes les branches de l'industrie humaine, et faire
« espérer des récompenses à tous ceux qui songent à ac-

---

[1] Sous Henri IV, vers 1599.

[2] Voyez, entre autres témoignages de ces rapports, une lettre du roi à
la commune de Florence, publiée dans la *Collection de Documents inédits
sur l'histoire de France*, Mélanges, t. I, p. 678.

« croître la richesse et la grandeur de l'Etat[1]... Les peu-
« ples sont riches quand les produits de leurs manufactures
« attirent chez eux l'argent de l'étranger... Un Etat s'ac-
« croît en devenant l'asyle de tous les malheureux dispersés
« ou chassés... etc.[2] » Louis XII était digne d'entendre ce
langage, que l'Italie tout entière, aussi bien que Machiavel,
lui avait tenu; et il montra qu'il l'avait compris.

Il diminua de près de moitié les impôts; il mit un ordre
sévère dans les finances; il s'imposa à lui-même la plus
stricte économie, et il répondit par ce beau mot aux plaisanteries des courtisans qui riaient de son peu de luxe personnel : « J'aime mieux les voir rire de mon avarice, que
le peuple pleurer de mes dépenses. »

Il avait été frappé du vigoureux et sinistre tableau, qu'a-
vait tracé l'orateur du commun aux Etats de 1484, des
déprédations des gens d'armes dans les campagnes. Il assura
la paye régulière des troupes, les forma à la discipline, et
édicta la peine de mort contre tout soldat qui rançonnerait
un paysan.

Nous ignorions alors tous les arts industriels où excellaient
les Italiens. Nous ne savions construire ni routes, ni ponts,
ni quais, ni écluses, ni fontaines, ni aqueducs, ni égouts.
Il en résultait, jusque dans Paris même, des inondations,
des contagions, des retards et des pertes pour le commerce
et pour la population, sans nombre. Le pont Notre-Dame,
par exemple, depuis Charles V, qui l'avait commencé,
s'était bien écroulé quatre ou cinq fois. Il s'était rompu,
une dernière fois, à l'avénement du roi lui-même. C'est

---

[1] *Le Prince*, chap. XXI.

[2] *L'Esprit d'un homme d'État*, maximes extraites de Machiavel (Rome,
1771).

que nos architectes ignoraient la poussée des arches, la force proportionnelle de résistance à donner aux culées, et, en matière de ponts au moins, la taille des pierres et les conditions de solidité des voûtes.

Louis XII appela Giovanni Giocondo, que d'Amboise et lui avaient connu au delà des monts. Celui-ci vint de Vérone reconstruire le pont Notre-Dame, et son œuvre est encore aujourd'hui un sujet d'admiration et d'étude. Giocondo construisit aussi la grande chambre du Parlement; il travailla à Blois et ailleurs.

Nos artistes et nos ouvriers regardèrent comment s'y prenaient cet étranger et ses manœuvres. Bientôt leur génie vierge germa sous le souffle de l'Italie. D'Amboise confia à des Français une partie des charmantes *bâtisses*, comme on disait modestement alors, de Gaillon; et un peu plus tard, les muses enfin la regardant, ces muses qui avaient conduit le ciseau de Phidias et la règle de Michel-Ange, la France, dans un élan sublime, donna d'un coup, Bullant, Delorme, Lescot et Jean Goujon[1].

Cette administration éclairée de Louis XII fit, pendant un temps, singulièrement prospérer la France. Un auteur contemporain, Claude de Seyssel, nous en a conservé le témoignage... « Pour un marchand, dit-il, que l'on trou-
« voist du temps du roy Louys onziesme, riche et grossier,
« à Paris, à Rouen, à Lyon et autres bonnes villes du
« royaume... l'on en trouve de ce règne plus de cinquante.
« On ne fait guères maison sur rue qui n'ait boutique pour
« marchandise ou pour art mécanique... Et si sont les
« maisons, meublées de toutes choses trop plus somptueu-

---

[1] Voyez la belle notice de M. Vitet sur *Le Louvre*, p. 15 et suiv.

« ses que jamais ne feurent ; et use l'on de vaisselle d'ar-
« gent en tous estatz plus qu'on ne souloit... L'entrecours
« de la marchandise, tant par mer que par terre, fort mul-
« tiplié... Toutes gens (excepté les nobles, lesquels encore
« je n'excepte pas tous) se meslent de marchandize[1]... »

Enfin ce règne fut, entre les misères du moyen âge et
les désastres des guerres de religion, un moment intermédiaire de repos et partant de progrès, car, pour que la
France prospère, il faut presque seulement qu'elle respire,
tel qu'on n'avait pas encore vu le pareil depuis les origines
de la monarchie. Aussi les Etats de 1506, émerveillés et
reconnaissants, décernèrent-ils à Louis XII le plus beau
titre que jamais prince ait porté, celui de « Père du
peuple. »

François Ier seconda en partie cet heureux mouvement.

Il est vrai qu'en attirant près de lui et en établissant à
Fontainebleau, à Blois, à Amboise ou à Tours, Léonard
de Vinci, André del Sarto, Rosso, le Primatice, Benvenuto
Cellini, le roi-chevalier fit acte de protection plus directe envers les arts qu'envers l'industrie proprement
dite. Cependant, on aurait tort de croire que nos artistes
seuls profitèrent des leçons de la grande école, qui fut
ainsi transportée d'Italie en Touraine. Léonard de Vinci et
le Primatice, par la quantité de dessins qu'ils répandirent,
de modèles que l'un et l'autre ils laissèrent tomber avec
la négligence et la profusion du génie, répandirent extrêmement en France, dans toutes les classes de la société,
le goût et le sentiment du beau. L'industrie en profita,
principalement la soierie qui, établie à Tours et recrutée

____
[1] *Les louenges du bon roy de France, Louys XII.*

d'ouvriers italiens en grand nombre, put recevoir les conseils de Léonard de Vinci lui-même ; l'orfévrerie encore, industrie ancienne dans notre pays, que Louis XII avait eu le tort de décourager par une mauvaise loi somptuaire, et à qui Cellini fit voir des ouvrages comme elle ni le monde n'en avaient jamais vu.

Il résulta de là un fait moral d'une grande portée, non-seulement pour l'avenir de notre industrie, mais encore pour la direction nécessaire de notre politique commerciale, qu'il convient ici de signaler.

Nos ouvriers prirent à l'école des Italiens, leurs premiers maîtres, le germe d'une qualité qu'ils devaient un jour, dans toutes les sortes de manufactures, porter jusqu'au génie, — le goût. Remarquez la nature des premiers ouvrages que nos rois aient fortement protégés : ce sont les ouvrages de soie et la ciselure. Je ne dis pas que la nation n'avait pas elle-même, comme ses rois, une prédisposition naturelle à l'élégance et au luxe ; mais cette prédisposition fut singulièrement développée par les exemples et les leçons que nos pères, au seizième siècle, à peine au sortir de l'état barbare, reçurent de l'Italie. C'est là que la nation a pris, dans les vêtements, dans les meubles, dans tous les ouvrages de main humaine, cet amour et cette recherche du fini et du beau par-dessus tout, qui compose aujourd'hui ce que j'appellerais volontiers son tempérament industriel. Les pères de nos ouvriers actuels n'ont pas pour rien, soyez-en sûrs, été prendre leurs premières notions d'industrie à Milan et à Florence ; ce n'est pas pour rien, que les ancêtres de ceux qui font aujourd'hui les merveilles que vous savez, à Lyon, par exemple, ont reçu à Tours les visites et les avis de l'immortel auteur de la *Cène*. Ce goût du beau qui leur fut inculqué dès l'origine a passé dans le sang de leurs enfants ; et c'est ainsi que l'industrie française est devenue principalement une industrie de luxe.

De là deux choses qui expliquent la nécessité où est cette industrie et où elle sera vraisemblablement toujours d'être fortement protégée contre la concurrence étrangère : d'abord une inévitable cherté relative, car le rare est plus cher que le commun, le fini que le grossier, le beau que le laid, une soierie de Lyon qu'une soierie de Macclesfield, un drap de Sedan ou d'Elbeuf qu'un drap d'Allemagne, une glace de Saint-Gobain, un produit chimique de Chauny ou de Lille que les similaires d'Amérique ou d'Angleterre, etc.; ensuite et par voie de conséquence, une difficulté, qui touche souvent à l'impossibilité, de lutter d'abaissement de prix avec des rivaux qui n'ont pas, comme nos ouvriers, cette noble maladie du goût, et qui, marchands plus encore que manufacturiers, se soucient peu de produire grossier, s'ils vendent bon marché.

Telle fut, dans ses grands traits, l'influence exercée par l'Italie sur le développement de notre esprit industriel et de notre politique commerciale durant la Renaissance.

Avant de passer outre et d'en venir aux guerres contre la maison d'Autriche et à celles de religion, temps funestes où la prospérité de la nation devait, pour cinquante ans au moins, s'abîmer encore une fois dans le désordre et dans le sang, essayons de retracer quel était, vers 1550 environ, c'est-à-dire à la veille des révolutions qui allaient le bouleverser, l'état de l'agriculture, de l'industrie et du commerce, en France.

Des témoins oculaires, personnages des plus considé-

rables et des plus éclairés de leurs temps, les ambassadeurs
de Venise à Paris, de 1528 à 1560 environ, nous fournissent à cet égard, dans des relations, aujourd'hui publiées[1], de leurs négociations, des renseignements trèsdivers à l'aide desquels cette statistique, dans ses éléments
généraux, au moins, peut en toute confiance être dressée.
On va voir, par ce petit tableau, tout ce qu'avait déjà produit en France l'application, quelque récente et bien imparfaite encore qu'elle fût, puisque les douanes intérieures
subsistaient toujours, de la politique de protection dont
Louis XI avait, chez nous, donné le premier exemple et dont
ses successeurs étaient allés vérifier la vertu et admirer les
résultats en Italie. On jugera aussi de l'étendue des pertes
que causèrent à la nation les calamités qui l'accablèrent
pendant tout le reste du siècle, et des résultats bien différents qu'auraient pu produire alors, pour le développement de sa grandeur, la persistance et le progrès de ses
rois dans l'usage et l'intelligence des vrais principes économiques.

L'exportation, quelque gravement taxée qu'elle fût, des
produits naturels de notre sol, avait atteint, au milieu du
seizième siècle, un degré remarquable de prospérité. Les
ambassadeurs de Venise ne tarissent pas sur la beauté et
sur la fertilité du territoire qu'en venant de leur pays ou
en suivant la Cour il leur avait été donné d'observer.

Nous exportions alors du blé en Espagne, en Portugal,
en Flandre, en Angleterre, en Ecosse, quelquefois à
Gênes et en Suisse, et, par le moyen des Anséates sans

---

[1] Dans la *Collection de Documents inédits sur l'histoire de France*. On
doit cette curieuse publication à M. N. Tommaseo, qui l'a fait précéder
d'une petite préface pleine de sens et de goût.

doute, qu'on voyait toujours à La Rochelle, jusqu'en
Danemark. Le vin venait ensuite pour l'importance,
comme nous dirions aujourd'hui, dans l'ordre de nos expéditions à l'étranger. L'Angleterre et la Flandre enlevaient de grandes quantités de vins de Bordeaux. Le
Luxembourg, la Lorraine et la Suisse faisaient un
grand commerce des autres sortes. Marino Cavalli estime
que nous retirions alors de la vente de nos vins à l'é-
tranger un million et demi d'écus. La viande, le poisson
frais et salé, les fruits secs, le chanvre, la garance, le
safran venaient ensuite. Le seul droit sur les prunes
sèches que la France expédiait en Angleterre, en
Ecosse et en Flandre, était affermé dix mille écus par an.
Nos sels, enfin, de Provence, de Bretagne et de Gas-
cogne, ceux de Brouage surtout, jouissaient d'une grande
renommée.

Nos importations consistaient en or frappé que nous
tirions d'Espagne et de Portugal, en échange de nos blés
et de quelques draps. Nous tirions d'Allemagne et des
Pays-Bas de l'argent, du cuivre, de l'étain et tous nos
chevaux de guerre et d'attelage. Il est assez remarquable
que les Bretons seuls eussent de la réputation, à cette
époque, comme éleveurs de chevaux. Les guerres, sans
doute, avaient épuisé la race normande. L'Angleterre ne
nous envoyait guère que du plomb, et la balance du commerce alors était tout à fait en notre faveur dans nos
relations avec notre voisine. Anvers avait eu autrefois le
monopole de notre fourniture des épices ; mais les découvertes des Portugais avaient changé les routes et les habitudes du commerce à cet égard, et Lisbonne partageait
avec Alexandrie toutes nos importations en denrées du

Nouveau-Monde et du Levant. Enfin, nous tirions des soieries d'Espagne, des draps fins d'Italie, et particulièrement pour soixante mille écus par an de cristaux, draps cramoisis, bijouteries et soies de Venise 'et de Vicence.

Mais nous tendions sur toute la ligne, en matière d'objets manufacturés au moins, à nous affranchir de l'étranger.

Nous avions des laines ordinaires en abondance et, tant en basse Normandie qu'en Picardie, quelques laines plus fines avec lesquelles nos manufactures fabriquaient, outre des draps communs, qu'on appelait alors des ostades, du camelot (*ciambellotto*, dit Cavalli). Nous produisions aussi des draps fins avec de la laine que nous tirions d'Espagne et d'Angleterre. La toilerie commune, au moins, était assez prospère. Nous exportions des toiles en Angleterre, en Espagne, en Italie, et jusque dans les pays barbaresques (côte d'Afrique), où leur bas prix les faisait rechercher. Il y avait des filatures de lin à Laval, à Cambrai, à Reims et dans le Beauvoisis.

Mais c'était le travail de la soie surtout qui, dès lors, avait fait en Touraine, grâce à la protection continue qu'il avait reçue de tous nos rois depuis Louis XI, des progrès remarquables.

« Cette industrie va toujours croissant , écrit, avec in-
« quiétude, Marino Cavalli à son gouvernement. On tra-
« vaille à Tours des soies que l'on tire d'Italie et d'Espagne.
« On y compte huit mille métiers. Plusieurs fabricants
« vénitiens s'y sont établis avec leurs familles, et des Génois
« en plus grand nombre encore; puis des Lucquois, *sans*
« *compter les Français eux-mêmes qui ont appris le secret du mé-*

« *tier* (1546). Ils ont même commencé à planter des mû-
« riers, à élever des vers à soie, et à en tirer du produit, autant
« que le climat le permet. Ils tâchent de réussir à force
« d'industrie ; et nous, que la nature a tant favorisés, nous
« laissons les étrangers s'enrichir des profits que nous de-
« vrions faire ; *Lasciamo andar li guadagni del nostro paese*
« *nelle borse d'altri.* » Jérôme Lippomano, quelques années
plus tard, ajoute : « Les tissus de soie de Tours sont so-
« lides et beaux, et ils coûtent moins cher que ceux de
« Naples, de Venise et de Lucques. »

Il se faisait à cette époque, en France, une consom-
mation de drap d'or extraordinaire, plus considérable, s'il
faut en croire les ambassadeurs, qu'à Constantinople et
presque dans tout le Levant. Mais déjà nos ouvriers, à
Paris principalement, se livraient à cette industrie avec
une ardeur et un goût qui frappaient les étrangers. L'orfévrerie, la bijouterie, la joaillerie, la coutellerie riche
faisaient aussi de grands progrès. Lippomano parle de
couteaux richement montés et travaillés d'une manière
très-fine qu'il a vus à Châtellerault. Il raconte encore que
le Pont-au-Change, à Paris, est couvert d'autant de bou-
tiques d'orfèvres « que peuvent en contenir trois ou quatre
« des premières villes d'Italie, sans excepter Rome ni
« Naples. »

Le mouvement général du commerce frappait aussi
beaucoup les habiles observateurs que nous continuons
de citer. Le transit de France en Espagne par Saint-Jean-
de-Luz, l'affluence et les profits des foires de Lyon, la vie
marchande de Bordeaux, d'Orléans, de Rouen et d'Auxerre,
les étonnaient.

Quant à Paris, quelque habitués que fussent leurs yeux

à la magnificence de Venise, ils s'extasiaient. « C'est un petit monde », répètent-ils avec Charles-Quint.

Evidemment, il y avait là, si la France alors eût eu le bonheur de tomber sous un gouvernement modéré, les éléments d'une grande fortune manufacturière et commerciale. Malheureusement il n'en devait pas être ainsi. C'était à la veille des guerres de Charles-Quint et de celles de religion, que les ambassadeurs de Venise dépeignaient de la sorte, non sans quelque jalousie, ces commencements de prospérité de notre nation. Mais bientôt ce n'était plus la jalousie du monde que nous allions exciter, c'était sa pitié.

Les guerres, si politiquement utiles d'ailleurs, de François Ier et de Henri II contre la maison d'Autriche, furent, en effet, pour notre industrie et notre commerce, le signal d'une interruption d'abord, puis d'une décadence qui ne fit qu'aller croissant jusqu'à la fin du siècle, si bien qu'alors leur ruine fut complète.

Ces guerres, les armements considérables qu'elles entraînaient, les dépenses de tout genre qui en étaient la suite, jetèrent le gouvernement de François Ier d'abord, puis celui de Henri II, puis enfin, par voie de conséquence, ceux qui les suivirent, jusques et y compris Henri III, dans la voie des plus ruineux expédients de finances. Louis XII, par suite des revers de ses dernières années, avait été obligé de revenir au triste système de la vente des offices de judicature. Mais ce n'avait été de sa part qu'une dérogation momentanée aux principes. Arriva le chancelier Duprat, qui de l'exception fit la loi. Alors commencèrent dans notre histoire les saturnales de la fiscalité. Ce furent inévitablement l'agriculture, l'industrie et le commerce, qui payèrent les frais de ces désordres : ils coûtèrent des sommes immenses, le fardeau en fut aussi maladroitement réparti que possible, et bientôt, les guerres religieuses et les maux sans fond qu'elles engendrèrent étant venus s'ajouter encore à ceux causés par l'incapacité financière du gouvernement, la misère la plus affreuse, quand le seizième siècle s'éteignit, s'étendit sur toute la France.

Nos rois pourtant avaient reçu en Italie des leçons d'économie politique, dont il semble, malgré les malheurs et les nécessités des temps, qu'ils auraient dû mieux profiter.

La plus saine et la plus claire de ces leçons était, que lorsqu'on veut faire rendre de grands impôts à l'industrie, il faut commencer par la protéger.

Lorsqu'on lit certains édits de François Ier, celui du 18 juillet 1540, par exemple, dans lequel il déclare que « pour favoriser et encourager les fabriques naissantes de « Lyon », il astreint à de fortes taxes l'importation des soieries d'Italie et d'Espagne ; ou celui de janvier 1572, où René de Biragues, ministre italien de Charles IX, « afin « que nos sujets se puissent mieux adonner aux manufac- « tures », prohibe tous les tissus étrangers, on ne peut douter qu'alors en France les vigoureuses maximes de politique commerciale qui avaient fait la grandeur industrielle de l'Italie fussent parfaitement connues. Quand on lit d'autres édits encore du même François Ier, où il dénonce et flétrit en personne « les grandes vexations et mollestes « que les fermiers de notre imposition foraine, par leur in- « fatigable cupidité (*sic*), donnent aux marchands, » on ne peut douter davantage que les conseils de la monarchie ne comprissent que pour faire contribuer extraordinairement, sans le tuer, le commerce d'une nation, il ne faut pas commencer par en accabler le simple exercice de tourments et d'entraves. Que d'exemples ils avaient vus à Milan et à Florence, pour ne pas parler de ce qu'ils avaient appris de Venise, de la fécondité des impôts modérés !

Vaines leçons. A partir des guerres de Charles-Quint, il semble que le gouvernement n'ait plus qu'un but en France : transformer les douanes extérieures et intérieures en mines d'impôt, et pour cela, les multiplier et en exagérer les tarifs à l'infini.

Les rois disent bien que c'est pour protéger l'industrie qu'ils frappent de droits l'exportation et l'importation, mais la postérité ne peut pas plus être dupe de ce mensonger langage que ne l'étaient les malheureux contemporains.

Tous les droits, de 1540 au moins jusqu'à la fin du siècle, ne furent plus établis que dans une vue fiscale, tellement qu'Henri III finit par le dire crûment et sans rien ménager : « Considérant, édicte-t-il le 11 septembre 1582, que de « l'augmentation des droits sur l'entrée et la sortie des « denrées et marchandises en notre royaume, il pourroit « résulter un grand bien pour celle de nos finances, etc. »

Ajoutez à cela que, dans le même temps que le travail national, sous prétexte de protection, était ainsi accablé d'impôts, la monarchie, violant la parole qu'elle avait so—lennellement donnée aux manufacturiers nationaux, de favoriser la vente de leurs produits, accordait à la noblesse des priviléges sans nombre pour faire venir, francs de droits, les tissus d'Espagne, d'Italie et de Flandre, que sur papier les ordonnances générales prohibaient.

Enfin les douanes provinciales et les péages intérieurs, durant cette malheureuse époque, allèrent pullulant, si l'on peut ainsi dire. Henri II avait remplacé les anciens droits de rêve et de haut-passage, etc., par un droit unique dit *royal de domaine forain* ; mais il se trouva que ce droit unique était si excessif, que plusieurs provinces sollicitèrent et obtinrent en grâce d'être ramenées aux carrières de l'ancienne législation. Quant aux droits de douane locaux, pour ne pas parler des péages intérieurs qui, eux, multipliaient à l'infini, on en compta au seizième siècle une quinzaine au moins, outre le domaine forain. Il y avait la douane de Paris, celles de Lyon et de Valence, le traité d'Arsac et de Charente, la comptablie de Bordeaux, l'entrée de Calais, les prévôtés de Nantes et de Bretagne, le domaine de Rouen, la coutume de Bayonne, la patente de Languedoc, la bouille du Roussillon, le trépas de Loire, la foraine d'Anjou, le péage de Péronne, celui d'Aix, la traite de Provence, le contrôle des toiles, le droit de fret, et cætera ; car, s'il fallait détailler chacun de ces droits en particulier, ce serait une énumération nouvelle.

Imaginez ce que pouvaient devenir l'industrie et le commerce national sous l'empire d'une aussi monstrueuse fiscalité. La paix la plus profonde eût régné durant la dernière moitié du seizième siècle que, malgré toute la fécondité du sol et toute leur énergie, nos pères, sous un pareil régime, n'auraient travaillé encore que pour le percepteur d'impôts. Tout progrès était impossible tant que prévaudrait ce système de rapine légale.

Les Etats généraux, dans une magnifique et inutile réapparition qu'ils firent en 1560 sur la scène de notre histoire, s'élevèrent avec autant de vigueur que de sens contre ce progrès toujours croissant de la fiscalité. Ils demandèrent la suppression des douanes intérieures, l'adoption de l'unité des poids et mesures, l'établissement de tribunaux électifs de commerce, etc.; mais leur voix se perdit, comme s'était perdue celle des Etats de 1484, et ils ne purent ni rien obtenir ni rien sauver.

D'ailleurs, les guerres civiles de religion bientôt s'ouvrirent, et à partir de là, comme on sait, notre histoire ne fut plus, vingt-cinq années durant, qu'une suite de pillages et de massacres qui égala, si elle ne le surpassa, tout ce qu'avait vu de plus hideux le moyen âge.

Grâce au Ciel, il n'est pas du plan de ce livre que nous racontions ces longues horreurs. Nous dirons seulement qu'à partir du moment où, sur le cadavre de Coligni et la tombe de Lhospital, elles commencèrent, jusqu'à celui où le héros qui devait s'y immortaliser par sa sagesse, son humanité et son courage, les termina, la France, campagnes et villes, ne fut qu'un vaste champ de déprédation et de carnage. Tout périt. Nous fûmes à la veille de retomber dans la barbarie dont Louis XI et l'influence de l'Italie avaient commencé de nous sortir. Les ouvriers étrangers qui formaient les nôtres émigrèrent. Ceux-ci, ou bien prirent le mousquet pour se détruire entre eux, ou bien vécurent dans une misère qui ne leur permettait pas même toujours de couvrir leur nudité. Les villages et les champs endurèrent des souffrances et des brigandages sans nom. La licence des bandes, soit catholiques, soit protestantes, ne connut aucun respect ni aucun frein. La famine et la peste joignirent leurs fléaux à ceux de cette guerre ou plutôt de cette « rage » comme les contemporains l'appelaient. Enfin, quand des flots de sang l'eurent éteinte, agriculture, industrie, commerce, tout ne fut que misère et que ruine.

Triste fin d'un âge ouvert sous d'autres auspices! Effroyable rançon payée à la fortune des premières espérances qu'elle nous avait laissé concevoir de richesse et de gran-

deur publique! Déplorable emploi d'un temps précieux
dans un siècle où le génie du progrès ouvrait à tous les
peuples de si vastes carrières! Ce que les exactions fiscales et les guerres civiles du seizième siècle ont coûté à
la civilisation française de pertes et de retard est incalcu-
lable. On ne jugera que trop, dans le reste de cette histoire, du poids dont les unes et les autres ont pesé sur la
suite de nos destinées. Ici, et pour achever, avec le tableau
de cette époque, celui du mal que, sur le moment même,
elles nous causèrent, retraçons, en terminant, ce que, tandis
que nous ne respirions qu'incendie, meurtre et pillage, le
Ciel, à notre détriment, accordait à des rivaux plus heureux et plus sages.

Le vieil adage « Le dommage de l'un fait le profit de
l'autre » a pu être nié de nos jours, par une école jalouse
de la gloire de l'abbé de Saint-Pierre; soit : que deviendrait l'esprit de chimère sans les écoles; *Iste se jactet in
aula.* Mais les choses, au grand air de l'histoire, sont et se
montrent toutes autres. La civilisation n'avance que sur
des ruines. Les puissances nouvelles ne se forment qu'à la
faveur de la décadence des puissances anciennes. Le proverbe n'a qu'un tort, c'est de ne pas être assez énergique
dans son langage : « dommage » et « profit » sont trop faibles. La vérité en fait, c'est que, entre nations, « la ruine »
de l'une fait « la grandeur » de l'autre.

On l'avait assez vu durant toute l'antiquité; et cette
transmission incessante du sceptre du commerce, des mains
de l'Assyrie à celles de la Perse, puis à celles de l'Egypte
et de la Phénicie, de là à la Grèce, puis encore une fois à
l'Egypte, puis enfin aux Romains, lorsqu'ils engloutirent
tout, avait assez montré que l'empire de l'industrie, du

négoce et des mers, n'est point chose qui, de sa nature, s'acquière autrement que par droit de conquête. La grande époque historique, à l'extrémité de laquelle le cours de ces annales nous a maintenant conduits, avait confirmé d'une manière éclatante, durant sa période d'existence, les exemples des temps anciens. Durant cette période, en effet, tout s'était renouvelé sur le théâtre de la rivalité commerciale : les peuples qui, au moyen âge, l'avaient emporté sur tous les autres, s'étaient vus dépassés par des nations jusque-là inconnues, et l'étoile de celles-ci déjà pâlissait devant l'éclat naissant d'une puissance nouvelle, lorsque le seizième siècle s'éteignit. .

La Ligue Hanséatique, si longtemps la reine du commerce du nord, avait sensiblement décliné depuis environ cinquante ans. Les autres nations ayant commencé à demander à leur propre industrie les ressources de leur subsistance et de leur entretien, le vaste commerce de transport et de fret que faisait la Ligue, depuis le Sund jusqu'à Gibraltar, avait vu singulièrement se restreindre le nombre des nécessités qui, sur toutes ces côtes, l'alimentaient. En second lieu, les intérêts des villes intérieures et ceux des villes maritimes de la Ligue avaient divergé de plus en plus. Cologne, à la fin du seizième siècle, avait des intérêts presque opposés à ceux de Lubeck. Les villes maritimes elles-mêmes avait fini par se jalouser les unes les autres. Les villes de Hollande, Amsterdam, Rotterdam, etc., avaient senti leur puissance et s'étaient séparées. Enfin, la découverte de l'Amérique avait changé les besoins en même temps que les routes du commerce, et les Anséates étaient incapables de monopoliser la fourniture de ces besoins et de régner seuls sur ces routes.

Les Républiques italiennes, maîtresses jusque-là du commerce du Midi, étaient, par des causes identiques ou voisines, à la veille de le perdre entièrement. Elles aussi, elles avaient vu leur monopole sapé par la renaissance de l'industrie dans toute l'Europe, par leurs révolutions intérieures, et surtout par les découvertes des Portugais et des Espagnols. La laine, la soie, l'or, etc., avaient été travaillés, depuis l'ère nouvelle, dans des pays jusque-là barbares. La Sicile, Naples, le Milanais, la Toscane avaient été ruinés par les dilapidations des lieutenants de Charles-Quint. Ceux-ci, aussi ignorants que les administrateurs indigènes, leurs prédécesseurs, étaient éclairés, avaient écrasé d'impôts les riches Etats qu'ils avaient conquis. Gênes épuisée baissait. Enfin, la fortune, depuis bientôt un siècle, s'était définitivement déclarée aussi contre Venise. La découverte du passage aux Indes, par le cap de Bonne-Espérance, porta un coup terrible à la magnifique cité. Elle avait été jusque-là au centre du commerce de l'univers ; tout d'un coup, elle se vit reléguée au fond d'un golfe où personne n'eut plus intérêt à se rendre. Le vaste commerce des productions de l'Asie et de l'Europe, que les Assyriens et les Chaldéens avaient fait par la mer Caspienne, l'Oxus et l'Indus ; les Phéniciens, par l'Euphrate ; l'Egypte, sous les Ptolémées et sous les Romains, par la mer Rouge ; les Bysantins, par la mer Noire, les Palus-Méotides, le Tanaïs, le Volga et la mer Caspienne ; ce commerce ayant pris soudain une route, sur le passage de laquelle ne se trouvaient plus ni Venise ni ses possessions, l'heure de sa ruine avait fatalement sonné et déjà on eût pu prévoir le jour où la superbe ville, délaissée sans retour par la fortune, deviendrait ce que le voyageur la voit aujourd'hui, le Versailles de la marine et du commerce.

Les Portugais et les Espagnols s'étaient jetés sur cette riche succession de la Hanse et de Venise. Ils méritaient de la recueillir par l'intrépidité et le génie avec lesquels ils avaient reconnu et tourné la pointe d'Afrique. Quels hommes, sans parler de ce Génois, condottiere sublime de la civilisation universelle, qui se mit à leur service, quels hommes que les don Henri, les Tristan, les Santarem, les Diaz, les Vasco de Gama, les Cabral, les Albuquerque, les Jean de Castro, les Ataïde, les Pinzon, les Magellan, les Cortez et tant d'autres! Mais l'héroïsme n'est pas l'administration, et l'esprit de gouvernement est autre chose que l'esprit de découverte et de conquête. Pour que Lisbonne et Madrid héritassent de Venise et de Lubeck, il eût fallu qu'en Portugal et en Espagne il se rencontrât, comme cela s'était vu sur l'Adriatique et sur la Baltique, des hommes qui comprissent tout ce que le commerce peut rapporter non pas seulement de richesse, mais de puissance, à un Etat. Il n'en fut rien. Portugais, et Espagnols surtout, ne virent qu'un objet de conquête et d'exploitation fiscale dans des terres magnifiques où ils auraient dû ne voir que des objets de commerce. De là, la décadence rapide de leur fortune; rapidité telle qu'à la fin du seizième siècle, l'Espagne qui, d'ailleurs, pour leur malheur commun, avait conquis le Portugal, mourait de faim, comme le roi de la fable, sur des monceaux d'argent et d'or. On ignorait dans les conseils de Charles-Quint, tout grand qu'il fût, et plus encore dans ceux de Philippe II, que l'agriculture, l'industrie et la marine sont les véritables mines d'un empire, et que les princes qui

les protégent sont aussi sûrs d'enrichir leurs Etats que
ceux qui les négligent sont assurés de les ruiner.

Mais, à ce moment, se levait dans l'histoire une nation
dont la conduite en ce genre était destinée à devenir ce
qu'elle est restée jusqu'à ces derniers temps, le plus parfait
modèle de politique agricole, industrielle, maritime et
commerciale, qui se soit jamais vu ; nation qui, avec un génie et une énergie admirables, avait, dès l'époque où nous
sommes, frayé toutes les grandes routes de sa fortune, qui
déjà affectait, dans des dimensions dont la Hanse et Venise
n'avaient en comparaison offert que de timides exemples,
l'empire universel des marchés et des mers, et qui un jour
enfin, prix mérité de la sagesse et de la persévérance de
ses efforts, était destinée à l'atteindre.

Ce n'avait été bien longtemps qu'une île sauvage, repaire de barbares, adonnés à un brigandage perpétuel.
Ces mœurs avaient résisté à la conquête des Normands.
Au milieu du treizième siècle encore, les chroniques[1] nous
les montrent dominantes sur tout le sol britannique. Les
naturels, car en vérité ce n'était pas encore un Etat à proprement dire, y vivaient dans la misère, des produits d'une
agriculture informe et d'une pêche exclusivement côtière.

Cependant ce territoire renfermait de riches mines d'é-
tain, et le climat était naturellement propre à l'élève des
bestiaux et surtout à la culture des moutons, « ces champs
« vivans », comme les appelle poétiquement le père de
l'histoire naturelle[2].

Cela de très-bonne heure avait attiré les Anséates.

---

[1] *Chronique de Dunstable*, citée par Hume, au règne de Henri III.

[2] Aristote, *Politique*, I, 3.

Voyant un peuple dans l'enfance, qui ne savait tirer parti ni de ses mines, ni de son sol, ni de ses côtes, ils entreprirent de monopoliser à leur profit l'industrie et la navigation de ce peuple. Dès le milieu du treizième siècle ils y étaient parvenus, à ce point d'acheter du roi régnant alors, Henri III , l'autorisation d'établir à Londres un comptoir dit, à cause du trafic de métaux qu'ils y faisaient, la Cour d'acier (*steel-yard*) [1] et dans lequel ils exerçaient, au détriment des nationaux, le droit exclusif de faire toutes les importations et toutes les exportations du pays. C'était une véritable conquête industrielle et commerciale du peuple anglais, la pire qu'eût pu essuyer ce peuple, puisqu'elle lui interdisait toutes manufactures et toute navigation.

Cet empire extraordinaire, fondé sur le sol même de l'Angleterre par la Ligue Hanséatique, se soutint avec des vicissitudes diverses jusqu'à la fin du quinzième siècle ; mais, durant ces cent cinquante années de servitude commerciale, les Anglais n'eurent qu'un but, celui de la secouer. Le peuple de Londres, qui sentait déjà fermenter en lui l'ambition manufacturière et maritime qu'il devait un jour porter si loin, ne voyait qu'avec une haine généreuse toute l'industrie du pays aux mains d'étrangers auxquels l'ignorance et l'avidité de ses rois l'avaient vendue. Bientôt, cette haine éclata et se traduisit en tumultes et en émeutes dont la violence et le danger obligèrent les Anséates à se retrancher dans leur *steel-yard* comme dans une forteresse. Mais dès lors il fut sensible que, quelque hauts que

---

[1] Anderson , ann. 1239. Les éditeurs de List lui font écrire *stahlhof*, mais c'est une erreur ; le vrai nom de ce comptoir est *steel-yard*, comme l'écrit Anderson.

fussent les murs de cette forteresse, l'énergie britannique, de brèche en brèche, finirait par la prendre d'assaut.

Les rois d'Angleterre, éclairés par ces commencements
de jalousie nationale, comprirent peu à peu qu'il était de
leur intérêt d'affranchir leur royaume de l'occupation
commerciale étrangère et, dès le quatorzième siècle, ils
l'entreprirent.

Ce fut Edouard III qui commença. Louis de Nevers,
comte de Flandre, ayant, sur l'ordre de Philippe de Valois, son suzerain, fait appréhender tous les Anglais qui
se trouvaient dans ses États, Edouard défendit l'exportation des laines anglaises en Flandre et ordonna à ses
sujets de ne se servir désormais que de laines ouvrées dans
le pays [1]. Aussitôt tous les métiers flamands furent sans
ouvrage, et les ouvriers passèrent en foule le détroit.
Frappé du parti qu'il pouvait tirer de cette émigration,
Edouard l'encouragea [2]; il combla d'argent et de priviléges les Flamands qui vinrent s'établir dans ses États, et
ainsi fut établie, en Angleterre, cette industrie de la laine
qui devait être la première origine de sa grandeur.

Richard II, successeur d'Édouard, fit un pas de plus, en
promulguant un acte de navigation [3] par lequel il interdit

[1] Walsingham, ann. 1335.

[2] Voyez Hume, au règne d'Édouard III.

[3] Voici ce document remarquable dont Anderson se borne à faire mention, et qu'il est singulier que Hume et List aient entièrement passé sous
silence. Je l'extrais textuellement, en le ponctuant seulement pour plus
de clarté, du deuxième volume de la collection des *Statutes of the realm :*

A. D. 1381, stat. I, cap. III. « Item, pur encrecer la navie dEngleterre,
« qiel est ore moelt grandement amenusez, est assentuz et accordez, qe
« nul lige persone del Roy nostre seignur, face defore eskipper aucunes
« manères des merchandises, en alantz hors ou venantz dedeius le roialme
« dEngleterre aucune part, fors qe soulement en niefs de la ligeance nos-

l'importation ou l'exportation de toutes marchandises autrement que sur navires anglais, sous la seule réserve du cas où, au port d'expédition, soit de l'intérieur, soit de l'étranger, la marine nationale ne pourrait suffire au service. Ce règlement fut mal exécuté. L'Angleterre était trop pauvre en marine encore pour pouvoir se passer complétement ainsi des Anséates; mais il n'en est pas moins remarquable que, dès la fin du quatorzième siècle, les principes de politique commerciale, qui étaient destinés un jour à donner l'empire de la mer au peuple anglais, fussent aussi fortement arrêtés dans l'esprit de ses souverains.

A partir de là, il n'en est pas un qui, de manière ou d'autre, souterrainement ou ostensiblement, n'ait tra-

« tre seignur le Roy; et, qelconqe persone de la dicte ligeance, après la
« feste de Pasqe prochein venant, (à qèle feste comencera primèrement
« ceste ordinance tenir lieu) face eskipper merchandises en aultres niefs
« ou vesselx sur la meer, qe de la dicte ligeance, forface devers le Roy
« toutes ses merchandises es autry vesselx eskippez, en qelconqe place
« qe celles serront en après trovez, ou la value d'icelles : desqelles for-
« faictures le Roy voet et grante qe celluy qi espiera et duement provera
« qaucune personne avera encontre ceste ordinance rienz forfaict, en eit
« la tierce partie pur son travaill, del doun le Roy. »

L'année suivante, à la suite d'un Parlement tenu à Westminster, Richard rendit un nouveau statut dans lequel il expliqua, comme il suit, que la prohibition édictée l'année précédente cesserait d'avoir lieu dans le cas où le port d'expédition n'offrirait pas au commerce un nombre de navires nationaux suffisants.

« ..... Tamen concessum est quod, quamdiu naves de ligeantia ejusd.
« dom. Regis in partibus ubi eosdem mercatores conversari contigerit
« habiles et sufficientes inveniantur, dicta ordinatio tantum locum ha-
« beat... alioquin, liceat... alias naves competentes conducere... »

Ces actes sont le berceau de la grandeur navale de l'Angleterre. Ils ont été plusieurs fois rappelés au seizième siècle par Henri VII, Henri VIII et Élisabeth. Voyez notamment les statuts I, ch. 13, et V, ch. 5, du règne de cette dernière.

vaillé, jusqu'à ce qu'enfin l'œuvre ait été accomplie, à la ruine du monopole de la Hanse et au rachat de l'indépendance commerciale de l'Angleterre.

Ce travail fut une lutte, et toute lutte a ses phases.

Les Anséates défendirent pied à pied leur conquête. Les rois d'Angleterre avaient besoin d'eux : le produit des douanes qu'ils leur avaient affermées composait une bonne partie de leurs revenus, et ils en obtenaient, moyennant les priviléges qu'ils leur avaient accordés, des secours maritimes en temps de guerre, ce qui veut dire, au moyen âge, presque constamment. Malgré tout, néanmoins, l'intérêt national était si évidemment lésé par ces priviléges, et la haine que le peuple anglais ressentait pour eux allait tellement croissante, qu'à chaque occasion qui se présentait, la commune de Londres ou les Parlements obtenaient, soit de ruse, soit de force, quelque chose contre eux.

On soumettait le monopole de la Hanse à de nouveaux droits; on lui fermait des ports; on la trompait sur la qualité et l'aunage des draps qu'on lui vendait; on lui contestait le droit d'importer d'autres marchandises que celles de ses propres fabriques; on en taxait arbitrairement la valeur; on l'obligeait, avec l'argent qu'elle retirait de ses importations, d'acheter des marchandises du pays; on rendait tout le *steel-yard* responsable des délits d'un seul de ses membres; on préposait un Anglais à la surveillance de ses magasins, ce qui, réclamaient les Anséates, était *confier au loup la garde de la bergerie.*

Les règnes des successeurs immédiats de Richard II, les trois Henri de Lancastre, sont remplis du détail de cette guerre sourde de l'Angleterre contre la Hanse, pour la revendication de la propriété de son travail et de son génie.

Elle éclata avec violence, à l'occasion des désordres que causèrent les guerres dé la Rose blanche et de la Rose rouge.

Les Anséates s'étant mêlés de ces désordres, les Anglais envahirent le *steel-yard* et pendirent, à la réserve de ceux de Cologne, qui étaient demeurés en paix, tous les marchands qu'ils y trouvèrent. La Hanse tira une vengeance impitoyable de cette révolte en saisissant tous les bâtiments de l'Angleterre et en exerçant sur ses côtes de cruels ravages. Mais, enfin, la paix se fit à Utrecht, sous la médiation de Charles le Téméraire, et si les Anséates rentrèrent dans la plupart de leurs priviléges, cependant ils durent concéder aux Anglais la liberté du commerce dans la Baltique et dans tous ceux des ports de cette mer qui leur appartenaient.

Henri VII et Henri VIII continuèrent la politique de leurs prédécesseurs. Malgré les réclamations incessantes de la Hanse, ils encouragèrent ouvertement les fabriques nationales de drap. Henri VII, particulièrement, en établit qui ont prospéré jusqu'à nos jours, à Leeds, à Wakefield et à Halifax. Edouard VI alla plus loin. Les persécutions dirigées par Philippe II contre les protestants des Pays-Bas ayant déterminé une émigration considérable d'ouvriers flamands en Angleterre, le Conseil privé d'Angleterre jugea que le moment était venu de rompre avec la Hanse. Par une ordonnance d'une vigueur de rédaction [1] peu commune, il restreignit tous les priviléges du *steel-yard*.

Les Anséates se défendirent encore et ils obtinrent de la reine Marie le rappel de cet arrêt de mort; mais ce ne fut qu'une résurrection d'un moment : Elisabeth parut et c'en fut fait d'eux.

---

[1] Anderson en donne le texte, anu. 1552.

L'industrie et la marine anglaises s'étaient accrues à la faveur de ces contestations séculaires; Elisabeth le vit et elle rétablit l'édit d'Edouard VI.

Les Anséates, en représailles, essayèrent d'une sorte de blocus continental. Ils obtinrent un édit impérial par lequel tout commerce fut défendu, dans l'Empire, aux marchands anglais.

Mais ils ne connaissaient ni la reine, ni ses conseils, ni l'hercule naissant qu'ils bravaient.

Elisabeth fit saisir toute une flotte marchande de la Hanse, dans la rivière de Lisbonne, et en relâcha seulement deux navires, qu'elle chargea d'aller assurer les Etats de Lubeck du « souverain mépris » qu'elle avait de leurs menaces et de leurs procédés [1].

C'est ainsi que, vers le milieu du seizième siècle, les Anglais, au moment où les guerres civiles religieuses, dès lors éteintes chez eux, allaient ruiner le continent, avaient par une lutte opiniâtre, où s'étaient également illustrés leur intelligence et leur courage, conquis l'indépendance de travail, après laquelle nous soupirions toujours. On voit quel coup de fortune c'était pour eux d'arriver à cette indépendance, précisément dans une époque où tous les autres peuples étaient, par leurs luttes intestines, à la veille de disparaître, ou à peu près, de la scène de l'industrie et du commerce. Ils en profitèrent admirablement; et le règne de la femme illustre, qui les gouverna toute la fin du siècle, ne fut pour eux qu'une suite de progrès manufacturiers, marchands et maritimes qui dès lors les désignèrent clairement pour les futurs héritiers de l'empire des marchés et des mers.

---

[1] *Vie des amiraux*, citée par Hume, au règne d'Élisabeth.

A peine maîtres chez eux, les Anglais affectèrent de l'être chez les autres. Ils avaient expulsé la Hanse; mais, instruits par la fortune, ils avaient gardé ses maximes. Aussi, dès la fameuse ordonnance d'Elisabeth, les vit-on afficher, vis-à-vis de tous les étrangers sans exception, une jalousie et un mépris sans bornes. Il semble que le génie de la politique commerciale ait voulu s'incarner dans ce peuple. Toute sa conduite, à partir du moment où il paraît sur le théâtre de la civilisation commerciale, n'est qu'une longue et admirable leçon d'économie publique.

Ils comprirent parfaitement d'abord que la Hanse ne devait avoir, dans le monopole qu'elle avait exercé si long-temps sur leur sol, d'autres successeurs qu'eux-mêmes; aussi travaillèrent-ils aussitôt à se l'assurer et à réserver l'Angleterre aux seuls Anglais. Leur histoire, dès Henri VIII déjà, est pleine de monuments qui attestent chez eux la prédominance constante de cette pensée.

Ils n'est pas de vexations, d'avanies, de découragements de toutes sortes que le Conseil privé, le maire de Londres, les gouverneurs des ports, à partir de cette époque, n'infligent aux marchands étrangers, pour les dégoûter de faire le commerce d'importation, par exemple, autrement que par navires anglais, ou bien de priver les Anglais d'un fret et d'un article fructueux d'échange, en emportant certains objets manufacturés d'Angleterre. On ferait un volume du récit des mesures de protection violente[1] que,

____

[1] Voici une pièce qui parlera pour toutes les autres. C'est un Mémoire des « Charges et subcides insupportables que souffrent les suiets du Roy « de France en leurs commerces et trafficqs en Angleterre » , Mémoire adressé, en 1564, à Catherine de Médicis, par les marchands assemblés à l'Hôtel-de-Ville de Paris. Il est, je crois, inédit; on le trouvera en en-

durant le seizième siècle, l'Angleterre en ce genre adopta, et qui plus tard passèrent, pour y rester jusqu'à nos jours, dans le texte de son droit des gens.

tier dans diverses collections de la Bibliothèque Impériale, *Cinq cents* de Colbert, n° 252; *Du Puy*, vol. 569; *Fontanieu*, vol. 720-724, et *Harlay*, n° 490. J'en rapporterai seulement l'extrait suivant :

« ... Sont obligés les marchands françois, portant marchandises en
« Angleterre, de donner caution d'en remployer le prix dans trois
« mois, en achapt d'aultre marchandise, à peine de confiscation ; et couste
« l'acte de caution quinze ou seize sols, outre les lettres pour l'acquit de
« la coustume qu'il fault payer, quoique, en France, elles se donnent
« gratuitement ; *plus*, ils payent un tribut dit *scaraige* (*sic*) au maire de
« Londres, qui le taxe à son plaisir, par balle ; *plus*, les navires français
« ne peuvent entrer dans Londres, mais sont tenus arrester à un quart de
« lieue avec grande dépense, pour de là transporter leurs marchandises,
« et aussi avec détérioration desdites marchandises ; *plus*, on est obligé
« de prendre un pilote anglois pour sortir de la Tamise, et quoy qu'on
« prenne pour prétexte d'empêcher que les François ne sondent et con-
« noissent le fond de la rivière, si est ce, qu'en payant le droict du pilote,
« on laisse la liberté aux François de ne s'en point servir ; *plus*, pour em-
« pêcher le proffict des François, est deffendu aux Anglois de charger sur
« navires françois, à peine de payer le double » (il y a, en effet, jusqu'à
dix statuts d'Élisabeth à cet égard, *for the maintenance of navy*); « *item*,
« ne peuvent vendre leurs marchandises qu'aux bourgeois de Londres,
« quoique en France, les Anglois acheptent et vendent, comme bon leur
« semble ; *item*, en achetant des François, ils se servent des poids et me-
« sures de la reyne qui sont plus grandes, et, vendant les bourgeois aux
« François, se servent des leurs qui sont plus petites ; *plus*, y a certains
« officiers pour charoyer, porter et emballer les marchandises des Fran-
« çois, et les Anglois se servent de qui bon leur semble ; et, sous ce pré-
« texte, on paie même un droit aux dits officiers, des marchandises qui ne
« s'emballent pas, comme du plomb, etc. ; *plus*, y a à Londres une com-
« pagnie » (c'était celle dite des *Merchant-Adventurers* ; voyez Anderson,
années 1296, 1466, 1513, 1550, 1560 et 1564) « qui a obtenu ordonnance
« portant deffense à tous estrangers d'emporter draps de la sorte et bonté
« de ceux dont on les avait en Flandres, » (avant l'émigration des ouvriers
chassés par les persécutions religieuses) « en sorte que les François ne
« peuvent faire traffic et achapt que de mauvais draps, qu'ils ne peuvent
« débiter au dehors..., etc., etc. »

Elisabeth, trop fine et trop ambitieuse pour ne pas concevoir tout ce qu'il y avait dans cette politique de ressources pour la grandeur de sa patrie, l'adopta avec empressement. Son règne fut rempli d'ordonnances commerciales, empreintes toutes de l'esprit le plus énergique de protection en faveur des nationaux. Instruite par l'exemple de ses prédécesseurs, elle fit à tous les réfugiés pour cause de religion l'accueil le plus empressé. Italiens, Espagnols, Flamands, Suisses, Français, elle les accueillit tous, les soutint tous, leur donna à tous les moyens d'acclimater sur le sol de l'Angleterre les métiers et les secrets qu'en fuyant leur patrie ils avaient emportés avec eux.

Elle comprit tout ce que les découvertes des Portugais et des Espagnols donnaient d'avenir aux puissances de l'Occident. Déjà Henri VII, se repentant amèrement d'avoir refusé les offres que Christophe Colomb lui avait fait proposer, et jaloux de réparer cette grande faute, avait, dès 1496, accueilli avec magnificence les frères Cabot, italiens, que Venise, leur patrie, elle aussi avait dédaignés. Il avait donné à Sébastien, l'un d'eux, des vaisseaux et une charte[1] pour planter le drapeau anglais partout où il toucherait une nouvelle terre, et Sébastien, deux ans plus tard, avait, pour le compte des Anglais, découvert la Floride. Elisabeth encouragea de même Forbisher, qui eut la gloire de commencer la série des expéditions que nous avons vues enfin réussir dernièrement, à la recherche du passage nord-ouest; Davis, qui trouva le détroit qui porte son nom ; Humphrey Gilbert et Walter Raleigh, qui allèrent commencer l'immense colonisation anglaise à Terre-Neuve et à la Virginie.

[1] Voyez Anderson, année 1496.

Son Conseil lui avait fait remarquer l'impuissance des particuliers, dans ces commencements de la fortune anglaise, à suffire à de grandes expéditions. Elle n'avait point lu les triomphantes déclamations des écoliers d'Adam Smith contre les monopoles. Elle autorisa, en Angleterre, l'établissement de compagnies privilégiées auxquelles elle concéda le commerce exclusif des différentes régions commerciales du globe. L'une de ces Compagnies, en 1600, alla, sous le commandement de James Lancastre, établir la fortune anglaise aux Indes orientales. Une autre, par ses soins, monopolisa, au profit du royaume, le commerce de la Turquie.

Elle négocia et elle fit réussir les traités de commerce, les plus léonins que son Conseil put rédiger, avec le Maroc, le Danemark et la Russie. Ses instructions à ses ambassadeurs pour la négociation du traité avec le Danemark notamment, sont en ce genre un chef-d'œuvre [1].

Les Anglais, excités par l'impulsion qu'elle donnait aux entreprises lointaines et munis de patentes [2] qu'elle leur avait obtenues du Czar, pour le privilége exclusif du commerce de son empire, pénétrèrent les premiers jusqu'en Perse à travers la Russie, par la Dwina, Yaroslaw, le Volga, Astracan et la mer Caspienne [3].

Aussi, quand elle mourut, l'industrie et la marine de son pays, qu'elle avait prises au berceau, étaient floris-

---

[1] Voyez Anderson, année 1602.

[2] Anderson les mentionne seulement. Le texte en est dans Camden. On en trouve une copie et une traduction qui paraissent avoir été faites pour l'usage des ministres de notre Henri IV, dans le volume 319 de la collection des manuscrits de Du Puy, à la Bibliothèque Impériale.

[3] Voyez Hume, règne d'Élisabeth.

santes : les Anglais tendaient à remplacer déjà les Brabançons et les Florentins dans la fabrique et dans le commerce
des draps, et douze cents navires, montés par quatorze
mille hommes et appuyés d'une flotte militaire portant
près de huit cents canons, montraient le pavillon britannique sur toutes les mers. Fortune manufacturière et navale
bien petite, sans doute, si on la compare à la colossale
puissance dont nos voisins disposent aujourd'hui, mais
énorme si on réfléchit au peu de temps qui avait suffi à
l'élever et à la puissance relative de toutes les autres nations contemporaines.

Et à quoi était-elle due, cette puissance? On le voit : à
cette même politique commerciale qui avait précédemment élevé la Hanse, Venise, Bruges, Gand, Anvers, Gênes,
Florence, Milan, etc., à la politique d'exclusion des étrangers et d'encouragement aux nationaux. Tel était le grand
et l'unique secret qui, tandis que notre malheureuse patrie
se débattait sous les étreintes de la fiscalité et dans les
convulsions de l'anarchie, avait permis à l'Angleterre
de prendre les devants dans la carrière maritime et industrielle.

Eclairés par tant d'exemples, allions-nous enfin en profiter? Telle était la question, quand le dix-septième siècle
s'ouvrit.

LIVRE III.

HENRI IV, RICHELIEU ET MAZARIN.

Misère de la France lors de l'entrée de Henri IV à Paris. — Déclaration du nouveau roi aux notables de Rouen. — Édit de Nantes ; esprit et résultats économiques de ce grand acte. — De quels conseillers s'entoura Henri IV, et quelle place il tint dans son Conseil. — Délabrement des finances ; Sully est chargé de les restaurer : comment il s'acquitta de cette tâche. — Sully est obligé de maintenir les douanes intérieures ; pour quels motifs. — Il protége l'agriculture.—Son aversion pour l'industrie ; sa singulière conversation sur ce sujet avec le roi : quelle réponse il en obtint. — Justesse et élévation des vues économiques de Henri IV. — Ses rapports avec Olivier de Serres. — Encouragements donnés à la culture et à l'industrie de la soie. — Opposition chagrine de Sully à ces mesures. — En quoi elle modifia la conduite du roi. — Mémoires de Barthélemy de Laffemas sur le rétablissement du commerce. — Henri IV lit ces Mémoires et en est frappé. — Convocation d'un Conseil de commerce.—Variété et importance des travaux de ce Conseil. — Misérable état de notre marine. — Conseils du cardinal d'Ossat. — Henri IV essaye de faire de la France une puissance maritime et coloniale. — Ses entreprises à cet égard. — Son goût pour les colonies lointaines. — Sully veut l'en détourner ; pour quelles raisons. — Henri IV passe outre. — Curieuses négociations de Jeannin en Hollande. — Vues de Henri IV sur les principes de l'équilibre commercial de l'Europe. — Sa mort. — Minorité de Louis XIII : ministères de Concini et du duc de Luynes. — Langueur de la France pendant cette époque. — La Hol-

lande en profite pour s'emparer du premier rang sur les marchés et sur les
mers. — Origines de cette puissance; ses progrès depuis le moyen âge :
esprit de sa politique commerciale.—Renommée des Hollandais en France à
l'époque du ministère de Concini : remarquable monument de cette renommée.—Ministère du cardinal de Richelieu.—Richelieu néglige la politique
commerciale intérieure de la France; pour quels motifs. — Sa sollicitude,
au contraire, pour notre politique commerciale extérieure. — Il organise
notre marine. — Il crée de grandes compagnies de commerce. — Ses opinions économiques : leur simplicité et leur grandeur.—Mazarin.—Désordre
de l'administration de son temps. — Ce désordre ne lui est point imputa-
ble. — Étendue et justesse de ses vues de politique commerciale. — Il prend
Fouquet pour contrôleur général des finances. — Lumières de Fouquet. —
Établissement du droit de cinquante sols par tonneau. — Importance de
cette mesure. — Mort de Mazarin.

Lorsqu'en mars 1594, Henri IV, après vingt-cinq ans
de luttes affreuses, vint montrer dans Paris « affamé de
voir un roi » son héroïque et gracieux visage, la France,
qu'il avait enfin reconquise, n'était, pour ainsi parler,
qu'une ruine et qu'une plaie. Les villes étaient dépeuplées,
les campagnes incultes; les commencements si brillants
d'industrie qui avaient paru au milieu du seizième siècle
oubliés et éteints, les métiers même les plus nécessaires
avaient disparu du royaume : plus d'administration, plus
de police; les finances étaient au pillage, la misère et le
désordre universels ; les attentats contre les biens et contre
les personnes, sans nombre ; les routes et les champs infestés de brigandages; on n'entendait parler que de vols,
de meurtres, de duels et de suicides. Le grand homme qui
avait arraché la France à ses propres fureurs avait maintenant une autre tâche presque aussi difficile à remplir,
celle de la tirer du chaos où ces fureurs l'avaient plongée.

Cette gloire nouvelle l'attendait. Le politique consommé
qui avait détruit la Ligue, le brillant capitaine qui avait

battu Mayenne et l'Espagne, était un homme enflammé de
la noble passion de faire le bien en toutes choses. La Providence aussi l'avait doué de telle sorte qu'il y pouvait suffire. On n'a jamais vu plus grand cœur uni à un plus rare
bon sens. De telles vertus trouvent partout leur emploi,
aussi bien dans l'administration que dans la politique et à
la guerre. Henri IV, durant la seconde partie de sa carrière,
était destiné à en donner la preuve.

Il connaissait mieux que personne l'état où était réduit
le royaume. Aussi et tout d'abord l'entendit-on déclarer
que sa vie désormais était vouée à le relever de ses désastres. « Messieurs, dit-il aux notables de Rouen, si je vou-
« lois acquérir le titre d'orateur, j'aurois appris quelque
« belle harangue...; mais mon désir tend à des titres bien
« plus glorieux, qui sont de m'appeler libérateur et res-
« taurateur de cet Etat... Vous sçavez, à vos dépens comme
« moi aux miens, que lorsque Dieu m'a appelé à cette
« couronne, j'ai trouvé la France, non-seulement quasi
« ruinée, mais presque perdue pour les François. Par grâce
« divine..., par mes peines et labeurs, je l'ay sauvée de
« perte. Sauvons-la à cette heure de ruine ; participez, mes
« sujets, à cette seconde gloire avec moi, comme vous
« avez fait à la première...[1] » Patriotiques engagements !
Insigne honneur de ce grand homme de les avoir tenus
du même cœur qu'il les avait pris !

Il débuta par un acte où sa belle nature se montra tout
entière, l'édit de Nantes.

Je ne voudrais pas diminuer le caractère de cet édit en
lui trouvant d'autres motifs que ceux qui vraiment l'in-

[1] C'est le texte donné par Péréfixe et depuis si souvent reproduit.
Voyez aussi Sully, *Œconomies royales*, édit. Petitot, t. III, p. 29.

spirèrent, les motifs de l'ordre moral. Henri IV, on n'en peut douter, était sincèrement animé de l'esprit de tolérance, et c'est avant tout la paix religieuse de sa patrie qu'il a voulu sceller. Il suffirait de lire le préambule de son ordonnance pour s'en convaincre. L'édit de Nantes cependant, sinon dans ses motifs profonds, au moins dans ses raisons secondaires et dans ses conséquences immédiates, appartient pour une bonne part à l'histoire de notre politique commerciale.

L'intolérance religieuse avait été l'unique prétexte des guerres qui, depuis la Saint-Barthélemy, avaient dévasté la France. C'était elle qui avait fait fuir de notre pays ces Italiens et ces Flamands que Charles VIII, Louis XII et François Ier avaient pris tant de soin d'attirer dans notre pays et qui y étaient venus former nos ouvriers. La tolérance, au contraire, avait, pendant ce temps, enrichi l'Angleterre du génie et des bras de tous les proscrits et de tous les malheureux qu'avaient faits, en Espagne, en Flandre, en Italie et chez nous, les guerres de religion. En proclamant la paix religieuse en France, Henri IV jeta la première et la plus indispensable des bases sur lesquelles devait s'élever l'édifice de restauration économique qu'il méditait. D'abord tous les exilés, et dès cette époque il n'y en avait déjà que trop, purent rentrer. Ensuite la France, qui jusque-là était une terre fermée à tous les opprimés, devint, au contraire (que ne devait-elle toujours le rester!), une terre d'asile et de refuge. Tout ce qui, douze ans encore, continua d'être persécuté sur le continent par les fureurs de Philippe II, put venir, à l'ombre de l'édit de Nantes, chercher en France sûreté, travail et subsistance. Ce fut, dans l'esprit général de

notre politique économique, la plus sage et la plus bienfaisante des réparations.

Mais si l'édit de Nantes commençait la restauration de
la fortune publique, il était loin de l'achever.

Tout était à rétablir en France, à la fin des guerres religieuses du seizième siècle ; car, ainsi que nous l'avons
déjà dit, tout y avait généralement péri : finances, agriculture, industrie, commerce intérieur et extérieur, marine enfin, tout avait été jeté, par ces guerres, dans la
confusion et dans la ruine.

Il fallait à Henri IV un génie non pas seulement d'administration, mais de réorganisation universelle, pour suffire
à une tâche aussi vaste. Mais il avait une supériorité de
vues et de jugement, unie à une ardeur et à une persévérance de volonté dans le bien, qui, chez un roi, tiennent
lieu de ce génie. Le désordre partout le blessait, et, entre
tous les moyens d'y rémédier, il savait, avec une sûreté
rare, discerner le plus pratique et le plus efficace. Il ne
fallait autour de lui qu'une réunion de serviteurs probes
et instruits, auprès desquels il pût puiser les lumières spéciales dont il avait besoin.

Tout grand homme se connaît en hommes : Henri IV
avait composé son conseil de personnages qui semblaient,
chacun, exprès faits pour remplir ensemble, auprès de
lui et sous lui, car, quelque distingués qu'ils fussent,
pas un n'approchait de son génie, l'œuvre de réparation universelle que demandait l'état délabré de la
France. C'étaient Sully, Villeroi, Jeannin, d'Ossat, du
Perron, hommes rompus aux affaires durant la période
qui venait de finir, les sachant à merveille, et y portant
un bon sens et un patriotisme, que leurs prédécesseurs ou

successeurs ont rarement atteints, jamais surpassés. Henri IV, au centre de ce conseil, à qui il rendait en direction ce qu'il recevait en lumières, travailla quinze ans à la reconstitution de la richesse nationale, et il l'avait presque achevée, quand le poignard d'un assassin vint, pour le malheur de l'Etat, briser sa glorieuse vie.

Ils virent d'abord tous ensemble, et Henri IV plus qu'aucun d'eux, que c'était par les finances que tout le reste s'en allait; et c'est là d'abord qu'il voulut qu'on portât la main.

Elles étaient dans un désordre extrême [1]. La dette publique montait à trois cent trente millions de ce temps-là, qui font huit cents millions du nôtre. Le revenu était de cinquante millions environ seulement; et le peuple, par suite d'un système de fermes sans garantie et sans contrôle, en payait plus de deux cents. La multitude des impôts écrasait les malheureux contribuables : tailles, aides, entrées, péages, douanes intérieures, décimes du clergé, sans parler de dilapidations locales sans nombre, tout contribuait à les épuiser. Et le peuple et l'Etat semblaient également à la veille de faire banqueroute.

Dans ce pressant péril, Henri IV sut discerner l'homme du salut. Il fit choix, pour restaurer les finances du royaume, de Sully, son compagnon d'armes, qui accepta cette tâche et qui s'y est immortalisé.

« La gloire n'a jamais tort, a dit un écrivain célèbre [2], « il ne s'agit que d'en rechercher les titres. » Les titres de celle de Sully peuvent être exposés en quelques lignes.

---

[1] Voyez le tableau qu'en fait Sully, t. V, p. 345. Voyez aussi Forbonnais, *Recherches sur les finances*, t. I, p, 28.

[2] M. Cousin.

En entrant au ministère, il avait trouvé un déficit énorme, des dettes immenses, le peuple surchargé et en arrière de vingt millions [1] sur les contributions des années précédentes; quand il en sortit, après moins de quinze ans, il était parvenu, tout en faisant aux contribuables remise entière de l'arriéré, en diminuant les tailles de cinq millions, les autres impôts de moitié, en remboursant cent millions de rentes sur l'Etat, en rachetant pour trente-cinq millions de domaines, en dépensant près de vingt millions en réparations de places et en approvisionnements de guerre, plus de huit en travaux publics, à peu près autant en largesses royales, il était parvenu, disons-nous, à assurer tous les services, à augmenter les revenus de quatre millions, et à créer à Henri IV une réserve de trente millions en espèces, dans les caves de la Bastille, et de plus de onze, en portefeuille.

Quel avait été son secret? avait-il changé la déplorable assiette de l'impôt? Non : au lendemain de l'édit de Nantes, et obligé d'acheter à prix d'argent la soumission de tous les chefs de la Ligue, on ne pouvait songer à faire contribuer ni le clergé ni la noblesse; il eût fallu, d'ailleurs, pour arriver là, toute une révolution dans l'état civil de la France, et l'œuvre de 1789 n'était pas possible en 1600. Sully dut donc continuer à se mouvoir dans le cercle fatal de l'état établi des impositions de son temps; mais il y fit des prodiges d'ordre, d'épargne et de probité, et il montra ainsi à tous les ministres des finances à venir ce qu'il est possible de faire, en France, en matière d'impôts, même dans les conditions les plus malheureuses, par le seul levier de ces trois vertus.

[1] Je donne les valeurs du temps.

Ce fut un grand bienfait pour le commerce que cette restauration des finances. Dès 1600, cinq ans après l'entrée de Sully aux affaires, on s'en aperçut partout dans le royaume. La perception et le contrôle étant assurés, les exactions des fermiers pour la rentrée des deniers publics, ainsi que les dilapidations locales des seigneurs, devinrent moins fréquentes, et quand elles se produisirent, elles furent réprimées. Sully, exécutant en cela, du reste, la pensée de Henri IV, déploya la plus constante vigilance à cet égard [1] et il obtint de grands résultats.

Un abus immense malheureusement résista, quoi qu'il fît, à son énergique volonté ; ce fut l'abus des douanes intérieures.

Il lui était impossible de ne pas voir que ce cancer dévorait le plus pur de la substance de l'Etat. Non-seulement, cependant, il dut le tolérer, mais il ne put même empêcher que ses ravages ne s'étendissent. Durant les désordres de la Ligue, ces exactions locales avaient été croissant de plus en plus. Lorsqu'à la paix, il fallut, sous peine de voir renaître à l'instant la guerre civile, traiter avec les seigneurs qui avaient vécu de ces désordres, Henri IV et son ministre furent d'avis d'en opérer le rachat, argent comptant et la somme une fois payée : c'est ainsi, par exemple, que la seule famille de Guise avait vendu le repos de l'Etat dix-sept millions ; mais il y eut des gouverneurs de places importantes qui exigèrent, pour leur reddition, le maintien des douanes locales qu'à la faveur de la guerre ils avaient établies.

Tel fut le gouverneur de Vienne, qui imposa le maintien

------

[1] Voyez Sully, t. II, p. 412 ; t. V, p. 294, etc., et Forbonnais, t. I, p. 57.

dans cette ville d'une douane, qui, dès lors, fut une calamité pour le commerce, et qui, dans la suite des temps, en devint (nous la retrouverons sous un autre nom plus tard) la ruine.

Cette douane obligeait toutes les marchandises venant non-seulement de l'étranger, mais de la Provence, du Languedoc, du Vivarais, du Dauphiné et lieux circonvoisins, à passer par Vienne et Sainte-Colombe, pour aller à Lyon, soit par eau, soit par terre ; et réciproquement, toutes les marchandises du Lyonnais, du Forest, du Beaujolais, de la Bresse et de la Savoie, chargées à Lyon pour aller en Provence et en Languedoc, à passer par les mêmes villes, pour y acquitter, les unes et les autres, un droit considérable. Les produits de cette douane devaient fournir une somme de soixante mille livres, prix de la reddition du gouverneur de Vienne, après quoi, il était convenu qu'on la supprimerait. Mais, une fois établie et les soixante mille livres payées, elle se maintint.

En vain, le commerce, par la voix courageuse d'un député de Lyon aux Etats du Dauphiné, réclama-t-il contre un tel abus, en vain représenta-t-il que « les marchands, « effrayés, s'éloignaient de ce passage comme d'un coupe- « gorge ; » que « lorsqu'ils y tombaient, on les y faisait languir des semaines entières avant que de composer du « payement, et que la liberté ne leur était rendue que « lorsqu'on avait vu le fond de leurs balles et de leurs « bourses [1]. » Henri IV et son ministre connaissaient ces désordres ; mais ils ne purent y toucher : leur prix servait à entretenir de douteuses fidélités.

Quant au reste, tout ce que Sully put faire pour con-

---

[1] Le discours est au long dans **Forbonnais**, t. **I**, p. **40**.

jurer le mal en ce genre, il le fit. Il empêcha, énergiquement à l'occasion, la création de douanes nouvelles [1]; il diminua les redevances de plusieurs ; enfin, il les afferma par adjudication publique et il réunit les droits de traite en un seul qui prit le nom de droit des *cinq grosses fermes*. Ce fut un grand progrès. Les principales branches du revenu, qui jusque-là avaient composé autant de fermes particulières, et celles-ci, chacune, une multitude de sous-fermes, formèrent l'objet d'un seul bail général, qui accrut le revenu en diminuant le poids de l'impôt, car il réduisit à une seule l'infinité de mains par lesquelles auparavant il passait. Sans doute ce n'était sur le désordre, en cette matière, qu'une conquête relative; mais heureuse la France, si chaque époque eût ainsi vu les successeurs de Sully faire, chacun dans son temps, des réformes de cette valeur !

Le rétablissement des finances ne fut pas la seule part que prit Sully au grand œuvre de la restauration du royaume. Il ne cessait de redire au roi ces paroles si souvent citées « que le labourage et le pasturage estoient les « deux mamelles dont la France estoit alimentée, et les « vrayes mines et trésors du Pérou ; [2] » maxime sensée en tous les temps, mais remarquable plus que jamais, dans la bouche de Sully, à une époque où la fausse opulence acquise par l'Espagne, en Amérique, eût pu tromper des yeux moins clairvoyants. Aussi encouragea-t-il tant qu'il put l'agriculture : il fit déclarer les bestiaux et les instruments aratoires insaisissables, il fit aux laboureurs toutes les remises de tailles qui se purent accommoder avec les be-

[1] Voyez notamment ses Mémoires, t. **V**, p. **56**.
[2] T. III, p. **195**.

soins de l'Etat, il renouvela et il fit exécuter les ordonnances
de Louis XII contre les pillages des gens de guerre, qui
avaient recommencé plus que jamais durant la Ligue; il
proclama et il assura tant qu'il put la liberté du commerce
intérieur des grains; il s'occupa du desséchement des ma-
rais, et il rédigea une ordonnance sur les eaux et forêts. Les
chemins publics furent entretenus; enfin, on ouvrit les
travaux du canal de Briare, et on commença ainsi la jonction de la Seine à la Loire, et de celle-ci à la Saône.

Cependant, si Sully était l'homme d'action de ces utiles
travaux, Henri IV en était l'âme. Il consultait sans cesse
son ministre, mais il jugeait ses conseils; et, le secondant
hardiment dans la voie de la vérité, il se séparait nette-
ment de lui, quand il le voyait s'engager dans celle de
l'erreur. C'est ce qu'il fit fort heureusement sur le sujet
si important de l'industrie.

Sully s'était pris de la haine la plus singulière contre
les manufactures et contre le luxe. Il croyait la France
uniquement vouée à l'agriculture; il pensait (voilà un
appui inattendu pour l'école du libre échange) qu'il ne
faut point déranger le *cours naturel* des choses, comme on a
dit depuis.

« Sire, disait-il au roi[1], Votre Majesté doit mettre en con-
« sidération qu'autant qu'il y a de divers climats, régions
« et contrées, autant semble-t-il que Dieu les aye voulu
« diversement faire abonder en certaines propriétez, com-
« moditez, denrées, matières, arts et mestiers spéciaux et
« particuliers qui ne sont point communs, ou du moins
« de telle bonté, aux autres lieux, affin que par le traffic de

[1] Tome V, p. 64.

« toutes ces choses, la fréquentation, conversation et so-
« ciété humaine, soit entreteneue entre les nations, tant
« esloignées peussent-elles estre les unes des autres, comme
« ces grands voyages aux Indes orientales et occidentales
« en servent de preuve. » Sur ce fondement, il dissuadait
formellement à Henri IV l'établissement des manufactures de luxe, principalement de celles de la soie, les mûriers, disait-il, ne pouvant venir et les soieries se fabriquer
avec avantage qu'en « Sicile, Espagne et Italie. » Examinez, ajoutait-il, « si l'employ de vos sujets en cette
« sorte de vie qui semble être plutôt méditative, oysive
« et sédentaire, que non pas active, ne les désaccoustu-
« mera point de celle opérative, pénible et laborieuse, en
« laquelle ils ont besoin d'être exercés pour faire de bons
« soldats. » Quant aux sommes annuelles qu'emportait
du royaume (cela montait alors jusqu'à vingt et un
millions) l'achat à l'étranger des étoffes de luxe, « il n'y
« avait rien de si facile que d'éviter ce transport d'argent »,
concluait-il, « deffendant toutes somptuositez et super-
« fluitez, et réduisant toutes personnes de toutes qualitez,
« tant hommes que femmes et enfans, pour ce qui re-
« garde les vestemens de leurs personnes, leurs ameuble-
« mens, bastimens, logemens, plants, jardinage, pierre-
« ries, vaisselles d'argent, chevaux, carrosses, esquipages,
« trains, dorures, paintures, lambris, mariages d'enfans,
« achapts d'office, festins, banquets, parfums et autres
« bombances, à ce qui se pratiquoit du temps des roys
« Louis XI, Charles VIII et Louis XII..., durant lequel
« règne il s'est veu que des chanceliers, premiers prési·
« dens, etc., n'avoient que de fort médiocres logis sans
« ardoises..., ne portoient point de plus riches estoffes de

« soye que du taffetas, et à quelques-uns d'iceux leurs
« femmes, que le chaperon de drap... »

Sully, en raisonnant de la sorte, ignorait, ce que l'expérience nous a si clairement enseigné depuis, que le plus
puissant stimulant à cette agriculture, qui avec tant de
raison, d'ailleurs, lui était si chère, c'est la présence et
le développement de l'industrie, et que le grand secret de
faire pousser du blé sur un territoire, c'est de le semer de
manufactures. Il ne réfléchissait pas que les pays de la
zone tempérée n'ont rien à porter dans ceux de la zone
torride, en échange des denrées qu'ils en retirent, que des
objets manufacturés. Il ne prenait pas garde que déclarer
un pays voué à l'agriculture, en vertu d'on ne sait quelle
loi providentielle, c'est condamner à l'enfance et à la paresse le génie et l'activité des habitants de ce pays. S'il
raisonnait conséquemment aux principes de son système
en déclarant la guerre « à toutes somptuositez », il ignorait ou il méconnaissait qu'il n'y a point de civilisation
sans luxe. Enfin, il prévoyait fort mal, quand il pensait
que les mûriers ne s'acclimateraient jamais en France et
que « les sujets du roi » ne réussiraient jamais à la fabrique des soieries. Le souvenir de la splendeur de Tours,
sous François Ier, eût dû l'éclairer.

Mais Henri IV avait d'autres lumières que son ministre.
La vue des grands esprits porte loin, parce qu'ils regardent
de haut. Henri devina tout ce qu'il y avait d'avenir pour
la France dans la restauration et dans le développement de
son industrie. « Sont-ce là, répondit-il à Sully, les bonnes
« raisons et beaux expédiens que vous me deviez allé-
« guer? » Et comme Sully attendait la suite du discours
du roi : « Ho ! » dit celui-ci, rompant l'entretien par une

de ces charmantes et gaies saillies dont sa conversation
était pleine, « j'aymerois mieux combattre le roy d'Es-
« pagne en trois batailles rangées que tous ces gens de
« justice, de finance, d'escritoire et de villes, et surtout
« leurs femmes et filles, que vous me jetteriez sur les bras
« par tant de bizarres règlemens, que je suis d'avis de
« remettre en une autre saison. » Ce qu'il fit fort à propos,
en effet, pour la gloire et pour le bien de l'Etat.

A défaut de Sully, dont la passion pour le *cours naturel des choses* était invincible, Henri IV, pour s'aider
dans le rétablissement des manufactures du royaume,
tant de celles de luxe que de celles de première nécessité,
car elles étaient également en ruines, fit choix de deux
hommes dont il avait su, dans la foule, discerner et encourager le mérite : ce furent Olivier de Serres et Barthélemy de Laffemas.

Il avait connu de Serres dans le Midi, dès le temps des
guerres de la Ligue ; il avait été témoin de ses efforts
heureux pour propager le mûrier en Provence, et il avait
apprécié son savoir et son bon sens. Le célèbre agronome
avait, en économie politique, les idées plus élevées et plus
justes que Sully. Il ne croyait pas, loin de là, qu'il ne
fallût demander à un territoire que ce qu'il produisait
de lui-même. Il était de ce sensé et vigoureux avis que
l'homme est sur la terre pour dompter la nature et pour
la plier, par son travail et par son génie, au service de
tous ses besoins.

« Jusques ici [1], disait-il aux habitants du centre de la
« France, l'on a jugé vostre païs, comme par contumace,

<hr>

[1] *La Cueillète de la soye*, epistre liminaire.

« insuffisant à produire la soye. Tant scrupuleux n'ont
« été les habitans du païs de Serès en Indie (qui ont
« donné leur nom à la soye), lesquels, bien qu'esloignez
« de quarante-six à cinquante degrez de l'Isle de Tapro-
« bane, estans sous l'Equinoctial, de là ont néantmoins
« porté chez eux la semence des vers-à-soye, qui en après
« s'y est naturalisée, et aussi celle des meuriers, pour la
« nourriture de ce bestail. Ceux de Naples ont fait de
« mesmes de la Grèce, où, de Serinda, ville d'Indie, telles
« commoditéz estoient parvenues. Et ensuite, comme par
« degrez, ont communiqué ces trésors à la Provence, Dau-
« phiné, Languedoc....; et qui doutera que n'ayant à s'a-
« vancer encores que trois degrez pour atteindre jusques à
« vous, n'y trouvent agréable repaire.....? Caton, oracle de
« son temps, disoit estre vergongne au mesnager d'acheter
« ce que sa terre pouvait produire. A qui telle réprimande
« mieux appropriée qu'à ceux qui vont mendier la soye des
« voisins....? car, peu de lieux exceptez [1], parmi ce grand
« royaume, la soye peut croistre.... Aimez-vous mieux
« donner vostre argent aux estrangers que d'en recevoir
« d'eux? Les Piedmontois se sont domestiquez le riz, à
« leur commodité et de plusieurs de leurs voisins, ayans
« tiré des Indes la semence de tel blé. Les poules d'Inde
« ont prins terre en ce roïaume depuis peu de temps [2], et
« lorsqu'on estimoit la chose impossible, pour la délica-
« tesse de la race. Cette exquise herbe de nicotiane [3] s'ac-

[1] Il ne se trompait guère : soixante-quatre départements aujourd'hui
cultivent la soie.

[2] Introduites en France pour la première fois, dit-on, sous François Ier,
par l'amiral Chabot.

[3] Le tabac, ainsi appelé du nom de l'ambassadeur Nicot, qui, en 1559,
en avait importé les premiers plants.

« croist facilement par tous les coins de la France, bien
« qu'elle soit veneue de Portugal, et là, d'Amérique.... »

Henri IV partageait entièrement ces vues. Il demanda à
Olivier de Serres de composer un traité sur les meilleurs
moyens d'acclimater la culture de la soie en France.
De Serres donna ce traité au public, en 1599, sous le
titre de : *la Cueillète de la soye*[1]. Henri IV en fut si charmé
que, l'année suivante, il résolut de planter des mûriers
dans tous les jardins royaux. A cet effet, il chargea le
surintendant général de ses jardins et de Serres lui-même
de lui envoyer des plants. On en fit essai dans les Tuileries, où les mûriers réussirent ; l'année suivante, on
étendit l'essai aux quatre généralités de Paris, d'Orléans,
de Tours et de Lyon. Le succès fut le même, et c'est
ainsi qu'en dépit de la théorie, fort heureusement rejetée,
du *cours naturel* des choses, le ver à soie fut acclimaté
jusqu'au cœur de notre pays.

Mais ce n'était que la moindre chose que d'essayer,
même en grand, cette riche culture : il fallait encore, pour
l'acclimater d'une manière définitive, assurer aux producteurs indigènes la fourniture du marché national, et,
avant tout, pour cela, relever en France les manufactures
de soieries détruites par le malheur des temps et par la
concurrence, devenue insoutenable, en conséquence même
de ces malheurs, des fabricants étrangers.

Des entrepreneurs, avec lesquels Henri IV lui-même
avait traité pour la fourniture du plant des mûriers, lui
demandèrent, avec beaucoup de sens, de laisser encore
entrer les soies écrues étrangères pendant six années,

---

[1] Ce petit traité a formé depuis le quinzième chapitre du cinquième
livre du *Théâtre d'agriculture*.

période de temps qu'ils estimaient nécessaire à la mise
en récolte des mûriers nouvellement plantés en France,
et, à partir de là, de prohiber ces soies, et d'affranchir
de tout impôt la vente de celles des producteurs indigènes.
En même temps, les manufacturiers de Tours lui envoyèrent une députation pour le prier de défendre
l'entrée de toutes étoffes de soie, pure ou mélangée, étrangères, se faisant fort de fournir le royaume de ces étoffes
et « de le rédimer », comme il l'avait écrit lui-même à de
Serres, « de la valeur de plus de quatre millions d'or que,
« tous les ans, il en falloit sortir pour la fourniture des esto-
« fes composées de ceste matière, ou de la matière mesme. »

Le roi, de prime saut, accorda la double demande, et
c'était la meilleure voie qu'il pût suivre pour établir, du
même coup, en France, la culture et l'industrie de la
soie. Malheureusement, on lui arracha le retrait de ses
édits et on l'obligea, pour protéger les planteurs de mûriers et les fabricants d'étoffes de soie, à recourir à des
moyens moins sagement calculés.

Sully, entraîné par sa haine des manufactures, vint à
la traverse, disant que la prohibition, demandée par
ceux de Tours, causerait une grande perturbation dans
les habitudes existantes du commerce, en quoi il se pré-
valut des réclamations de certains négociants de Lyon,
— le détail est curieux, — qui dirent que leur ville était
perdue si les Italiens n'y conservaient pas le monopole
de la vente des soieries; ensuite, il allégua l'augmentation
qui allait s'ensuivre dans le prix de vente des étoffes de
soie; enfin, il dit que l'Etat serait appauvri par la diminution du produit des douanes[1].

[1] Sully, t. III, p. 304. Forbonnais, t. I, p. 45.

Les préjugés de Sully contre le luxe l'empêchaient ici
de raisonner avec sa justesse ordinaire, et il avait gravement tort sur tous les points.

Il est vrai que la prohibition, demandée par les manufacturiers de Tours, était faite pour déranger un certain
commerce; mais lequel? celui des étrangers qui tiraient,
bon an mal an, quatre millions d'or du royaume? Il n'y
avait aucun mal à troubler ce commerce, au profit du
développement industriel de la nation. Si les Lyonnais
avaient toujours raisonné faux, comme ils firent à cette
époque, et qu'ils eussent persisté à préférer le bénéfice
de banque, que leur procurait le commerce des Italiens
dans leur ville, à celui qu'ils pouvaient retirer du travail
de leurs ouvriers, où serait la suprématie industrielle de
Lyon? Peut-être, (nous n'en pouvons absolument décider,
à la distance où nous en sommes aujourd'hui) les manufacturiers de Tours allaient-ils trop loin en demandant
la prohibition immédiate, et eût-il mieux valu, pour ménager la transition, établir successivement, en faveur
de leur industrie, des droits de plus en plus protecteurs; mais leur refuser toute protection, crainte de
déranger le commerce existant, n'avait pas de sens.
Quant à l'élévation du prix de vente des soieries, on
ne comprend pas que Sully ait pu objecter un pareil argument. Il détestait le luxe; il avait là une
belle occasion de lui faire la guerre en en laissant augmenter les frais. Mais, d'ailleurs, en cela même, il se
trompait. Dans tout grand pays, l'expérience nous l'a
depuis enseigné de reste, la concurrence intérieure qui
se développe dans une industrie, sous le couvert de la
protection, est le plus sûr et le plus rapide instrument

de la diminution de valeur des objets de cette industrie.
Enfin, son erreur était énorme comme financier. Il n'y
avait nulle proportion entre la perte momentanée qu'eût
subie le Trésor, par le fait de la diminution du produit
des droits de douane, et l'augmentation de capital ou
richesse productive qui devait résulter, pour l'Etat, de
l'établissement, sur le territoire, d'une industrie aussi
magnifique que celle de la soie. Malgré tout, il l'emporta, et Henri IV, fatigué de ses remontrances, annula
ses édits.

Mais, si le roi céda sur la forme, il tint heureusement
bon sur le fond.

Etranger aux détails de l'administration, il pouvait
croire fondées les craintes que manifestait Sully; mais il
avait vu trop clairement, pour l'abandonner, l'intérêt de
la France à restaurer son industrie.

Empêché par son ministre d'établir en France le régime
protecteur sous sa véritable forme, il le pratiqua à sa
manière. Coupant court aux remontrances de Sully[1], il lui
déclara qu'il entendait, à tout prix, protéger les manufactures de soie. Dans cette vue, à défaut de droits sur
les étoffes étrangères, il accorda aux fabricants nationaux
toutes les gratifications qu'il put imaginer. Quelques-unes
furent immenses. Ainsi, par exemple, il fit remettre à des
fondateurs de l'industrie du drap et de la toile d'or,
cent quatre-vingt mille livres, dont trente mille en pur
don, et cent cinquante mille restituables en douze ans,
sans intérêt. Certes, ce qui sortait ainsi du Trésor était
autrement sensible que l'eût été la diminution tant re-

____

[1] Sully, t. V, p. 227; t. VII, p. 171 et ailleurs.

doutée par Sully des droits de douane, et un pareil système était bien loin de valoir celui de la protection. Dans
celui-ci, en effet, c'eussent été les étrangers qui, avec le
temps, auraient payé eux-mêmes les frais de l'éducation
industrielle de la France, tandis que, dans celui-là, c'était
le contribuable; et quel contribuable! le malheureux
paysan, déjà écrasé d'impôts, qui lui, assurément, ne
portait ni toile ni drap d'or.

A part la forme néanmoins, cette politique commerciale était excellente. Quelque mauvaise humeur qu'en
témoignât Sully, qui lui représentait à tout propos qu'il
avait tort de s'amuser à de « telles babioles », Henri IV
mit tout en œuvre pour la faire réussir. Aux dons et
avances d'argent aux fabricants en soie, il ajouta des encouragements d'un autre genre. Il fit élever une magnanerie
au bout du jardin des Tuileries et construire, dans le
Marché aux Chevaux, non loin du Louvre[1], des bâtiments
où il logea, établit et entretint à ses frais des ouvriers
étrangers auxquels il imposa l'obligation de prendre des
apprentis nationaux; et, bientôt, résultat moral qui ne
devait pas tarder à porter ses fruits, on sut partout en
France et à l'étranger que l'industrie avait, dans Henri IV,
un protecteur aussi magnifique que déclaré.

Beaucoup d'esprits alors se tournèrent, au grand bien
de l'Etat, vers cet important objet.

Barthélemy de Laffemas[2], dont tout à l'heure nous

---

[1] Ce marché se tenait alors sur l'emplacement occupé aujourd'hui par
le boulevard des Capucines; il ne fut transféré, où il est à présent,
qu'en 1642.

[2] Né en 1568, mort en 1623. Il fut père du Laffemas (Isaac) si tristement célèbre sous Richelieu.

rapprochions le nom, on va voir que ce n'est pas sans motifs, de celui d'Olivier de Serres, se distingua, entre tous,
par le patriotisme et le zèle heureux avec lesquels il s'en
occupa.

C'était un Dauphinois, qui, en 1576, tenait la boutique
d'argenterie d'Henri IV, et qui de là était parvenu à entrer
dans sa maison. Témoin des goûts du roi, frappé lui-même,
et de la manière la plus intelligente, des ressources qu'offrait la France comme nation industrielle, il profita des
facilités que lui donnaient ses fonctions pour adresser à
Henri IV, avec une persévérance qui enfin attira l'attention
royale, mémoires sur mémoires et traités sur traités, à
l'effet « de mettre l'Estat en splendeur » et de « chasser la
« gueuserie, contraindre les fainéants, faire employer les
« pauvres » par le moyen des manufactures. Il présenta
notamment en 1598 à Henri IV des remontrances en forme
de projet d'édit, qui, tant par la remarquable valeur de
leur texte que par le succès qu'elles eurent auprès du roi
et les mesures qu'elles suggérèrent, méritent encore aujourd'hui la reconnaissance et l'attention de la postérité.

Il commençait par exposer, avec une remarquable luci-
dité, que Paris, Lyon et Tours avaient autrefois montré
qu'elles étaient aussi capables d'ouvrer et de teindre la soie
que les villes les plus renommées d'Italie; que la Picardie,
la Champagne et Bayonne pouvaient aussi bien fabriquer
la toile que la Flandre; qu'en Languedoc, on travaillait
la dentelle aussi finement qu'aux Pays-Bas; que les éta-
mines de Reims et d'Amiens valaient mieux que celles de
nulle part, etc.; qu'il était ridicule de vendre nos lins, nos
chanvres et nos laines écrues aux étrangers, pour que
ceux-ci vinssent nous les revendre transformés en étoffes;

tandis que si nous nous appliquions nous-mêmes à ces travaux, le nombre des pauvres irait d'autant plus diminuant
dans le royaume, que celui des travailleurs irait s'augmentant. Concluant de là que la France pouvait être une nation industrielle, et qu'elle avait le plus grand intérêt à le
devenir, il proposait à Henri IV de prohiber l'entrée de
tous les produits des manufactures étrangères, à l'exception des « bons livres » et des objets d'art « du vivant et
« auparavant le règne du roi Françoys I[er 1] »; de prohiber
également la sortie de toutes les matières brutes ou en
cours d'ouvraison, comme fils, etc. ; d'abolir les douanes
intérieures; de remplacer toutes les contributions dontétait
grevé le commerce, par un impôt indirect d'un sol pour
livre, prélevé sur toutes les denrées et marchandises vendues dans le royaume, et de faire, dans cette vue, une appréciation de la valeur actuelle des unes et des autres ;
d'attirer par toutes sortes de faveurs les ouvriers étrangers,
et de les naturaliser gratuitement, quand ils seraient reconnus capables ; enfin, de créer un contrôleur général et
un Conseil permanent du commerce, chargés de s'enquérir
de ses besoins, de réformer sa législation et sa police, et de
provoquer toutes les mesures propres à le faire prospérer.

Tout n'est pas de même valeur, il s'en faut, dans ce projet
d'édit. Ainsi, Laffemas avait tort évidemment de demander
la prohibition absolue de tous les produits des manufactures
étrangères. Aucune nation ne peut se suffire tout à fait ;
et au commencement du dix-septième siècle, autant que
jamais, la France était incapable de se passer entièrement
de l'étranger. Mais, à la place de prohibition, lisez protection dans son projet, et il est excellent. Il se trompait de

---

[1] On voit qu'il avait le goût élevé, car il prohibait les Carrache.

même, en défendant, sans distinction ni réserve, l'exportation des matières brutes ou demi ouvrées. Il est des cas où
ces défenses sont utiles, le cas, par exemple, où les achats
de l'étranger affament les industries nationales. Mais, hors
de là, l'exportation des matières premières agit comme
prime d'encouragement à leur production indigène, et
les restrictions à cette exportation, au contraire, peuvent
provoquer le génie et bientôt la concurrence d'étrangers,
jusque-là tributaires. Peut-être aussi, bien qu'en principe
il eût mille fois raison, le temps n'était-il pas encore venu
d'établir, aussi radicalement qu'il le voulait, l'impôt indirect en France. Mais, ces observations une fois faites, on
ne peut qu'admirer la netteté d'esprit de l'homme qui rédigea ces remontrances, et le rare pressentiment qu'il eut
des réformes à introduire dans le système économique et
financier de son temps, pour élever la France à son rang,
parmi les nations industrielles et commerçantes du
monde.

Henri IV en fut tellement frappé, que, coup sur coup,
il commit plusieurs de ses conseillers d'Etat pour examiner les mémoires de Laffemas; et bientôt, par lettres patentes en date du 20 juillet 1602, il érigea cette Commission, suivant le vœu qu'avait exprimé celui-ci, en Conseil
de commerce permanent, chargé de rechercher, dans une
enquête solennelle, les besoins du commerce du royaume
et de proposer les mesures propres à le relever.

Nous avons les procès-verbaux [1] des séances de ce Con-

<hr>

[1] Ils ont été publiés dans la *Collection de documents inédits sur l'histoire de France*, Mélanges, t. IV. On trouve là également les remontrances de Laffemas.

seil, « sorte d'Etats généraux de l'industrie[1] », comme disait justement naguère un historien illustre. Ce qui en résulta immédiatement de mesures utiles, et, pour l'avenir, de mise en lumière des besoins du pays, est considérable. Laffemas prit personnellement, dans l'enquête à laquelle se livra cette assemblée, une part sérieuse; mais il se serait borné à en provoquer et à en faire décider la convocation, que pour ce seul fait il aurait bien mérité de la patrie et de l'histoire.

Tous les genres de manufactures existants, ou pouvant être acclimatés en France, furent passés en revue par le Conseil de commerce de 1602, depuis la plus riche jusqu'à la plus humble. Il provoqua et il écouta toutes les propositions que les contemporains étrangers ou nationaux vinrent lui faire. Il réalisa d'excellentes réformes et d'importantes créations; enfin, il légua à l'avenir, outre son exemple, des projets du plus grand prix.

L'industrie de la soie, déjà fortement encouragée par Henri IV, occupa beaucoup le Conseil. D'après ses vœux et par ses soins on étendit la culture du mûrier dans presque toute la France. On rédigea des traités d'élever les vers à soie, dont on confia la distribution aux curés. Les couvents et communautés religieuses reçurent l'ordre de s'adonner, sur leurs terres, non-seulement à la culture du mûrier, mais à la fabrication des étoffes, spécialement à celle du drap d'or, pour les ornements d'église. Laffemas obtint, avec un encouragement considérable d'argent, le privilége, sous condition d'élever le plus d'apprentis français que possible, d'établir des manufactures dans le Midi;

---

[1] **M.** Augustin Thierry, *Essai sur l'histoire du tiers État*, p. 128.

et de là datent les commencements de la grande existence industrielle de Lyon. Sully, qui s'aperçut qu'à la fin sa résistance était inutile et que ses représentations déplaisaient, consentit, en bon courtisan, à établir sur ses terres, à Mantes, une manufacture de crêpe fin de Bologne. Les satins et le damas, à force d'avances en argent, réussirent à Troyes. L'industrie du tirage et de la filature de l'or qui avaient autrefois prospéré à Paris, au point d'étonner, sous François Ier, les ambassadeurs de Venise, et qui, à cette époque, était liée à celle de la soie, fut reconstituée par le Conseil. On découvrit, à Paris, un Milanais dans la misère, nommé Turrato, qui était prêt à aller chercher fortune à Londres, et qui possédait le secret de la filature de l'or. On fit avec lui un contrat par lequel, moyennant qu'il s'engagea à prendre des ouvriers et apprentis, tous français s'il se pouvait, ou la moitié pour le moins, et à communiquer son art aux autres maîtres tireurs d'or de Paris, on lui donna trois mille livres comptant, douze cent livres de pension, exemption perpétuelle d'impôts et un logement dans l'hôtel de la Reine.

L'industrie de la laine reçut aussi de vifs encouragements du Conseil. Des priviléges, primes et dons de toute sorte furent accordés à la filature, à la fabrique, au foulage et à la tonte des draps. Un entrepreneur se présenta et fut admis pour importer d'Angleterre la fabrique de diverses étoffes de coton et particulièrement de la futaine. Il en fut de même des toiles de Hollande, qu'à renfort de priviléges on parvint à établir dans les faubourgs de Rouen. Rien ne coûta; on jeta, et avec raison, l'argent et les priviléges à pleines mains pour faire renaître l'industrie.

Un des monuments les plus remarquables de la résolu-

tion et de la largeur de vues avec lesquelles Henri IV poursuivait ce grand objet, ce sont les lettres patentes qu'il
accorda à deux sieurs Comans et la Planche [1], pour établir
en France des manufactures de tapis. D'abord, chose bien
remarquable et bien digne de ce grand roi, il les anoblit;
se déclarant ainsi de la manière la plus précise contre
l'absurde préjugé qui alors tenait en France le travail pour
vil. Puis, il leur accorda un monopole de fabrique et de
vente pendant vingt-cinq ans, garanti à l'intérieur par l'interdiction à quiconque d'imiter leurs produits, et à l'extérieur par la prohibition des tapisseries étrangères; il y
ajouta cent mille livres comptant, quinze cents livres de
pension à chacun, le privilége de tenir des brasseries, celui d'être jugés en première instance par les juges du lieu,
et par appel, au Parlement de Paris, en quelque ressort
que leurs procès fussent élevés, enfin un logement et le
payement, par le Trésor, des frais de pension de leurs apprentis, à charge seulement par eux de ne pas vendre leurs
tapisseries plus cher que celles de Flandre et de se charger de l'éducation professionnelle de soixante-quinze enfants, au choix du roi.

Des mesures analogues furent prises pour relever
d'autres manufactures. Les verreries, industrie à laquelle
autrefois les gentilshommes nécessiteux pouvaient se livrer
sans déroger, avaient été ruinées par le commerce de
Venise, qui avait établi à Murano des manufactures de
cristal et de glaces, alors sans rivales, et qui avait édicté
peine de mort contre quiconque en emporterait les secrets

---

[1] Janvier 1607. Voyez, dans les manuscrits de la Bibliothèque impériale, *Cinq cents* de Colbert, vol. CCLII, p. 533.

hors de la République. On embaucha des Vénitiens, que, pour les mettre à l'abri de la vengeance de leur patrie, on naturalisa, et qui établirent à Melun la première de nos cristalleries. Le travail du cuir doré, alors objet de grand commerce, fut encouragé de même, ainsi que la fabrique du papier, celle de certains produits chimiques, comme le blanc de plomb, etc.

Diverses entreprises, enfin, furent proposées au Conseil ou suggérées par lui, qui, bien qu'elles soient restées, du temps de Henri IV, à l'état de purs projets, n'en méritent pas moins, la plupart, par leur importance, une même d'entre elles par sa grandeur, d'arrêter l'attention.

Au nombre des productions qu'avaient entièrement ruinées les désordres de la dernière moitié du seizième siècle, se trouvait celle si intéressante du cheval. On en jugera par ce seul fait qu'en 1596, Henri IV, à son camp de la Fère, avait peine à trouver de quoi se monter lui-même [1]. Le Conseil de commerce s'occupa de cet important objet. Il écrivit dans tous les bailliages et dans toutes les sénéchaussées du royaume, demandant aux gouverneurs de chaque province de dresser un état des lieux où la tradition racontait qu'autrefois il y avait eu des haras, et de donner leur avis sur les moyens de les rétablir.

Les mines, principalement celles de fer, avaient été singulièrement négligées depuis François Ier. On était obligé, tant le fer français était devenu aigre et cassant, faute d'emploi de bons minerais et de savoir le travailler, de tirer jusqu'à la clouterie de l'étranger. L'industrie de l'acier

---

[1] Lettre à Sully, du 15 avril 1596.

était entièrement perdue. « Les armes faittes du fer de « France se rompent comme verres », dit Laffemas. Le Conseil essaya d'y remédier. Il fit établir, sur la rivière des Gobelins, des forges modèles où la fonte et le travail du fer indigène furent surveillés par ses soins.

Il s'occupa aussi des rivières. Les travaux du canal de Briare avaient ouvert les yeux. Des études furent faites pour améliorer la navigation d'autres cours d'eau encore, et principalement du cours de l'Oise, également important alors au point de vue militaire et au point de vue commercial.

Enfin, « autre entreprinse très-importante et bien plus « hardie (fust) de joindre les deux mers ensemble et d'en « rendre la navigacion facille de l'une en l'autre, au tra- « vers de la France, sans plus passer au destroit de Gil- « baltard (*sic*), par le moyen d'un canal. » Première idée de la jonction de la Méditerranée à l'Océan, qui, bien que non encore suivie d'effet, mérite au moins de faire passer le nom de son auteur à la postérité : c'était un Toulousain, il s'appelait Bachelles.

Tout cela, comme on voit, constitue un grand mouvement de travaux et d'idées, et révèle une intelligence, aussi saine que vive, des besoins du pays. Il en résulta pour la France entière une véritable renaissance industrielle qui se manifestait vers la fin de ce beau règne par les signes les moins équivoques de prospérité intérieure. Les étrangers en étaient frappés. Ainsi, don Pèdre de Tolède, ambassadeur de Philippe III, qui avait vu Paris pendant les guerres de religion, ne le reconnaissait plus; il en exprimait son étonnement au roi. «C'est », lui répondit Henri IV avec sa finesse et sa grâce de langage ordinaire, « c'est

« qu'alors le père de famille n'y était pas, et aujourd'hui
« qu'il a soin de ses enfants, ils prospèrent [1]. »

Mais si ce grand homme avait sincèrement, en effet, en
vue le rétablissement du bien-être en France, cependant
il poursuivait encore, dans toutes les réformes qu'il pro-
voquait, un but plus important et plus noble : la puissance
et la gloire de l'Etat. Il était, en cela, en pleine communion
d'idées avec son Conseil. Sully, Villeroi, Jeannin, d'Ossat,
du Perron étaient, comme leur souverain, des hommes
publics dans la vraie acception du terme, et, comme lui,
ce qu'ils cherchaient et avec raison, avant tout, dans la
restauration de la richesse publique, c'était celle de la
grandeur nationale.

Aussi, le rétablissement ou plutôt la création de la marine et du commerce extérieur était-il l'une de leurs plus
constantes préoccupations à tous.

Si, lors de l'entrée d'Henri IV à Paris, les finances
étaient dans le chaos, l'agriculture dans l'abandon et l'industrie dans la misère, on peut dire que la marine était
dans le néant. L'histoire en a conservé une preuve cruelle
pour l'amour-propre national. Lorsqu'en 1603, Sully alla
en ambassade en Angleterre, il y fut transporté sur un
vaisseau anglais. Du Vic, gouverneur de Calais, l'escorta
avec quelques bâtiments médiocres jusqu'à Douvres.
Comme Du Vic allait sortir de ce port pour rentrer en
France, l'amiral anglais exigea qu'il baissât pavillon.
Du Vic, «qui avoit quelque dent de laict contre les Anglais»,
refusa et reçut aussitôt des boulets dans ses voiles. Le com-

---

[1] C'est Voltaire qui nous a conservé ce mot, *Essai sur les mœurs*, chapitre CLXXIV. J'ignore à quelle source originale il l'a pris.

bat allait s'engager ; mais Sully, tout homme de guerre
qu'il fût, et de la bonne école, crut devoir faire signe à
Du Vic de baisser son pavillon, car, dit-il, « il y eust eu de
« la batterie et apparemment la France eust été la plus
« foible [1]. » Mais l'affront avait été vivement ressenti ; et
Henri IV et son Conseil travaillèrent ardemment à constituer une marine. D'Ossat surtout ne se relàchait jamais sur
cette matière. Il pressait incessamment Henri IV, et il ex-
pliquait admirablement de quelle importance il était pour
la nation d'avoir des escadres sur les deux mers [2].

Mais une marine, comme on sait, ne s'improvise pas.
C'est affaire de patience s'il en est. Henri IV n'eut pas le
temps d'en former une ; mais il vit avec clarté et grandeur
comment il fallait s'y prendre pour y réussir, que tout était
dans l'organisation préalable d'une flotte marchande, dans
la [création de relations lointaines, enfin dans la fondation de colonies ; et c'est par là que ses efforts en ce genre
appartiennent à l'histoire de la politique commerciale de
notre pays.

Il commença par ordonner à Sully de faire faire une visite générale des ports, principalement de ceux de l'Océan,
depuis l'embouchure de la Seine jusqu'à celle de la Charente ; on répara ce qui se trouva de galères dans les arsenaux ; on en mit sur chantier de nouvelles. Tout le cabotage était aux mains des étrangers, Italiens, Espagnols,
Anglais, Hollandais, Anséates. Il frappa leurs navires d'un
droit d'ancrage dont il affranchit les nationaux, et il donna
un édit dans lequel il prodigua les priviléges à tous les
Français qui relèveraient le pavillon marchand national.

[1] Sully, t. IV, p. 297.
[2] Voyez ses *Lettres, passim.*

Mais il avait trop d'esprit pour ne pas avoir été frappé de l'influence de la fondation de colonies lointaines sur le développement du commerce maritime. Philippe II et Elisabeth, sa vieille amie, lui avaient donné là-dessus des exemples dont il avait été frappé.

Sully n'était pas partisan des colonies. Il en donnait deux raisons, l'une bizarre, l'autre malheureusement en partie fondée. La raison bizarre, c'était « que l'on ne tire « jamais de grandes richesses des lieux situés au-dessous « de quarante degrés »; la raison regrettablement meilleure, c'était que « la possession et la conservation de telles « conquêtes sont disproportionnées au naturel et à la cer- « velle des Français », qu'il reconnaissait, « à son grand « regret, n'avoir ni la persévérance ni la prévoyance re- « quises pour telles choses [1]. »

Malgré la sinistre prophétie, cependant, Henri IV passa outre.

Des aventuriers de courage, excités par ses faveurs, allèrent, sous la conduite de de Monts, remonter le Saint-Laurent sur les traces de Jacques Cartier. Un peu plus tard, en 1608, Champlain, à la tête d'une petite compagnie de Dieppois et de Malouins, construisit sur les rives de ce même Saint-Laurent quelques cabanes, autour desquelles s'éleva, avec le temps, la capitale de la future Amérique française, Québec.

Heureux si plus tard nous n'avions pas donné sur ces rives si grandement raison à la prédiction de Sully !

Les entreprises des nationaux n'étant pas encore assez nombreuses à son gré, Henri IV, pressé de voir une France

[1] Sully, t. V, p. 69, et t. XIII, p. 209.

coloniale et maritime, faisait rechercher et embaucher à
l'étranger tout ce qui se trouvait de marins ou de négociants ayant l'esprit de découverte et de commerce loin-
tain. Il était obsédé de la généreuse idée de fonder des
colonies dans l'Inde, d'y remplacer les Espagnols et d'y
précéder les Anglais. Jeannin surtout, son ambassadeur
en Hollande, et l'un des meilleurs négociateurs que nous
ayons jamais eus, avait le secret de sa pensée et toutes ses
instructions à cet égard. En 1609, il découvrit à Amsterdam un marchand très au fait du commerce des Indes
orientales, et nommé Isaac Lemaire, qui lui fit une ouverture extraordinaire. Lemaire proposait d'envoyer un
homme à lui, sur les traces des infortunés frères Cortéréal,
chercher le fameux passage au nord-ouest, de l'existence
duquel il ne doutait pas; puis, l'ayant trouvé, de descendre
le long de la côte orientale de Tartarie, au Cathay, à la
Chine, au Japon, enfin aux Moluques et aux Philippines.
Il offrait ensuite de constituer une compagnie, qui ferait par
le nord concurrence aux compagnies espagnoles du sud, et
il demandait pour cela l'appui du roi. Henri IV, jaloux de
tous les genres de gloire, mais surtout de gloire solide,
accepta sur-le-champ ces ouvertures. Il fit compter des
sommes considérables à Lemaire, à son pilote et à tout
l'équipage que celui-ci embaucha ; il assura des pensions
aux veuves de ceux qui périraient ; enfin, il fit dresser secrètement par Jeannin tout un contrat de constitution de compagnie pour le commerce des Indes, soit par le nord, soit
par le sud, qui devait amener dans les ports de nos deux
mers le commerce de l'Amérique et du Levant[1]. Sa mort

[1] Voyez les *Négociations* de Jeannin (collect. Petitot), t. XIII, p. 207,
228, 276, et t. XV, p. 141, etc.

rompit tout ; mais qui peut dire jusqu'où il serait allé, en ce genre, s'il eût vécu ?

Au moins laissa-t-il à ses successeurs la grande route toute tracée, et après lui, maximes essentielles de politique commerciale, fut-il établi en France qu'il n'y avait de grand commerce que le commerce maritime et que ce commerce, à l'origine, ne peut être constitué que par des compagnies.

Un dernier projet, plus vaste et plus élevé que tous les autres, signala enfin les derniers jours de ce règne.

Henri IV avait jugé avec génie que l'indépendance de l'univers dépend de l'équilibre de puissance des nations qui le composent. Il cherchait, quand il mourut, à établir politiquement cet équilibre, en détruisant par la force des armes la monarchie disproportionnée de la maison d'Autriche. Mais commercialement il avait les mêmes pensées et les mêmes desseins. Il avait compris à merveille qu'en commerce comme en politique, l'indépendance des nations est la première et indispensable condition de leur liberté ; qu'une nation fournie est une nation vassale, et qu'une nation vassale est toujours de second ordre. De là, son attention extrême à affranchir le plus possible la France de l'étranger, à lui faire tirer tout le parti imaginable de son territoire, de ses côtes, du génie de ses habitants. Dans ces vues, à la veille de sa mort même, il faisait une guerre de tarifs à l'Espagne ; il donnait des terres aux Maures chassés de Valence par l'inintelligente politique de Philippe III ; il réclamait à Londres l'égalité de traitement pour les marchands des deux royaumes ; il négociait un traité de commerce avec la Suède ; enfin, il ne cessait d'entretenir ses ministres de cette forte pensée, que la France agricole,

industrielle, marchande, maritime, ne pouvait trop tendre
à sortir de la dépendance du reste du monde [1].

Un misérable interrompit d'un coup de poignard le
cours de ces nobles pensées. Ce fut une perte immense
pour la France à tous les égards. Mais on jugera, par ce
qu'on vient de lire, de quelle étendue fut cette perte au
seul point de vue économique. Donnez à Henri IV dix ans
seulement encore de règne, cela suffisait peut-être pour
assurer alors à la France le pas sur la plupart des nations
manufacturières et maritimes du temps; une telle avance,
à cette époque, eût pu changer bien des choses.

Mais, on le sait, Henri IV n'eut point immédiatement
de successeur. Il fallut quinze ans pour qu'il s'en pro-
duisît un; tout languit durant cet intervalle, et nous perdîmes encore une fois, avec un temps précieux, une des
plus belles occasions que le Ciel nous eût jusque-là offertes,
de prendre dans la civilisation commerciale le rang auquel
nous devions aspirer.

Les quinze années, en effet, ou environ, qui s'écou-
lèrent depuis la mort de Henri IV jusqu'à l'avénement
définitif de Richelieu à la direction des affaires, composent, dans les annales que nous retraçons ici, une
période de stagnation qui fut doublement déplorable :
d'abord, en ce que l'énergique et brillante impulsion
qu'avait imprimée le feu roi à la vie économique du pays
s'arrêta dès qu'il n'y fut plus; ensuite et surtout, en ce
que, comme il était presque inévitable, l'étranger, durant
cet intervalle, prit sur les marchés du monde une
place et un ascendant qui rendirent encore plus sensible

____

[1] Sur ces différents projets, voyez Sully, *passim.*

la distance qui nous séparait de lui, et plus difficile
l'entreprise de la combler.

Ce n'est pas que le pays et le gouvernement lui-même,
pendant cette époque, ne sentissent et n'exprimassent
de quel intérêt national il était de continuer l'œuvre
d'Henri IV; mais, le continuateur n'étant pas là, le désordre s'était mis dans toutes les affaires.

Concini ayant de nouveau ruiné les finances, de Luynes,
avec beaucoup d'activité et beaucoup d'esprit, faisant à
grand'peine tout ce qu'il pouvait de se maintenir contre
les intrigues de ses ennemis, d'apaiser les révoltes de la
noblesse et de résister aux désordres fomentés par les
protestants, il était inévitable que les vœux du peuple
et les bonnes intentions de la monarchie s'en allassent en
fumée; et ce fut en effet ce qui arriva.

Ainsi les Etats généraux, qui s'assemblèrent en 1614,
présentèrent des cahiers où, parmi bien des erreurs,
du reste [1], se rencontrèrent d'excellentes choses. Telle
fut la demande très-politique que fit la noblesse d'être
autorisée à faire le grand commerce par terre et par
mer sans déroger [2]. Heureuse nouveauté dans son histoire, et qui aurait été féconde en grandes conséquences,
si elle eût été chez elle le point de départ d'une existence plus utile. Telles furent quelques-unes des péti-

---

[1] Ainsi, le tiers État réclama contre la demande formée par la noblesse
d'être admise à faire le grand commerce sans déroger; il demanda la prohibition à la sortie de toutes les matières premières sans distinction, ce
qui était décourager l'agriculture, sans profit pour l'industrie, etc.

[2] Art. 161 du cahier du tiers État, et fol. 232 du cahier de la noblesse.
Mss. de la Bibliothèque impériale, Fonds de Brienne, vol. CCLXXXIV.
Voyez aussi Forbonnais, t. I, p. 143-151, et M. Augustin Thierry, *Histoire
du tiers État*, p. 148-152.

tions du tiers Etat, comme de transporter toutes les douanes de l'intérieur aux frontières, de prohiber ceux des produits manufacturés de l'étranger que les nationaux étaient capables de fournir, de permettre la libre entrée de certaines matières premières à l'usage des manufactures indigènes, etc. Ainsi, encore, de Luynes essaya de modifier le déplorable système des cinq grosses fermes [1]. Ainsi, enfin, en 1616, Richelieu, n'étant encore qu'évêque de Luçon, mais ayant eu un moment entrée au Conseil, provoqua, dans toutes les villes du littoral, une enquête à l'effet de savoir quels meilleurs moyens on devait adopter pour encourager la marine [2]. Mais ce ne furent là que des vœux ou des projets que le malheur des temps étouffa aussitôt que nés.

Ces quinze années, nous le répétons, et ce mot ici suffit à leur histoire, furent, au point de vue économique, entièrement perdues pour la France; mais, nous le répétons aussi, elles ne le furent pas pour tout le monde.

La civilisation n'attend personne : à défaut d'un peuple qui, pour quelque motif, lui manque, elle en prend un autre. Tous les ouvriers lui sont bons; l'essentiel est que l'humanité avance. C'est l'honneur et l'intérêt de chaque nation de veiller à ce que ce soit, le plus possible, par ses mains que ce progrès se fasse; mais il se fait toujours. Un Etat, pour son malheur, cesse-t-il d'y prendre part?

---

[1] Voyez le préambule de l'édit du 20 février 1622, qui se réfère à un projet précédent du duc de Luynes.

[2] *Coppie de la Commission pour l'establissement de a Chambre du commerce général*, etc., 20 novembre 1616. Petite pièce imprimée, très-rare et d'un grand intérêt, qui se trouve parmi les manuscrits de Du Puy, volume DXLIX, à la Bibliothèque impériale.

un second, à l'instant, se présente, qui prend la suite des
affaires du genre humain, et qui y fait fortune, au détriment de celui auquel il succède. Car, et toutes les utopies
imaginables n'y changeront rien, « c'est le dommage de
« l'un qui fait le profit de l'autre. »

La même et fâcheuse aventure qui nous était arrivée,
au siècle précédent, se renouvela, à la faveur de circonstances semblables, au commencement de celui-ci. L'Angleterre, au milieu du seizième siècle, pendant que nous
nous égorgions pour des disputes de dogme, avait pris
sur nous les devants. Tandis que, durant la minorité
de Louis XIII, nous étions tout entiers à acheter, encore
une fois, à prix d'or la tranquillité de la noblesse, et à
commencer, à coups de canon, le démantèlement des
places où les protestants fomentaient la guerre civile, une
nation sortait des eaux, la Hollande, qui prenait, à notre
détriment, l'empire du commerce et des mers.

D'où venait cette puissance nouvelle, jusque-là éclipsée
dans les rayons de la gloire de Venise, de la Hanse et de
l'Espagne? *Natura non facit saltus* : si l'axiome a perdu
de son crédit en physique, il demeure entier en histoire.
Aucune grandeur ne se produit sur la scène du monde,
qui n'y soit le fruit du temps et de la bonne conduite. On
parle beaucoup du bonheur de certaines nations. Non :
la fortune vend ce qu'on croit qu'elle donne; le bonheur des
nations, à leur honneur, vient de leur courage et de leur
persévérance. La Hollande, après tant d'autres, en était
la preuve vivante, au lendemain de la mort d'Henri IV,
et elle nous donnait alors une leçon de politique commerciale qui égalait, si elle ne les surpassait, toutes celles,

et elles étaient nombreuses, que, depuis six cents ans,
nous avions reçues.

Les villes de la Hollande n'avaient été à l'origine,
comme celles de l'Italie, comme Gênes et comme Venise,
que des retraites de pauvres familles de pêcheurs. Tandis
qu'ailleurs il suffisait d'ouvrir la terre pour en obtenir
de quoi subsister, là, sur des côtes continuellement noyées
par le Rhin ou par l'Océan, la satisfaction des premiers
besoins de la vie devait indispensablement être demandée
à la navigation et au commerce. La topographie générale
de la contrée, du reste, seul présent matériel qu'eût fait
la Providence à ses habitants, était heureuse. Situé sur
un beau littoral, à l'embouchure de plusieurs grands
fleuves, à distance à peu près égale de l'extrême nord et
de l'extrême midi de l'Europe, le territoire de la Hollande semblait comme prédestiné à devenir l'un des
grands entrepôts de l'Occident. C'était au génie du peuple
à faire le reste. La nécessité, si peu qu'elle soit aidée
par la nature, devient rapidement industrieuse. Les Hollandais n'ayant pour vivre, ou à peu près, que la pêche, s'y
adonnèrent. Ils lancèrent quelques barques sur leurs côtes ;
peu à peu, ils s'enhardirent : un jour, vers le dixième siècle,
ils trouvèrent sur les côtes d'Angleterre, dans les parages
de Yarmouth, un banc de harengs. Ce fut le commencement de leur fortune. Ils virent, en effet, que les produits
de cette pêche étaient assez abondants pour faire l'objet
d'un échange avec les nations étrangères ; ils construisi-
rent alors des navires et ils firent des exportations. Ce commerce était déjà assez important, à la fin du quatorzième
siècle, pour qu'ils fussent parvenus à fonder en Suède, dans
la province de Schonen, un comptoir de pêche. Mais bientôt

Guillaume Beukels-Zoon, de Biervliet, découvrit la manière de saler et d'encaquer le hareng. Il fonda ainsi, sans s'en douter, la grandeur de sa nation. En effet, ce genre de pêche et le commerce de ses produits furent bientôt si importants, qu'au seizième siècle, la seule ville d'Enkhuizen envoya cent cinquante navires à la pêche, qu'elle les fit escorter par vingt bâtiments de guerre, et que les capitaines de ces bâtiments attachèrent des balais à leurs mâts, pour annoncer qu'ils se chargeaient de la police des mers.

En même temps que la nature et la nécessité poussaient ainsi la Hollande vers la pêche et vers la marine, elles l'obligeaient aussi en quelque manière au commerce d'économie.

Un peuple ne vit pas seulement de pêche, il lui faut encore des grains. Le territoire hollandais n'en pouvant produire, ses habitants n'avaient d'autre moyen de s'en procurer que d'en aller chercher par mer. Mais la pêche du hareng, si fructueuse qu'elle fût, n'était pas toujours suffisante à payer les retours. Les Hollandais alors inventèrent de se faire les commissionnaires des autres nations, de porter dans une contrée le superflu des productions d'une autre, et réciproquement; ce qui constitue proprement le commerce d'économie. Ils gagnèrent à cela de quoi payer leurs grains et de quoi acheter partout des matériaux de construction.

Tout s'enchaîne : la nature encombrante de ces grains et de ces matériaux les poussa à augmenter de plus en plus leur munition navale et leur personnel maritime; et insensiblement leur puissance grandit.

On les voit, à la fin du seizième siècle, en possession déjà d'un vaste commerce de fret et de transport dans tout le

Nord, où ils battent en brèche la puissance décroissante des Anséates. Vers la même époque, ils avaient le monopole de nos importations dans l'Océan, et ils allaient jusqu'à Venise, tant par terre que par mer, faire l'échange des productions du Nord et de celles de l'Orient.

Ils avaient déjà aussi joint à cela de belles manufactures. A force de porter de la laine brute d'Angleterre, en Flandre et en Italie, ils avaient reconnu qu'il était plus avantageux de la fabriquer chez soi que de l'acheter toute ouvrée de l'étranger; et bientôt, Florence et Bruges avaient eu une rivale dans Leyde.

Enfin, la ville qui devait bientôt, sur ces côtes, devenir, pour près d'un siècle, le magasin du monde et la capitale de l'empire des mers, Amsterdam, à la fin de la renaissance, était déjà un sujet d'épouvante pour Venise et pour Lubeck.

La nature et la nécessité, cependant, avaient-elles été les seules ouvrières de cette grandeur naissante? Non. La Hollande, aux leçons de courage et d'économie qu'elle avait dès lors données à tous les peuples, en avait joint une autre : celle de l'influence d'un gouvernement doux et éclairé sur la prospérité des nations.

A la dissolution de l'empire de Charlemagne, elle avait eu le bonheur de tomber aux mains de comtes, de ducs et de marquis, qui, à la différence des grossiers barons dont nous avions été infestés, avaient compris tout ce qu'il y a de ressources pour les finances et pour la puissance d'un État dans la bonne administration du commerce. De très-bonne heure ces petits souverains avaient soutenu et encouragé l'esprit naturel de trafic de leurs sujets. Les douanes et péages intérieurs, en Hollande, avaient été moins nombreux et infiniment plus légers que partout ailleurs; le commerce y avait été toujours non-seulement sûr, mais honoré. Toute la politique étrangère du gouvernement avait consisté à ménager des traités avantageux à la navigation et aux échanges de la nation. Ajoutez, enfin, que l'oppression effroyable où vivait partout ailleurs le commerce, sauf la Hanse et l'Italie, avait agi, si l'on peut ainsi dire, comme prime d'encouragement indirecte au génie d'entreprise des Hollandais. Ils étaient libres et relativement éclairés, dans un âge où l'Angleterre, la France et la moitié de l'Allemagne étaient esclaves et sauvages. C'est une grande protection pour un peuple commerçant que l'ignorance et la servitude des nations qui pourraient lui faire concurrence; au lieu d'avoir leur industrie pour rivale, en effet, il a leur territoire pour ferme et pour marché, et leur malheur fait sa puissance [1].

Telle était déjà la Hollande au dernier tiers du seizième siècle, quand une révolution, qui semblait d'abord devoir la ruiner, devint pour elle, au contraire, une occasion dont elle profita admirablement, pour s'élancer, avec une hardiesse nouvelle, dans la carrière maritime et commerciale, et y prendre la tête des nations.

Un mariage fameux, dont les conséquences politiques devaient longtemps bouleverser le monde, celui de Marie de Bourgogne, fille de Charles le Téméraire, avec Maximilien Ier, archiduc d'Autriche et depuis empereur d'Allemagne, avait, à la fin du quinzième siècle, fait passer la

---

[1] Pour les détails et les autorités, voyez *la Richesse de la Hollande*, 2 vol. in-8°, 1773, ouvrage confus, mais exact et plein de pièces.

Hollande dans les domaines de la maison d'Autriche, et de
là, par héritage, dans les mains de ce grand homme qui
fut à la fois roi d'Espagne et de Naples, empereur d'Allemagne et souverain des Pays-Bas. Charles-Quint aimait
ces contrées, où il avait passé les plus belles années de sa
vie. Il donna aux Hollandais, pour les gouverner, Margue-
rite, sa sœur, femme de sens et d'esprit, qui continua habilement l'administration éclairée des anciens ducs et
marquis de Hollande. Charles-Quint égaré, tout grand
génie qu'il fût, par sa triste politique religieuse, avait, un
moment, persécuté les partisans de Luther et de Calvin
dans les Pays-Bas. Mais les sages représentations de Mar-
guerite, justement effrayée du progrès de l'émigration
des tisserands de Gand et des charpentiers de Saardam
en Angleterre, avaient ramené l'empereur à des sentiments plus habiles et plus doux, et la Hollande, sans
doute, non plus que la Flandre, n'eût de longtemps songé à
séparer ses destins de ceux des vastes Etats auxquels tant
d'intérêts la liaient, quand parut Philippe II. On sait le
rese : les persécutions insensées du cardinal de Granvelle,
la tyrannie plus insensée encore du duc d'Albe, les assas-
sinats juridiques des comtes d'Egmont et de Horn, le
légitime soulèvement des Pays-Bas, leur héroïsme et
leur sagesse, et les horreurs d'une guerre de quarante ans,
d'où la Hollande, à l'honneur de l'humanité, devait sortir
victorieuse et libre.

Ce fut cette guerre où il semblait, comme nous le disions tout à l'heure, que la petite nation dût trouver son
tombeau, qui, la faisant sortir au contraire de l'obscurité,
la lança sur la route de la fortune et de la gloire. Comment
cela? C'est ici l'une des grandes leçons de l'histoire, leçon

malheureusement, bien que souvent reproduite, toujours méprisée et toujours inutile.

La persécution religieuse dirigée par Philippe II contre ces riches provinces des Pays-Bas, qui auraient pu lui assurer l'empire des manufactures, de l'Océan et des deux Indes, fut le signal de la ruine de l'Espagne, et, par la séparation de la Hollande, de la grandeur nationale de celle-ci.

Parmi les mesures de guerre que Philippe II crut devoir diriger contre les Hollandais, celle sur l'effet de laquelle il comptait le plus était l'interdiction dont il avait frappé leur commerce dans les mers et ports du reste de ses Etats, et principalement à Lisbonne.

Jusque-là, les Hollandais étaient restés en retard, non-seulement sur le Portugal et sur l'Espagne, mais encore sur l'Angleterre, dans le partage de la grande navigation de l'Afrique et des Indes. Le commerce de ces contrées, à son origine d'ailleurs, n'embrassait pas cette quantité d'objets d'entrée et de sortie, qui a si fort multiplié avec le temps. L'Afrique, entre les mains des Portugais, aussi médiocres commerçants que hardis navigateurs, ne donnait alors qu'un peu de poudre d'or et des dents d'éléphants. La découverte du Cap avait bien changé la route des Indes, mais elle n'en avait pas augmenté les retours; et Venise, qui en avait eu jusque-là le monopole, n'avait pas provoqué cette multiplication des produits de l'Asie, qui devait naître un jour de la présence simultanée, sur ses bords, des flottes rivales de toutes les nations de l'Occident. L'Amérique enfin était déserte et en friche. Le petit nombre de ses habitants rendait le commerce d'importation nécessairement médiocre; et comme la culture du sucre, du café, de l'indigo, du coton, du cacao et des bois de teinture, n'y existait pas encore, les exportations étaient aussi très-petites. La Hollande jusque-là s'était contentée de son riche commerce du nord et de son cabotage universel le long des côtes de l'Océan. Quant à ce dont elle avait besoin de produits d'Afrique et des deux Indes, elle allait, en concurrence avec Anvers, le chercher de seconde main à Lisbonne.

C'est dans cet état de choses qu'avait paru l'ordonnance d'interdiction de Philippe II.

Mais ce prince s'était trompé deux fois : sur sa puissance, et sur celle des Hollandais. La pêche et le commerce d'économie avaient créé à ceux-ci une marine qui aurait dú inquiéter l'Espagne. Il était inévitable que les navigateurs, déjà si rompus aux fatigues et aux dangers de l'Océan, d'Amsterdam, de Rotterdam, etc., repoussés de Lisbonne, allassent en Afrique et dans les deux Indes, chercher les produits que le Portugal avait été jusqu'alors en possession de leur livrer : c'est ce qu'ils firent.

Au mois d'avril 1595, les frères Houtman, Hollandais, qui avaient fait déjà le voyage des Indes orientales sur des vaisseaux portugais, mirent en mer, au Texel, une petite flottille qui doubla le Cap et qui alla montrer pour la première fois le pavillon néerlandais en vue de Java. Ils eurent des imitateurs. Une *Compagnie des pays lointains* se forma, qui alla hardiment exploiter le commerce des colonies portugaises ; et ainsi commença la première compagnie des Indes qu'on eût vue en Europe. Cependant Philippe III, inquiet et irrité, voulut aller plus loin encore que n'avait été Philippe II. Les Hollandais, malgré les défenses de celui-ci, avaient, sous pavillon neutre, continué en Espagne un commerce clandestin assez considérable. Philippe III interdit rigoureusement ce commerce. Mais ce ne fut pour la

Hollande qu'une excitation nouvelle à étendre ses relations directes en Afrique, aux Indes, en Amérique, et à armer un plus grand nombre de navires de guerre, d'abord pour escorter ses convois, ensuite pour attaquer ceux de l'Espagne. C'est l'époque des premiers traités de la future république dans les Indes, à Bantam, à Banda, dans les Moluques et dans Sumatra. Alors commença pour elle ce vaste commerce d'épiceries qui, se joignant à son commerce de pêche et à son commerce de fret, devait bientôt la rendre si riche et si puissante.

Mais une grande mesure de politique commerciale contribua à accélérer ce mouvement des Hollandais vers la fortune. Ils s'aperçurent que, pour faire un aussi vaste trafic, les forces des simples particuliers, et même celle des petites associations de particuliers, étaient insuffisantes. Le gouvernement prit en main le monopole de ce trafic, et, au mois d'avril 1602, il en adjugea pour vingt et un ans l'exploitation exclusive à une seule et grande compagnie. Bientôt il fit plus. Apprenant que des marins hollandais étaient sous main embauchés par les nations étrangères et principalement par l'Angleterre, il transporta de l'Adriatique sur le Zuyderzée la rigoureuse législation maritime de Venise et prononça des peines terribles contre tout Hollandais qui s'engagerait au service de l'étranger.

Cette politique de protection et de priviléges avait fait la grandeur de toutes les nations qui l'avaient adoptée; par quel miracle sa vertu eût-elle failli en Hollande? Mais loin de là : elle fut plus rapidement féconde peut-être entre les mains des Hollandais que partout ailleurs.

Bientôt, en effet, grâce à l'appui et sous la médiation d'Henri IV, la paix s'étant faite entre la maison d'Autriche et les Etats généraux, et celle-là ayant solennellement reconnu l'indépendance de ceux-ci, les Hollandais, continuèrent d'appliquer, sur les mers redevenues libres, les vigoureux principes que leur avait suggérés la guerre, et leur puissance maritime et commerciale alla s'augmentant dans des proportions extraordinaires.

C'était précisément le temps où nous étions livrés à l'administration déplorable de Concini et au pouvoir, miné de toutes parts, du duc de Luynes. Henri IV vivant, les grandes vues qu'il avait sur les Indes et sur l'Europe eussent pu changer la face des choses ; mais nous avions disparu avec lui de la scène, et c'est dans cet intervalle, ainsi que nous l'avons déjà dit, que la Hollande, si bien préparée d'ailleurs, comme on voit, à entrer dans la lice, s'y jeta, et, la trouvant presque vide, prit les devants.

Ce n'est que par accident que nous racontons les origines de cette fortune, et ce serait trop nous divertir de notre propos que d'en retracer longuement toutes les phases. Nous dirons seulement que de 1610 à 1625, tant que dura cette période de temps pendant laquelle il ne fut encore question en France que de guerre civile , la Hollande fonda définitivement : 1° sa puissance navale : d'abord en ajoutant à sa pêche du hareng celle de la baleine, dont elle fit l'objet d'un monopole au profit d'une compagnie ; ensuite, en devenant le premier peuple de constructeurs de vaisseaux de commerce et de guerre, du monde ; enfin, en donnant à son commerce de transport une activité immense ; 2° sa puissance coloniale : en s'emparant des Moluques, qui lui donnèrent le commerce exclusif des épiceries, et du fort de Jacatra, dans l'île de Java, sur les ruines duquel elle construisit la célèbre Batavia, la capitale de sa compagnie et de son empire des Indes ; et en établissant une compagnie des Indes occidentales, analogue à celle qu'elle avait déjà dans les Indes orientales, et qui commença la conquête du Brésil ; 3° sa puissance manufacturière : en développant ou en acclimatant par des priviléges, sur son territoire, toutes les manufactures anciennes et nouvelles de l'époque, depuis la fabrique séculaire des draps jusqu'à celle toute récente de l'huile de baleine, depuis la production de la céruse jusqu'à la taille des diamants ; 4° enfin, sa politique et sa législation commerciale : en entrant énergiquement dans la voie du régime protecteur, et en empruntant à Gênes, à Florence, et à Venise, l'institution des banques d'échange et celle des assurances maritimes.

De tels progrès, comme on pense, furent aussi célèbres qu'ils étaient rapides. Tout autour de la Hollande, on s'étonna de cet accroissement prodigieux de sa marine, de ses manufactures et de son commerce, qui, en moins de quinze ans, au sortir d'un demi-siècle de guerres, en avait, comme soudain, fait une des nations les plus riches et les plus redoutées du globe. En France surtout, où l'esprit public, en présence des misères de l'époque, était inconsolable de la perte d'Henri IV, l'exemple de cette étonnante fortune était, de la part des négociants et des industriels, l'objet d'une généreuse envie. Ajoutez qu'on sentait à merveille que c'était à nos dépens que les Hollandais avaient ainsi pris les devants sur mer et dans les Indes, et c'était un sujet de regrets amers.

Nous en avons la preuve dans une *Lettre écrite par MM. les prévôts et eschevins de la ville de Paris* aux villes maritimes du royaume, à l'occasion de l'enquête que nous avons déjà rappelée plus haut, et que Richelieu, alors

simple évêque de Luçon, et ministre pour un moment de
Concini, provoqua, en 1616, sur les causes du dépérissement du commerce : « Nous voyons, disent les auteurs de
« cette lettre, combien les Estats voisins se sont accreus
« par la navigacion lointaine...; que, d'un costé, les Espa-
« gnols, pour s'estre hasardez aux entreprises de la mer...
« ont faict de telles conquestes, qu'ils peuvent maintenant
« mesurer la grandeur de leur empire aux plus redouta-
« bles de l'antiquité; et, d'autre part, les Hollandois pour
« avoir suivi à mesme train, ont rendu ce coing de terre
« qu'ils habitent, jadys incogneu et à demy perdu dans
« les flots de l'Océan, très-cogneu et très-habité, et tant
« abondant en richesses et en commoditez, qu'il passe de
« beaucoup les provinces les plus estimées de l'Europe :
« mais d'autant que cela les accommode, nous en sommes
« incommodez, d'autant qu'ils en sont relevez, nous en
« sommes abaissez, et d'autant qu'ils affermissent leur
« puissance et authorité, celle de la France semble d'au-
« tant esbranlée et diminuée : car, des richesses et commo-
« ditez qui se tirent des pays étrangers, nous n'en avons
« rien qui ne passe par leurs mains, et n'y avons autre
« part, que celle qu'ils nous veulent faire... Si nous n'ad-
« visons à y porter remêde, il est à craindre qu'ils tiennent
« dans peu de temps la France comme investie..., et ce
« qui nous doict plus vivement toucher, c'est que la France
« mesme leur administre les instrumens de leur gran-
« deur, leurs vaisseaux n'estans faits et équipez que des
« matières qu'ils tirent de nous, ni conduicts que par nos
« hommes ; ce qui nous faict embrasser avec affection les
« propositions qui tendent à les imiter[1]... »

[1] Le style de cette pièce est si ferme, que nous inclinerions presque à

Les imiter ! Sans doute, il n'y avait que cela à faire, et l'on n'avait que trop tardé ; car l'avance prise par l'étranger alors était telle, que c'était toute une entreprise, et une entreprise qui ne demandait rien moins qu'un grand homme, que de nous mettre en voie seulement de le rejoindre.

La Providence, qui prend toujours pitié de nos folies, voulut bien nous en donner un. Le 19 avril 1624, date immortelle, Richelieu fut premier ministre : tout changea ; et on vit, encore une fois, ce que peut ce pays, quand il se rencontre une main capable de le gouverner.

Le cardinal de Richelieu employa sa vie à l'accomplissement de trois grands desseins : la réduction définitive de la haute noblesse à l'obéissance au roi et à la loi ; la destruction du protestantisme en France en tant que parti politique, et l'établissement de la puissance nationale sur les bases de l'équilibre européen. Pour mener à bien, en moins de vingt ans, de pareilles entreprises, il dut nécessairement sacrifier à leur but la considération de beaucoup d'objets, en eux-mêmes très-importants, mais relativement, alors, secondaires. Aussi les campagnes, les manufactures, et le commerce intérieur souffrirent-ils beaucoup durant cette glorieuse époque. Richelieu, à moitié de sa carrière, eut le malheur de perdre un des meilleurs ministres des finances que nous ayons jamais eus, d'Effiat. Après lui, il ne trouva que Bullion, dont la roideur et la maladresse furent peu propres à diminuer le fardeau nécessaire des impôts, et à racheter, par de bonnes mesures économiques, ce qu'ils

penser qu'elle est de **Richelieu** lui-même. **Nous** avons déjà dit qu'elle est imprimée , et qu'elle se trouve parmi les manuscrits de **Du Puy,** vol. **DXLIX,** à la **Bibliothèque** impériale.

avaient d'excessif pour le producteur et pour le commerçant. Malgré cela, Richelieu avait à un trop haut degré le
sens et la volonté du bien, en toute matière d'intérêt public, pour ne pas être frappé de la nécessité de continuer
les projets d'Henri IV, aussi bien en administration intérieure qu'en politique générale. Plus la France s'élevait,
du reste, plus il devenait sensible que sa prospérité matérielle pouvait seule suffire aux frais croissants de sa
grandeur; et ainsi, l'attention à donner aux affaires du
commerce prenait insensiblement plus de place dans les
Conseils du gouvernement, à mesure que les entreprises
générales de ce gouvernement, en devenant plus vastes,
devenaient aussi plus coûteuses. Richelieu ne pouvait pas
ne pas sentir cette relation nécessaire. Il l'aperçut nette-
ment; et, jugeant avec son génie habituel ce qu'à défaut
de réformes intérieures, qu'il n'avait ni le temps ni la
faculté d'accomplir, il y avait à faire en France pour relever le commerce abattu, il lui ouvrit au dehors la grande
voie qu'avait entrevue Henri IV, et où il n'avait pu entrer,
la voie des mers, des colonies et des expéditions lointaines.

La création d'une marine était alors un vœu national en
France. Le spectacle de la grandeur de l'Espagne, celui de
la puissance croissante de l'Angleterre et de la Hollande, et,
aiguillon douloureux plus actif encore, les dommages et
souffrances inouïes qu'il nous fallait endurer, dans l'impuissance où nous étions, faute de flotte marchande ni militaire, d'entreprendre nos transports et de défendre nos
côtes, tout cela poussait l'esprit public vers les entreprises
de mer. Les étrangers, Anglais, Hollandais, Espagnols,
Italiens, faisaient tout notre cabotage. Puis, chaque jour,
sans que nous pussions rien faire que de vaines représen-

tations, c'étaient à Londres, à Amsterdam, à Lisbonne, à
Gênes, à Venise, de nouvelles vexations, de nouvelles avanies pour nos marchands. Bien plus, non contents d'accaparer le monopole de nos échanges maritimes, les étrangers
faisaient sur nos côtes la presse des matelots, et nous enlevaient à la fois ainsi notre personnel et notre subsistance
navale. Les pirates, sur les côtes de Normandie, de Bretagne et de Provence, étaient devenus d'une insolence sans
pareille. Ils pénétraient jusque dans l'intérieur des terres,
enlevant bestiaux, hommes, femmes, enfants. Les Barbaresques étaient à vingt et trente lieues dans l'intérieur de
la Provence un sujet de terreur. Dans l'Océan, c'étaient des
corsaires de la Baltique, quelquefois même des pirates
français commissionnés par l'Espagne, qui, non-seulement
pillaient le peu que nous avions de barques, mais encore
descendaient jusque dans les villages pour y commettre
toutes sortes d'excès. Ajoutez que la noblesse, par un reste
des mœurs du moyen âge, ne se faisait nulle faute de prendre part à ces déprédations du littoral et de les aggraver
par sa connivence publique avec la piraterie de l'étranger [1].
Tout cela soulevait l'opinion, dès lors très-vivante en
France, et c'était un cri, de Calais à Toulon, qu'il fallait « courir sus aux voleurs qui bouclaient les mers »
et « pour conquérir la toison d'or, faire comme les Ar-
« gonautes, et mettre la voile au vent. [2] »

[1] Pour le tableau de ce triste état, voyez Richelieu, *Mémoires*, t. XXIII,
p. 256, et les relations des voyages d'Infreville et de Séguiran, t. III de
la *Correspondance de Sourdis* (*Collection de documents inédits sur l'Histoire de France*).

[2] Discours (*inédit*) de l'évêque de Chartres à l'Assemblée des notables
de 1626. Bibliothèque impériale, Mss. S. F., n° 1595.

La grande âme de Richelieu vibrait à l'unisson de ces patriotiques sentiments. Il partageait l'indignation et l'élan publics. Mais en outre il avait, par-dessus le vulgaire, un sentiment de plus, que celui-ci ne pouvait avoir : c'était le sentiment de l'importance politique de la constitution de la France comme puissance maritime. Il avait jugé, comme tout son temps, ce que l'Espagne, l'Angleterre et la Hollande tiraient de richesse et de puissance de leur marine ; mais, plongeant en outre dans l'avenir le regard du génie, il avait deviné que l'Espagne, par la séparation des Etats de sa monarchie, serait incapable de se soutenir, que la Hollande, qu'elle se maintînt ou qu'elle déclinât, ne serait jamais le grand danger de la France, mais que plus on irait, plus l'Angleterre croîtrait, et plus il serait nécessaire d'être capable de l'empêcher « de tout oser. » Il avait apprécié, en même temps, notre magnifique topographie maritime. « Il semble, disait-il, « que la nature eût voulu offrir l'empire de la mer à la « France. [1] »

Pénétré de ces sentiments, il aborda avec sa résolution, sa netteté et son exquise mesure d'esprit ordinaires, l'entreprise si difficile de créer la marine marchande et militaire de notre pays. Quand il mourut, titre de gloire qui égale certes tous ceux qu'il avait acquis ailleurs, il y était parvenu. Mais comment s'y était-il pris? Par une suite de moyens, dont le récit compose l'une des belles pages, et le souvenir l'une des fortes leçons de l'histoire de notre politique commerciale.

D'abord, « comme un capitaine mis dans une place

[1] Voyez son *Testament politique.*

« pour la garder, la visite incontinent, et reconnaît soi-
« gneusement sa force et sa faiblesse, et ce à quoi elle est
« bonne et ce à quoi elle manque, et ce qu'il faut faire
« pour la rendre parfaitement bonne. » Ainsi Richelieu
regarda « les fautes que les autres avaient faites, ce qu'ils
« avaient fait de bien, ce qu'ils eussent pu faire davantage,
« leur soin, leur négligence, et ce qu'il fallait apporter,
« pour mettre en France la marine en son dernier point [1]. »

Dans cette vue, il commença par ordonner deux inspec-
tions générales de notre double littoral de l'Océan et de la
Méditerranée. Il envoya Louis le Roux, sieur d'Infreville,
sur celui de l'Océan, lui donnant commission, de Calais à
Bayonne, de visiter tous les ports, havres, rades et côtes,
d'y faire inventaire des navires, tant de l'État que des particuliers, de dresser une statistique de la population maritime, de rétablir, partout où il le trouverait tombé en
désuétude, le droit d'ancrage mis autrefois par Henri IV
sur les bâtiments étrangers, en faveur de la marine nationale, et généralement enfin, de rapporter un procès-verbal
aussi détaillé que possible de tous les abus qu'il rencontre-
rait, ou qui lui seraient signalés sur sa route. Pareille
mission fut confiée, sur le littoral de la Méditerranée, à
Henri de Séguiran, seigneur de Bouc, avec ordre en plus,
de faire relever un plan figuré de toute la côte et de joindre à son rapport un état détaillé des objets réciproques
du commerce de la France avec les échelles du Levant. Les
deux inspecteurs s'acquittèrent avec une intelligence et
un soin dont nous pouvons juger aujourd'hui, car leurs
comptes-rendus existent encore [2], de la mission dont ils

---

[1] *Mémoires*, t. XXIII, p. 257.

[2] Ils ont été publiés avec la *Correspondance* de Sourdis, t. III, p. 171
et suiv.

avaient été chargés ; et ce fut, une fois en possession des renseignements de tout genre qu'ils lui rapportèrent, que Richelieu se mit à l'œuvre.

Il commença par organiser l'administration centrale. Jusque-là, les gouverneurs des provinces maritimes se disaient *amiraux-nés* de toute la côte de leur gouvernement, et prétendaient, à ce titre du moins, ne relever que comme grands vassaux de l'autorité royale. Richelieu brisa ces amirautés provinciales. Il se fit nommer surintendant général de la navigation et il réunit toute l'autorité dans sa main. Cela fait et le pouvoir central vigoureusement assis, il en fit un instrument, je dirai pas d'administration seulement, car presque rien n'existait, mais de création, qui, par la rapidité de ses œuvres, est encore un sujet d'étonnement aujourd'hui.

On vit par enchantement tout un matériel naval sortir de nos chantiers, la marine former de grands magasins, des bois de construction s'entasser dans les ports, un personnel maritime considérable sortir comme du néant, si bien qu'en 1639, nous eûmes une flotte qui, conduite par de Sourdis et de Lavalette, les premiers, par la date, de nos grands hommes de mer, tint avantageusement le large contre l'Espagne.

L'influence de cette création extraordinaire sur l'essor de notre commerce maritime ne pouvait manquer d'être salutaire. Elle le fut, autant que rapide. La Manche, l'Océan et la Méditerranée furent nettoyés des pirates qui les infestaient. Les navires de guerre reçurent l'ordre d'escorter les bâtiments marchands, et de leur prêter aide et secours en toute occurrence. Richelieu envoya, jusque dans Alger, imposer au vice-roi un traité dans lequel celui-ci, sous menace de bombardement, renonça au droit de visite qu'il s'était arrogé sur les navires de commerce français [1], et se vit obligé de renoncer à toutes courses sur nos côtes. A l'ombre de cette protection qu'on savait énergique et partout présente, Normands, Bretons, Basques, Provençaux, à l'envi « mirent la voile au vent. »

Mais c'était trop peu encore, quoique ce fût comparativement beaucoup, que d'avoir rétabli la sûreté des mers. L'avance des étrangers sur nos marins était si grande, que la concurrence avec eux, même pour notre simple cabotage, était insoutenable. Richelieu le sentit ; et comme, non plus qu'Henri IV, ni Louis XI, ni aucun homme public digne de son nom, il n'était de ce bel avis que, « plus les importations de l'étranger augmentent, plus la richesse nationale s'accroît », comme, au contraire, il pensait, lui aussi, qu'une nation n'est jamais trop indépendante de la marine et de l'industrie de l'étranger, il entra énergiquement et il entraîna avec lui la nation dans cette voie du régime protecteur, où l'Angleterre et la Hollande se trouvaient déjà si bien de s'être jetées.

On a vu que d'Infreville et Séguiran avaient eu ordre de rétablir partout le droit d'ancrage sur les navires étrangers. Peu de temps après, et quand Richelieu jugea que la marine nationale devenait assez nombreuse pour suffire aux besoins du commerce, il défendit absolument, sous peine de confiscation, de charger ou de fréter aucun navire étranger, soit pour le cabotage, soit pour l'exportation. Pour faciliter la construction de grands navires de commerce, il fit délivrer en don, aux armateurs, des

---

[1] *Correspondance* de Sourdis, t. II, p. 380 et suiv.

quantités considérables de bois pris dans les forêts de la couronne. Il permit à la noblesse de faire le commerce de mer sans déroger. Il déclara que tout roturier, après avoir entretenu pendant cinq ans un navire de deux à trois cents tonneaux, de construction française, jouirait, tout le reste du temps qu'il maintiendrait ce navire en mer, des priviléges de la noblesse; enfin, il promit publiquement « de protéger et desfendre, et accroître de priviléges et fa- « veurs spéciales » tous ceux qui se livreraient à la « na- « vigation et marchandize, en la manière qu'ils verroient « bon estre [1]. »

Mais, sur ce dernier point de la meilleure manière de faire le grand commerce, il avait aussi des idées très-fortes et très-arrêtées que lui avait suggérées l'exemple de l'Angleterre et de la Hollande, et qu'il s'efforça, tant qu'il put, de faire passer dans les mœurs commerciales naissantes de son temps : c'étaient les idées de formation de grandes compagnies et d'établissement de colonies lointaines.

« Pour se rendre maître de la mer, disait-il, il faut voir « comme nos voisins s'y gouvernent, faire de grandes « compagnies, obliger les marchands d'y entrer, leur « donner de grands priviléges comme ils font; faute de « ces compagnies, et pour ce que chaque petit mar— « chand trafique à part de son bien, et partant, pour la « plupart, en des petits vaisseaux et assez mal équipés, ils « sont la proie des princes, nos alliés, parce qu'ils n'ont « pas les reins assez forts, comme auroit une grande com- « pagnie [2].... »

---

[1] Ordonnance de 1629, art. 452.
[2] *Mémoires*, t. XXIII, p. 258.

Dans ces vues, il forma premièrement une compagnie dite, du nom de la province où elle devait établir ses comptoirs, Compagnie du Morbihan, à laquelle il céda, en Amérique, le Canada et toutes les terres dont elle ferait la conquête, en Europe, le monopole du commerce du Nord. Il l'autorisa à bâtir, sur le double littoral de l'Océan et de la Méditerranée, deux ports, dont l'un est devenu Lorient. Il déclara ces ports, marchés francs, et leurs habitants, exempts de tout impôt, quel qu'il fût. Non-seulement les nobles purent entrer dans la compagnie, mais, sur-le-champ, trente-deux des cent associés qui y entrèrent furent anoblis, ainsi que tous les actionnaires en masse qui versèrent, la première année, un capital de vingt mille livres, non remboursable avant six ans. Bien plus, la compagnie fut déclarée souveraine ; et Richelieu, tout jaloux qu'il fût de l'autorité royale, décida que le gouvernement ne pourrait se servir de ses vaisseaux sans sa permission. En revanche de tant d'avantages, il ne lui demanda qu'une chose, ce fut de faire la plus grande et la plus rapide fortune qu'elle pourrait, et de la manière qu'elle voudrait, soit en exploitant des pêcheries, soit en construisant des navires, soit en cultivant le sol des colonies, soit en établissant des manufactures, etc.[1] : admirables largeur et décision de vues, qui montrent combien ce grand homme avait le sens droit, en toutes affaires d'État !

Cette première compagnie malheureusement, dans son inexpérience, ne put tenir. Richelieu ne se découragea pas. Il en forma une autre à laquelle il donna Québec, le

---

[1] Le texte entier et très-curieux des Articles de cette compagnie a été reproduit par Forbonnais, à la fin de son 1er volume.

Canada, toute la côte de l'Amérique septentrionale, depuis la Floride jusqu'au cercle arctique, le monopole perpétuel du commerce des cuirs et des pelleteries, et celui de toutes les autres marchandises, pendant quinze ans. Cette nouvelle société dura, et ce fut l'origine de notre Compagnie des Indes occidentales.

Enfin, en 1633, il envoya Champlain avec trois vaisseaux, au Canada, pour chasser des aventuriers anglais qui traversaient nos établissements; Deshayes, en Danemark et en Moscovie, pour négocier, ce à quoi il parvint, l'abaissement de cinq à un pour cent, en faveur du pavillon français, du droit de navigation du Sund, et la liberté du commerce et du transit pour nos négociants, dans l'étendue entière des États du czar.

Que résulta-t-il de cette politique? ce qui en était résulté en Angleterre et en Hollande, dans des circonstances analogues. Notre navigation et notre commerce extérieur, énergiquement protégés, prirent leur essor, et notre puissance maritime et coloniale naquit.

Il est vrai que Richelieu mort, et la main vigoureuse qui soutenait cette puissance naissante n'étant plus là, elle ne fit, pendant vingt années, que languir et déchoir; mais admirez la sûreté d'organisation des principes : quand ces vingt années nouvelles de troubles civils et de délaissement, à peu près absolu, de tout commerce, furent écoulées, les bases qu'avait jetées le Cardinal se retrouvèrent presque intactes, et ce fut sur elles que le successeur de génie qu'il eut alors éleva, sans qu'elles fléchissent, l'édifice de notre grandeur commerciale.

Nous passerons rapidement sur ces vingt années. Leur histoire est fort simple : elle est celle de tant d'autres périodes de nos annales, que nous avons précédemment décrites, et où, dans la ruine ou dans l'affaissement du pouvoir central, l'anarchie envahissant l'État, le commerce avait été la proie de la fiscalité et la victime du défaut de police.

Ce fut ce qui arriva de nouveau à la fin du règne de Louis XIII, et ce qui remplit tout l'intervalle compris entre cette époque et celle, ou à peu près, de la mort de Mazarin. Exactions financières, impôts excessifs et mal distribués, épuisement des contribuables et dilapidation des deniers publics, stagnation, enfin, de tout esprit d'entreprise, avec la cessation de toute politique commerciale, voilà, du point de vue restreint où il nous intéresse seulement de l'envisager, quelle fut toute cette période.

Est-ce donc que le merveilleux esprit qui gouverna alors la France, et qui, achevant, avec une grandeur digne de ses devanciers, l'œuvre de Henri IV et de Richelieu, signa les traités de Westphalie et celui des Pyrénées, ne connut pas l'importance du commerce, de la navigation et des colonies? Aussi bien que personne.

Mais quelle attention donner à ces objets, tout intéressants qu'ils fussent, quand il avait la France en dissolution à conduire, et l'Europe en armes à dompter? Si le commerce languit sous Mazarin, si les abus qui le chargeaient s'aggravèrent, ce fut la faute des événements, non la sienne; et avant d'accuser, comme on l'a fait souvent, sa négligence à cet égard, on aurait dû considérer que, pour mieux administrer nos intérêts matériels qu'il ne le fît, il lui eût fallu, au moins à l'intérieur, une tranquillité qu'il épuisa sa vie à conquérir.

Nul doute qu'en d'autres circonstances, l'admirable

négociateur du traité des Pyrénées n'eût continué, en politique commerciale, les traditions de Richelieu. A la fin de sa carrière, quand l'ordre enfin fut rétabli et la paix définitivement conclue, il en donna la preuve, en rendant, de concert avec Fouquet, son ministre des finances, un arrêt qui montra quelle parfaite intelligence il avait de l'esprit dans lequel il fallait administrer les intérêts de la nation, et ce qu'il eût pu faire en ce genre, si les puérilités de la Fronde l'en avaient laissé maître.

Le droit d'ancrage dont Henri IV avait autrefois frappé les navires étrangers, et que nous avons vu Richelieu envoyer d'Infreville et Séguiran rétablir dans tous nos ports, était encore une fois, à la faveur de nos troubles, tombé en désuétude. Fouquet, fils de négociant et grand négociant lui-même, qui avait fait sa fortune en entretenant, depuis vingt ans, des navires, pour son compte, dans les Antilles, au Sénégal, à la côte de Guinée, à Madagascar, à Cayenne, à Terre-Neuve, et qui avait contribué par là à conserver nos colonies naissantes, Fouquet, en 1659, quand enfin on put s'occuper de ces objets, représenta que la marine marchande nationale allait périr, si l'on n'y prenait garde; que celle des Pays-Bas et de l'Angleterre croissait toujours, au contraire, et qu'il fallait aviser à relever notre commerce extérieur. Mazarin avait vu Richelieu à l'œuvre, il fit ce que celui-ci avait fait. Par trois arrêtés successifs [1], il frappa d'un droit de cinquante sous [2] par tonneau l'importation des marchandises, en France, par navires étran-

---

[1] Arrêts des 15 et 31 mars, et du 20 juin 1659.

[2] « Plus de cinq livres, » disait Forbonnais en 1758 (*Rech. sur les fin.*, t. I, p. 270). L'argent a diminué de valeur, de moitié au moins, encore une fois, depuis cette époque. Les cinquante sous du temps de Mazarin représentent donc plus de dix francs de notre monnaie.

gers. Sage ordonnance, dont les résultats ne devaient pas tarder à se faire sentir, au point, comme nous le verrons plus tard, d'effrayer nos rivaux, quelque considérable avance qu'ils eussent sur nous ; et qui montra une fois de plus ce qu'il y a, dans une mesure de protection prudemment calculée, de puissance de refloraison pour les branches les plus compromises de la fortune publique.

Cet acte clôt, avec la mort de Mazarin, toute une période de l'histoire de notre politique commerciale. Cette période, depuis l'entrée d'Henri IV à Paris, avait duré près de soixante-dix ans. En somme, et malgré bien des traverses encore, elle avait été la plus heureuse de nos annales. Un progrès surtout s'y était accompli, qui valait mieux que bien des résultats immédiats. Grâce à deux hommes de génie, les principes qui devaient conduire la France dans l'administration de ses intérêts, comme puissance commerciale, avaient été reconnus, proclamés et expérimentés. Il ne restait plus qu'à les appliquer en grand, pour qu'ils portassent tous leurs fruits. Mazarin n'avait pu le faire ; mais, en mourant, il laissait la France tranquille au dedans et redoutée au dehors, et la tâche à laquelle il n'avait pu mettre la main, un autre pouvait l'accomplir. Cet autre, grâce à Dieu, allait paraître. Avec lui s'ouvre une époque nouvelle, la plus glorieuse peut-être des annales dont nous poursuivons le récit, et sur le seuil de laquelle le cours des événements, enfin, nous amène.

LIVRE IV.

LOUIS XIV.

Quel héritage Mazarin laissait à Louis XIV. — Nobles intentions et sûreté
de jugement de celui-ci, pendant les premières années de son règne. —
Détresse des finances, de l'agriculture, de l'industrie, du commerce et de
la marine. — Ce qu'était devenue l'Europe pendant les désordres de la
Fronde. — Puissance croissante de la Hollande. — Progrès de l'Angleterre : son Acte de navigation. — Quelle vaste tâche il y avait alors à remplir en France. — Ministère de Colbert. — Son esprit de conduite. — Il
commence par restaurer les finances. — Sa politique économique. — Il entreprend de supprimer les douanes intérieures; il ne parvient qu'à les
réformer : pourquoi, et comment. — Carte douanière de la France après sa
réforme. — Colbert établit un Conseil consultatif du commerce : sous quelle
forme et dans quel esprit. — Ce qu'il fit en faveur de l'agriculture. — Sa
législation des grains : mérites et défauts de cette législation. — Colbert
entreprend de multiplier en France les éléments du travail : de quelle manière et dans quel but. — Il établit en France la politique protectionniste proprement dite. — Caractère comparé des tarifs de 1664 et de 1667 : leur habile
combinaison. — Digression sur les tarifs prétendus modérés. — Encouragements donnés par Colbert à l'industrie. — Établissement des Gobelins,
de la Savonnerie, etc. — Protection spéciale accordée à l'industrie de Lyon.
— Comment Colbert introduisit en France les manufactures de glaces, de
dentelles, de draps, etc. — Énumération des principales industries dont
l'importation lui est due. — Il réorganise les corporations, et il révise les

Mazarin laissait la France pacifiée, agrandie, et sinon
encore prépondérante, au moins en voie de le devenir. La
noblesse était réduite à l'obéissance royale; la bourgeoisie,
revenue de ses illusions de fausse importance et ayant appris, à ses dépens, ce que coûtent les émeutes, n'aspirait
plus qu'à l'ordre; notre diplomatie, à Munster et sur la
Bidassoa, avait été l'arbitre des couronnes; la royauté,
enfin, souveraine de fait comme de nom, pouvait désormais
entreprendre sans entraves la réalisation des réformes
que l'administration de l'État, son administration commerciale surtout, tant au dedans qu'au dehors, réclamait
depuis si longtemps.

Telle était la belle tâche, qu'avec le loisir et le pouvoir

de la poursuivre, le grand politique mourant léguait à Louis XIV.

Le jeune roi, à cette époque, avait l'instinct et l'amour de la vraie gloire : il confondait, avec franchise et noblesse, sa propre renommée avec celle de la nation. « L'État, c'est moi! » avait-il dit en montant sur le trône. Ce n'avait été, de sa part, ni un mouvement de vanité, ni une illusion sur l'étendue de sa puissance. Le jeune et rare souverain, en s'exprimant ainsi, avait dit, avec une grandeur d'expression naïve, ce qu'il croyait, ce qu'il sentait, et ce qui était. Oui! l'État alors, c'était bien lui! Heureuse la France, si, dans le cours de ces cinquante-quatre années de pouvoir sans contrôle et sans bornes, Louis XIV eût toujours réfléchi, avant d'agir, à cette solidarité redoutable de toute sa vie, avec la vie même de son pays! Mais voilons l'avenir, et n'attristons pas par avance ces magnifiques années. Entrons, du privilége de l'histoire, dans l'illusion et dans le légitime orgueil des contemporains. Louis XIV était admirable alors : faisons comme tout son temps, admirons-le ; l'heure ne viendra que trop tôt, où nous ne pourrons plus l'admirer.

Cependant, il ne suffisait pas, en ce mois de mars 1661, de vouloir le bien, quelque énergiquement même que ce fût, pour le réaliser. Mazarin avait fait des prodiges en politique, mais en politique seulement. Absorbé au dedans par la sotte révolution de la Fronde, au dehors par la continuation et l'accomplissement des plans de Henri IV et de Richelieu, il avait dû faire au double objet de la pacification intérieure, et de la création de notre grandeur nationale, un immense sacrifice, celui du soin de la fortune publique. Il suffit de jeter les yeux sur l'état où elle se trouvait quand il mourut, pour comprendre qu'il fallait encore quelque

autre chose à Louis XIV, pour la rétablir, que la résolution
où il était, de s'y dévouer.

Les finances, aventure sans cesse renaissante dans notre
histoire, étaient encore une fois retombées dans le chaos.
C'était, ou peu s'en faut, le même désordre et la même
ruine, que, soixante ans auparavant, avait trouvés Sully.
Il n'y avait plus, à proprement dire, ni écritures, ni administration centrale. Comme l'État dépensait toujours plus
qu'il ne recevait, et que les ministres des finances qu'avait
eus Mazarin ne l'avaient, sauf un seul, sur la fin, l'habile et malheureux Fouquet, fait vivre que d'expédients,
il était impossible que l'ordre qui n'était pas dans les
faits se retrouvât dans les registres. Les conséquences de
ce désordre, source inévitable de dilapidations sans bornes
et d'exactions scandaleuses, s'étaient traduites en chiffres effrayants, au compte de la fortune publique. L'État
était tellement à la merci des traitants, et ils faisaient payer
si cher leurs services, que la taille, qui alors était de cin-
quante-sept millions, rapportait moins au gouvernement
que sous le duc de Luynes, en 1620, où elle n'était que de
vingt; que deux années du revenu étaient consommées
d'avance, et que sur quatre-vingt-dix millions environ
d'impôts que payait le peuple, le Trésor en encaissait à
peine la moitié. Ajoutez que tout était engagé ou aliéné,
domaines, tailles, gabelles, etc.

On imagine aisément que, dans une situation pareille,
les contributions étaient d'autant plus mal payées qu'elles
étaient, sans parler de leur détestable répartition, plaie de
toute l'ancienne société, plus nombreuses et plus acca-
blantes. De là, une dureté de perception, des frais, des
exécutions, des emprisonnements, qui mettaient les mal-

heureux contribuables, c'est-à-dire, toute la classe agricole, manufacturière et marchande de la nation, aux abois.

Aussi la culture des terres, dans beaucoup de provinces, était abandonnée; la nourriture des bestiaux, oubliée; les disettes, partielles au moins, presque annuelles. L'industrie et le commerce, aussi maltraités que l'agriculture, ne lui pouvaient venir en aide. Les douanes intérieures d'abord, ce vampire éternel, épuisaient, de plus en plus, les forces productives et le génie industriel de la nation. Elles n'avaient cessé d'augmenter et de s'aggraver depuis trente ans. La fameuse douane de Vienne, que nous avons vu s'établir sous Sully, était, de transformation en transformation, devenue, sous le nom de douane de Valence, une sorte de filet à arrêter et à rançonner le commerce, qui s'étendait à présent sur tous les passages de la vallée du Rhône, jusqu'aux extrémités du Dauphiné. Les officiers de ce fisc déprédateur étaient sans nombre et d'une exaction inouïe. Il faut lire les plaintes du commerce du temps [1], pour en concevoir l'idée. Les douanes extérieures étaient redevenues, à peu près comme au seizième siècle, une pure source d'impôts, non-seulement sans aucune pensée de protection pour l'industrie nationale, mais sans aucune attention au dommage que des droits excessifs, mis sur l'entrée de telle ou telle matière, dont nous n'avions pas la similaire, pouvaient causer aux manufactures du royaume.

---

[1] Si on les réunissait, tant imprimées que manuscrites, on en ferait plusieurs volumes. Je me contenterai de renvoyer le lecteur à deux pièces qui peuvent tenir lieu de toutes les autres : l'une, publiée par Forbonnais, t. I, p. 274 et suiv. : « Très humbles Remontrances.... des six corps de marchands de la ville de Paris (1654); » l'autre, qui est insérée dans le *Recueil de pièces fugitives*, in-4°, de Fontanieu (à la Bibliothèque impériale), *Mémoire* (manuscrit) *sur le commerce*, t. CCLVIII, p. 229 et suiv.

La marine, sous ce régime, était entièrement tombée,
comme on pense. Dans l'Océan, les Anglais, les Hollandais
et les Suédois avaient accaparé jusqu'à notre cabotage.
Dans la Méditerranée, les Barbaresques, que Richelieu avait
un moment intimidés, avaient repris toute leur insolence.
Marseille, privée de la franchise de son port, seul moyen
qu'il y eût, en ce temps, d'en soutenir la fortune, était
ruinée. Enfin, quant à nos colonies naissantes, Fouquet
seul s'était souvenu, durant cette époque, qu'elles existas-
sent, et elles n'avaient pas vu d'autres navires français
que les siens.

Cette ruine commerciale, triste et douloureux rachat de
la gloire du traité des Pyrénées, avait, outre les souffrances
intérieures qu'elle imposait à la nation, des conséquences
qui, avec le temps, menaçaient de devenir fort graves, au
point de vue même de la politique générale.

La puissance des nations a sa source dans leur richesse.
Grandeur couste, dit un vieux proverbe. Pour soutenir son
rang, à plus forte raison ses prétentions, devant l'étranger,
il ne suffit pas d'avoir une population prête à fournir incessamment des soldats et des matelots : il faut que cette
population aussi soit assez riche pour pouvoir suffire aux
dépenses d'entretien des armées et des flottes. L'Europe
jalouse s'était vite aperçue de la détresse intérieure de la
France. Les lauriers de Rocroy et des Dunes n'avaient rien
dissimulé à cet égard ; et il avait fallu, outre les belles
manœuvres de Condé et de Turenne, la dextérité infinie
de Mazarin, pour annihiler dans les congrès l'influence de
l'opinion, qui s'était partout répandue, qu'encore une ou
deux années de guerre, et nous étions vaincus, faute d'argent. La paix des Pyrénées avait répondu à tout, il est

vrai, mais le faiseur de miracles en ce genre n'était
plus là.

Enfin, considération plus grave encore que tout le reste,
il nous était advenu, durant la Fronde et nos guerres étrangères, ce qui nous était arrivé, trois ou quatre fois déjà, depuis cinq siècles. Tandis que nous faisions des révolutions
et que nous laissions tomber notre marine et notre industrie, l'étranger, augmentant les siennes, avait, d'autant
aussi, augmenté sa puissance.

Deux nations, pendant nos troubles, avaient acquis à
notre détriment, et par la persévérance avec laquelle elles
avaient continué et perfectionné leurs maximes économiques, la prépondérance maritime et commerciale, c'é-
taient la Hollande et l'Angleterre.

On se rappelle en quel état de grandeur croissante nous
avons laissé la Hollande, au temps de Richelieu; elle n'avait
cessé, depuis lors, d'asseoir et d'étendre son empire. Les
traités de Westphalie, en 1648, lui avaient confirmé ou
acquis[1] en Asie, en Amérique et en Europe, des possessions
et des avantages considérables. Dans les Indes orientales,
ces traités, entre autres choses, avaient assuré aux Hollandais la possession de Java et des Moluques, et sur la
route, celle, si importante, du cap de Bonne-Espérance.
Ajoutez le commerce exclusif du Japon, et le trafic, exclusif
aussi, des épices. En Amérique, on leur avait reconnu les
côtes du Brésil; ils les avaient depuis rétrocédées aux Portugais, mais en conservant des avantages de commerce,
qui équivalaient au moins à la possession du territoire. En
Europe, on leur avait accordé la clôture de l'Escaut, et des

---

[1] Articles **V** à **XXII** du traité de Munster.

conventions de réciprocité, léonines, eu égard à leur incontestable supériorité navale et marchande, avec les Villes
Anséatiques et avec l'Espagne. Une prospérité maritime,
commerciale et militaire immense, avait été le résultat de
cette paix si glorieuse pour la Hollande. On en jugera par
deux faits. La Compagnie des Indes orientales avait servi à
ses actionnaires, depuis 1640, un dividende annuel qui,
sauf une seule année, n'avait jamais été moindre de douze
et demi pour cent, qui s'était une fois élevé à cinquante,
et qui en moyenne avait toujours été plus de vingt[1]. La
marine de la République entretenait cent trente ou cent
quarante navires de guerre en commission; Tromp, en
1653, avait eu, sur les côtes de la Hollande, jusqu'à
soixante-trois bâtiments de combat sous ses ordres[2].

L'Angleterre n'avait marché d'un pas ni moins rapide ni moins sûr dans les voies de la domination maritime. Elle n'en était pas encore où en était la Hollande,
mais elle commençait d'approcher. Ajoutez qu'elle venait,
grâce au génie d'un grand homme, de prendre des mesures
qui, un jour, devaient lui acquérir l'empire du commerce
du globe, et qui déjà, après quelques années à peine,
avaient donné à sa marine et à son esprit d'entreprise une
impulsion extraordinaire.

Nous l'avons laissée à la mort d'Élisabeth, insultant
la faible marine d'Henri IV, et tirant à boulets sur les
voiles de du Vicq, qui n'avait pas voulu saluer son pavillon,
« coups de canon, avait dit depuis Richelieu, qui, perçant

---

[1] C'est ce qui résulte de la comparaison de deux tableaux insérés sur
ce sujet dans le t. I*er* de la *Richesse de la Hollande*, p. 213 et 243.

[2] *Richesse de la Hollande*, t. I, p. 196.

« le vaisseau, percèrent aussi le cœur aux bons François[1]. »
Elle n'avait, loin de là, changé ni de mœurs, ni de maximes, ni de conduite, depuis lors.

Jacques Ier, prince mieux fait pour être clerc, comme
disait Henri IV, que pour être roi, avait assez mal secondé
le progrès commercial de la nation. Il l'avait même entravé quelquefois, en défendant, par exemple, par une
proscription absurde, la culture et le commerce du tabac;
mais il avait pourtant encouragé les pêcheries et quelques
branches de la marine. Charles Ier, ensuite, faible et malheureux prince, n'avait non plus, sauf quelques règlements
médiocres, que peu contribué à la fortune maritime de
l'Angleterre. Mais celle-ci, durant cet intervalle, à défaut
de l'appui de son gouvernement, en avait trouvé en elle-
même.

Nous avons vu naître, en 1600, sa Compagnie des Indes
orientales. Armée du vaste privilége que lui avait donné
Élisabeth, cette compagnie avait, dès 1603, commencé à
braver les Portugais en Asie, et à lier des relations avec
Surate. En 1610, pour son sixième voyage, elle avait construit plusieurs navires de plus grande dimension qu'on
n'en n'avait vus jusque-là en Angleterre, un, entre autres,
de onze cents tonneaux, et qu'elle avait nommé d'un beau
nom, *le Progrès du commerce (Trade's Increase)*[2]. En 1613.
on l'avait vue aborder au Japon. Elle avait dès lors des
comptoirs, outre Surate, à Bantam, à Jacatra, à Agra, à
Calicut, à Macassar, à Achem, à Banda et ailleurs. Ce progrès ne s'était pas arrêté jusqu'en 1620. A cette époque,

---

[1] *Testament politique.*
[2] Anderson, année 1610.

la jalousie des Hollandais et les prétentions de plus en plus
altières de la compagnie ayant allumé la guerre entre eux,
celle-ci, trop faible encore pour l'emporter, avait souffert,
mais elle s'était défendue avec une vigueur qui avait montré
déjà tout ce dont un jour elle pourrait être capable. La révolution de 1640 lui avait été plus funeste ; elle avait un
moment été obligée de suspendre ses voyages. Mais bientôt
Cromwell l'avait rétablie. Charles II, en 1661, lui avait
donné une nouvelle charte, plus large et plus protectrice
encore que la première. Elle avait inauguré la reprise de
ses affaires par l'occupation de Bombay, et, trois ans plus
tard, en 1664, elle commençait à donner à ses actionnaires
des dividendes déjà considérables [1].

Mais un événement d'une importance immense pour
l'avenir de l'Angleterre s'était passé vers cette époque.

Cromwell, qui haïssait la Hollande autant qu'il aimait
son pays, avait très-bien compris que l'Angleterre ne par-
viendrait jamais à ravir à sa rivale cette domination des
mers après laquelle elle aspirait, sans entrer de la manière la plus énergique dans les voies du régime protecteur. Les encouragements jusque-là donnés par ses prédécesseurs à la marine anglaise lui parurent avec raison
insuffisants. D'ailleurs, l'empire colonial des îles Britanniques s'étendait chaque jour ; lui-même venait d'y ajouter
une possession admirable, la Jamaïque. Il fallait, pour
protéger et pour accroître cette grandeur naissante, une
législation exclusivement nationale. Cromwell, en ce genre,
fit merveille. En 1651, il donna ce fameux *Acte de navigation* [2] qui, remanié et complété en 1660 et en 1662 par

---

[1] Anderson, année 1664.

[2] Le texte de l'acte même de C omwell se trouve dans le recueil de

Charles II, était, hier encore, la charte maritime de l'Angleterre, et qui, deux siècles durant, a été l'instrument de la colossale puissance à laquelle elle est parvenue aujourd'hui.

On connaît les principales dispositions de ce corps de lois célèbre.

L'Angleterre se réserva absolument son cabotage et ses colonies. Nul navire, sinon anglais, ne put transporter des marchandises d'un point à l'autre de l'Angleterre. Il ne put rien entrer dans les colonies, il ne put rien en sortir que sur les bâtiments de ces colonies ou sur ceux de la métropole. Les colonies ne purent recevoir aucun produit européen, d'ailleurs que de la métropole. Toutes leurs denrées et matières encombrantes, leurs sucres, leurs tabacs, leurs cotons en laine, leurs indigos et leurs bois de teinture ne purent être transportés, en droiture, ailleurs que dans un port anglais. Quant au commerce avec l'étranger, voici comment l'*Acte de navigation* le régla. Il distingua entre le commerce d'Europe et celui d'Asie, d'Afrique et d'Amérique. Il laissa aux Européens un droit qu'il était à peu près impossible de leur ôter, celui d'apporter en Angleterre leurs propres produits sur leurs propres navires. Quant aux pavillons tiers, ils ne purent couvrir l'importation d'aucun produit russe, ni ottoman, ni de dix-neuf des articles les plus encombrants; et pour le reste encore ils furent frappés, à leur entrée dans les ports britanniques, de

Scobell (Henry) : *A Collection of acts*, etc. London, 1658, fol. Les actes modificatifs et complémentaires sont, chacun à leur date, dans les *Statutes of the Realm*. Voyez aussi Anderson, et l'excellent ouvrage que vient de publier M. Richelot, *Histoire de la réforme commerciale en Angleterre*, t. I, p. 41.

surtaxes considérables. L'objet de cette politique commerciale était double : c'était, d'une part, d'empêcher que
ceux des produits européens qui ne seraient pas importés
par bâtiments anglais le fussent exclusivement, ou à peu
près, par une seule nation ; et, de l'autre, d'obliger les
nations qui n'avaient pas de marine à employer de préférence des navires britanniques. Le principe du régime d'importation des produits d'Asie, d'Afrique et d'Amérique, fut parfaitement simple. Leur introduction par
navires étrangers fut purement et simplement prohibée.
Bien plus, pour combattre les entrepôts des nations européennes, et forcer la marine nationale à de longs voyages,
l'*Acte de navigation* contraignit, sauf des exceptions insignifiantes, tout bâtiment anglais à aller charger les articles
d'Amérique, d'Afrique et d'Asie, sur le lieu même de production. Ce n'est pas tout. On ne réputa bâtiment anglais
que tout bâtiment qui serait de propriété anglaise, et dont
le capitaine et les trois quarts au moins de l'équipage seraient anglais. Dans certains cas, la loi statua en outre
que le bâtiment devrait avoir été construit en Angleterre. Quant aux navires étrangers admis à l'importation
des produits d'Europe, il fallut qu'ils eussent été construits
dans les chantiers du pays dont ils apportaient les marchandises, et que le capitaine et les trois quarts de l'équipage fussent de ce pays. Enfin, les produits de la pêche
étrangère furent frappés de gênes de police de tout genre
et de surtaxes considérables.

Il semble que ce soit le génie de la navigation même
qui ait dicté ces lois aux Anglais, comme autrefois le dieu
de la guerre, suivant Végèce, avait inspiré aux Romains la
légion. On n'avait rien vu jusque-là de semblable nulle

part ; et cela, d'un seul coup, révéla la profondeur de l'ambition de cette nation.

Les Hollandais, contre lesquels le coup était visiblement dirigé, tremblèrent. « Voilà la ruine de la Hollande, » dit presque aussitôt le grand pensionnaire de Witt[1] ; il ne disait que trop vrai !

Mais, comme si ce n'eût pas été assez de se couvrir par ces lois sans exemple de protection maritime, l'Angleterre, à cette même époque encore, venait d'adopter, en faveur de ses manufactures, des mesures de privilége d'une étendue et d'une rigueur extrêmes. Elle avait prohibé toutes les étoffes d'or, d'argent, de soie et de laine ; la broderie ; les dentelles ; la chapellerie ; la mercerie fine et commune ; la droguerie ; les faïences, verreries, écailles, glaces et miroirs ; la menuiserie, l'ébénisterie et la quincaillerie. La peine, pour l'introduction, en Angleterre, de lainage étranger, était la mutilation du poignet ; pour le reste, la mort[2]. Sanctions atroces, imitées de la législation draconienne de Venise, dont nos lois économiques, grâce à Dieu, ont toujours été exemptes, et qui, hier encore, étaient inscrites dans le Code des douanes de la Grande-Bretagne.

Telle était, en 1661, en regard de notre détresse intérieure et de la négligence que nous avions, depuis vingt

---

[1] Anderson, année 1660, après avoir rapporté ce mot du grand pensionnaire, ajoute simplement, avec son flegmatique et laconique bon sens ordinaire : *Than which there cannot be a stronger approbation or commendation of our navigation laws.*

[2] Quelques-unes de ces prohibitions, accompagnées de leur sanction, avaient déjà, à différentes reprises, été édictées en Angleterre, mais elles furent, à cette époque, renouvelées, augmentées et rendues permanentes jusqu'à nos jours. Voyez Anderson et les *Statutes of the realm* de 1650 à 1670.

ans, apportée au soin de notre industrie, de notre commerce et de notre marine, la position redoutable qu'avaient prise concurremment dans le monde l'Angleterre et la Hollande. C'était là un fait très-grave, plus grave même, nous le répétons, que celui du désordre où nous étions retombés et de la misère qui en était la conséquence. Car il ne s'agissait pas seulement alors de nous retirer de ce désordre et de faire cesser cette misère, il s'agissait, en outre, but autrement élevé et difficile, de nous élever de ce chaos et de cette ruine à un degré d'ordre, de prospérité et de puissance qui nous permît, malgré l'avance qu'ils avaient sur nous, d'égaler, et, s'il se pouvait, de dépasser les Hollandais et les Anglais.

Mais pour accomplir une telle tâche, on le voit, ce n'était pas assez, quelque généreuse et quelque ardente qu'elle fût, que la volonté du jeune Louis XIV ; il y fallait encore un ouvrier dont le génie fût égal à la grandeur de l'œuvre. La Providence nous le donna : ce fut cet homme admirable qui a immortalisé le nom de Colbert.

Mazarin mourant, dans son discernement exquis des choses et des personnes, avait jugé, et le fardeau de l'héritage qu'il laissait après lui, et l'homme capable de le porter sans fléchir. « Sire, avait-il dit à son royal pupille, je « vous dois tout, mais je crois m'acquitter en quelque ma- « nière en vous donnant Colbert. » Louis XIV alors n'était pas ce prince gâté par la flatterie et par la fortune qui devait un jour finir par croire que son choix donnait du mérite. Il aimait les esprits supérieurs, il les recherchait, il savait les choisir et les employer. Il crut, pour sa gloire et pour celle de la France, à la recommandation suprême du rare politique qui lui avait servi de tuteur, et il chargea

le petit-fils du marchand de laine de Reims, à l'enseigne
du *Long vêtu,* de continuer, en matière d'administration
publique, l'œuvre et les vues non-seulement de Mazarin,
mais de Richelieu et d'Henri IV.

Colbert, sur l'heure, se mit à l'œuvre; car jamais homme
ne sut mieux le prix du temps, et ce dont, avec son aide,
le travail et la volonté sont capables.

Mais par où commencer cette tâche immense?

Il avait tout, ou à peu près, dans les mains. Louis XIV lui
avait passé une sorte de procuration universelle qui lui
conférait les attributions actuelles des finances, de l'intérieur, des travaux publics, de l'agriculture, de l'industrie,
du commerce, de la marine, et en partie même, car cet
homme infatigable y a mis la main, de manière à ce qu'il
soit impossible d'oublier la trace qu'il y a laissée, de la
justice et de la guerre. Cette encyclopédie de charges
publiques eût pu troubler la vue d'une tête moins ferme et
moins sûre. Mais la qualité fondamentale du génie de Colbert était l'ordre; et puis, il avait appris, par l'exemple de
Richelieu, qu'il ne se lassait pas d'admirer et de citer, que
le fait des hommes d'État médiocres est de se mettre à la
fois sur les bras le plus d'affaires ensemble qu'ils peuvent,
mais que les hommes d'État supérieurs n'ont pas cette hâte
puérile et en définitive toujours funeste, de tout faire en un
même temps. Ce Richelieu de l'administration fit donc ce
qu'autrefois avait fait, en politique, son immortel modèle :
il divisa son œuvre et l'exécuta successivement.

Les finances, fondement indispensable du reste, l'oc-
cupèrent les premières. On a vu dans quel état de chaos
et de ruine les vingt précédentes années les avaient mises. Il n'est pas de notre objet de raconter par quelle

suite de mesures pleines de vigueur, de sens et d'invention, il les releva. L'histoire des finances ne nous intéresse que dans ses grands résultats et dans l'influence que ces résultats, bons ou mauvais, ont eue sur la prospérité générale. Nous ne dirons donc point comment il s'y prit pour rétablir les écritures, liquider les dettes, adoucir la rigueur de l'impôt, multiplier les contribuables, créer le crédit, etc. Pour parler, d'ailleurs, avec convenance de cette seule partie de son administration, il faudrait presque écrire un volume. Nous nous contenterons de dire (on jugera par ces seuls chiffres des prodiges d'activité et d'intelligence qu'il dut faire pour arriver là), qu'à sa sortie du ministère, malgré les frais immenses d'une guerre de six ans, ceux non moins considérables qu'avaient coûté les encouragements à l'agriculture, à l'industrie et aux arts, la création enfin, à peu près de néant, d'une marine de premier ordre, il avait réduit la taille, la contribution la plus onéreuse pour le peuple, de vingt-cinq millions, et changé un déficit annuel de vingt-huit millions, en un budget en équilibre, à sept millions près d'anticipations seulement. Si l'on réfléchit, en même temps, qu'en 1661 le revenu net du Trésor était à peine de trente-deux millions, et que Colbert, en 1683, l'avait porté à quatre-vingt-neuf, tout en chargeant moins la nation qu'elle ne l'était en 1661, on conviendra que, lorsqu'il n'eût signalé son passage aux affaires que par une telle réforme, sa gloire encore serait en repos.

Mais le rétablissement du crédit, sous la main de Colbert, outre les mesures de finance proprement dites auxquelles il le demanda, fut aussi la conséquence du système de politique commerciale, tant intérieure qu'ex-

térieure, qu'il adopta, et dont il a su faire un tel usage,
que les essais en ce genre de ses grands devanciers,
Louis XI, Henri IV et Richelieu eux-mêmes ont depuis,
confondus dans son œuvre, été presque oubliés.

Colbert, mieux que personne avant lui, était pénétré
de cette vérité que, si la richesse d'une nation est l'ali-
ment de sa puissance, c'est son travail et son travail seul
qui est la source de sa richesse. Aussi une idée l'obséda-
t-elle toute sa vie, l'idée d'augmenter au delà de tout ce
qu'on avait vu jusque-là et, s'il se pouvait, jusqu'à la
dernière limite du possible, les ressources et les objets du
travail de la nation. C'est le pivot sur lequel, durant les
vingt-deux années de sa magnifique carrière, a roulé toute
sa politique : voici le tableau des actes de cette politique
et celui de ses résultats.

Avant tout et dès que l'ordre, remis dans les finances,
lui permit d'appliquer le fécond principe économique
qu'il avait dans l'esprit, il pensa que la première chose à
faire, pour développer la puissance du travail de la France,
était de constituer sa nationalité commerciale.

On a pu apprécier, dans le cours de cette histoire, le
fléau des douanes intérieures. Colbert n'avait pas pour
rien passé son enfance dans le comptoir de la maison
paternelle, et, plus tard, une partie de sa jeunesse au service et à l'école de négociants de Paris et de Lyon. Il avait
appris là, de bonne heure, que la première manière de protéger le commerce, c'est de l'affranchir, le plus possible,
des vexations du fisc. Les douanes intérieures, comme on l'a
vu, portaient l'excès en ce genre à un degré funeste à toute
activité commerciale ; Colbert entreprit de les supprimer.

Il semblerait, au premier abord, que cela eût dû être

accueilli avec transport par toute la France. Les États
généraux, depuis 1484, n'avaient, on se le rappelle, cessé
de demander cette sage réforme. C'était un vœu public
deux fois séculaire que le grand économiste se proposait
d'accomplir : il n'y réussit qu'imparfaitement cependant.

Quelque avancé que fût alors le travail de formation de
notre unité politique, quelque prépondérance incontestée
qu'eût prise le pouvoir royal, cependant, il subsistait toujours entre les provinces du royaume des différences de
condition administrative et d'intérêts commerciaux assez
profondes, pour que la royauté ne pût se dispenser d'en
tenir compte. Les États généraux, en 1614 encore, avaient
exprimé, il est vrai, le vœu de la plus grande partie de la
France, quand ils avaient demandé l'abolition des douanes
intérieures. Mais cette patriotique tendance ne laissait pas
de rencontrer des oppositions considérables avec lesquelles,
tout puissant qu'il fût, la sagesse du gouvernement devait compter. Nombre de provinces, en se réunissant,
avaient stipulé la conservation de leurs États provinciaux,
et le privilége qui y était attaché de faire voter par ces
États les subsides extraordinaires et leurs impositions
locales. Tels étaient, par exemple, la Bretagne et l'Artois.
Ce privilége en fait était, à l'époque de Louis XIV, réduit à
peu de chose. Ainsi, dès 1661, la royauté, en confirmant
aux États de l'Artois leur droit de s'assembler, s'était
attribué celui de désigner les membres de la noblesse qui
en faisaient partie. Ainsi, sous Richelieu, les États de
Bretagne avaient perdu le pouvoir de se constituer eux-
mêmes et de régler le mode de leurs délibérations. Cependant, quelque vain titre qui restât à ces provinces, ce titre
leur était cher, et elles en étaient entêtées au point de pré-

férer sa conservation aux avantages d'une réunion douanière avec le reste du royaume. Ces avantages, d'ailleurs, qui, au point de vue de l'intérêt de toute la France, étaient immenses, au point de vue des intérêts de certaines provinces frontières, ou de réunion soit récente, soit encore imparfaitement consolidée, n'étaient pas immédiatement liquides, loin de là. Ainsi, pour ne citer qu'une de ces provinces, mais l'une des plus intéressantes, l'Alsace, que les traités de Westphalie seulement avaient rendue française, l'Alsace avait avec l'étranger des habitudes commerciales très-fâcheuses, et pour elle-même et pour le reste du royaume, mais qu'il était difficile de rompre violemment. Elle était alors sans manufactures et sans canaux. Elle n'avait que des grains, des bois et des tabacs, dont elle faisait trafic avec l'Allemagne. Changer la route de ce commerce, c'était pour elle toute une révolution.

En présence de ces difficultés, quelque flagrant que fût l'avantage de la constitution de l'unité douanière de la France, que faire cependant? Passer outre, et par un coup d'État administratif en finir avec les douanes intérieures? Des économistes de nos jours, à qui les coups d'État paraissent chose aussi naturelle contre les intérêts que contre la liberté, n'ont pas manqué d'écrire que c'est le parti que Colbert eût dû prendre. Il avait un désir ardent de consommer cette grande réforme, il avait la puissance de la réaliser comme il eût voulu; et cependant, ni lui, ni Louis XIV, ni de Lionne, l'habile élève de Mazarin et collègue de Colbert aux affaires étrangères, ne furent d'avis du coup d'État. Ils aimèrent mieux, et Colbert le premier (il faut pardonner leur ignorance, ils n'avaient pas les lumières de la *science nouvelle*), ils aimèrent mieux

réaliser la réforme par voie de négociation, à mesure,
et en ménageant tous les intérêts.

Au lieu d'imposer, comme il l'eût pu, sa volonté aux
provinces, Colbert leur proposa la réforme qu'il voulait
faire.

Douze seulement y souscrivirent, ce furent la Normandie, la Picardie, la Champagne, la Bourgogne (le
duché), la Bresse, le Bugey, le Bourbonnais, le Poitou,
l'Aunis, l'Anjou, le Maine et leurs enclaves. Elles formèrent le département économique des *cinq grosses fermes*.
Sauf quelques traites des frontières que la fidélité aux engagements du Trésor dut encore faire respecter, à Boulogne, par exemple, et à la Rochelle, ces provinces furent
affranchies de tous péages provinciaux et seigneuriaux;
et en outre, toutes les marchandises qui en sortirent, pour
entrer dans le reste de la France, furent déclarées exemptes
de droits. Un tarif, promulgué en conséquence de l'édit
de septembre 1664, régla pour elles, d'une manière uniforme, les droits d'entrée des marchandises étrangères.

Parmi les provinces qui refusèrent la réforme et avec
elle le tarif de 1664, il s'établit deux classes. Les unes qui
furent, comme elles le voulaient, *réputées étrangères*,
conservèrent avec leurs tarifs spéciaux leurs douanes
particulières, y compris ces coupe-gorge de Lyon et de
Valence, contre lesquels elles avaient pourtant si longtemps et si énergiquement réclamé. Ce furent la Bretagne,
l'Angoumois, la Marche, le Périgord, l'Auvergne, la
Guyenne, le Languedoc, le Provence, le Lyonnais, le
Dauphiné, la Flandre, l'Artois, le Hainaut et la Franche-
Comté. Les autres, savoir l'Alsace, les Trois-Évêchés
(Metz, Toul et Verdun), auxquels s'adjoignirent trois ports,

Bayonne, Marseille et Dunkerque, furent *traitées comme
étrangères*, c'est-à-dire qu'on les laissa communiquer librement avec l'étranger, et qu'on les astreignit à acquitter à l'entrée, dans le reste de la France, les droits du tarif de 1664[1].

La réforme était bien imparfaite, comme on voit. Ce n'était tout au plus que le tiers de la France uni en corps de nationalité commerciale. Mais c'était un progrès immense, à tous égards, sur le passé, et Colbert, d'ailleurs, sans blesser le moins du monde les préjugés ou les intérêts locaux des provinces qui refusaient l'union, eut l'art de compléter, dans les limites où il pouvait agir, la révolution qu'il avait ébauchée, de manière à en rendre le progrès désirable aux États provinciaux les plus rebelles euxmêmes.

Il avait, en matière d'administration, autant d'esprit que de sens. Il en avait déjà donné bien des preuves en finance, notamment en créant l'ingénieux expédient des obligations des receveurs généraux, et en réalisant les plus habiles opérations sur les monnaies; il ne fut pas moins adroit ici comme économiste.

Il entoura les cinq grosses fermes qui formaient le cœur de notre nationalité commerciale d'une ceinture d'entrepôts, au nombre de onze, et très-habilement distribués sur toutes les frontières du *réputé étranger* et de l'*étranger effectif*, pour parler le langage du temps, à la Rochelle, Ingrande, Rouen, etc. Ces entrepôts furent destinés à

---

[1] Cette distribution économique de territoire, qu'il eût été si facile d'améliorer après Colbert et sur ses plans, resta malheureusement intacte jusqu'en 1789. Les personnes qui voudraient en prendre par les yeux une idée parfaitement précise pourront recourir à la carte coloriée qui s'en trouve dans le t. III des *Œuvres de Necker*, in-4°. Lausanne, 1789.

recevoir, en franchise de tout droit d'entrée et de sortie, les marchandises de toute provenance à destination des pays étrangers. Il étendit en outre ce bienfait à toutes les villes maritimes, sans exception, de Calais à Marseille; de manière que l'immense difficulté qui résultait pour le commerce extérieur de la nécessité d'acquitter les droits à l'entrée des marchandises provenant des provinces réputées étrangères, fut, dans tous les cas de réexportation, entièrement éludée. Mais il fit plus. Il avait compris combien l'admirable topographie de la France la rendait propre au commerce si intéressant de transit. Sans s'arrêter aux distinctions de provinces des *cinq grosses fermes*, *réputées étrangères* et *traitées comme étrangères*, il accorda le transit franc au travers de tout le royaume à toutes les marchandises de la Flandre, non-seulement française, mais espagnole. En même temps, il fit armer, au Havre, deux navires pour transporter ces marchandises en Espagne et en Portugal. Il finit même par concéder à l'Espagne la franchise totale du transit de ses retours.

Si l'on réfléchit un peu à cette réorganisation économique de la France, quelque bizarre et comme bariolée, si je puis ainsi dire, qu'elle paraisse au premier abord, on verra que Colbert et Louis XIV se refusant, avec une prudence qui mérite d'être louée, à opérer violemment la suppression des douanes intérieures, elle était aussi habilement conçue que possible. Le territoire modèle des cinq grosses fermes s'étendait d'une seule tenue, de l'ouest à l'est, de la Rochelle à Bourg, aux frontières de la Suisse, en longeant la Saintonge, le Limousin, l'Auvergne et le Lyonnais. Du sud au nord, il allait de Bourg à Cambrai, bornant la Franche-Comté et l'Alsace. De l'ouest

à l'est, il prenait de la frontière de Sedan à Cherbourg.
Du nord au sud, enfin, il descendait le long de la Bretagne, de Cherbourg à Rochefort. Tout le réputé étranger
et tout l'étranger effectif avaient là à leur porte, et au centre
du royaume, un vaste pays franc vers lequel leurs intérêts, de jour en jour, devaient de plus en plus les porter;
et ainsi, avec de l'adresse, en diminuant peu à peu les
droits d'entrée des provinces étrangères, sur le territoire
des cinq grosses fermes, on devait arriver, dans un temps
médiocre, à réaliser pièce à pièce la constitution définitive
de la nationalité commerciale. C'était le plan de Colbert:
plusieurs écrits de sa main l'attestent; mais quand nous
n'en aurions pas ces témoignages, les ingénieuses mesures
de sa création d'entrepôts intérieurs et frontières suffi-
raient à le montrer. S'il ne réalisa pas ce dessein, c'est
que des circonstances indépendantes de sa volonté et contre
l'obstacle desquelles, nous le verrons, il lutta avec autant
de patriotisme que de sens, l'en empêchèrent; mais, devant
la postérité, il en a toute la gloire.

Ces premières et très-grandes opérations financières et
économiques accomplies, Colbert put se livrer plus librement à l'exécution de la vaste affaire que Mazarin lui avait
léguée, le rétablissement et l'accroissement des sources de
la fortune et de la grandeur publiques, l'agriculture, l'industrie, la navigation, les colonies, le commerce extérieur. Dès 1664, l'ordre étant remis dans les finances et
la réforme douanière en cours de se réaliser, il se mit directement à l'œuvre.

Il avait autant d'expérience que de génie. Malgré cela,
et quelque légitime confiance que cette expérience et ce
génie dussent lui inspirer en ses lumières, il ne croyait pas,

très-différent en cela des docteurs que nous avons vus depuis, que l'on puisse sûrement administrer les intérêts d'un grand pays sans consulter, et consulter encore, jusqu'à satiété même, les représentants de ces intérêts.

Entre autres merveilles que nous a révélées l'école du libre échange, celle-ci, comme on sait, est une des plus rares, qu'il est parfaitement inutile de donner audience aux agriculteurs, industriels, commerçants, etc., dont on gouverne la fortune; que leur discours à tous est connu, et comme on dit, stéréotypé à l'avance; qu'il n'y en a pas un duquel on puisse rien tirer qu'un plaidoyer en faveur du maintien des abus qui lui profitent; et mille autres honnêtetés. Colbert pourtant, qui, lui, n'avait point d'utopie en tête, mais qui ne se souciait que du bien public; qui ne croyait pas que plus les importations de l'étranger augmentent, plus le pays s'enrichit; Colbert enfin, étroit et fanatique esprit, qui aimait pardessus tout la France et qui ne se souciait nullement des intérêts de l'étranger; Colbert donc, à la différence d'utopistes fameux, était persuadé qu'un gouvernement doit toujours tenir audience ouverte aux plaintes et aux vœux de l'industrie et du commerce, que ce gouvernement ne saurait trop étudier ces vœux et peser ces plaintes, et qu'avant d'agir, il doit toujours y avoir profondément réfléchi.

Est-ce, pour cela, que cet homme d'État, d'un esprit si net et si résolu, voulût se mettre dans la tutelle des intérêts privés? Il savait, autant que personne, ce que ces intérêts ont d'exclusif et souvent d'aveugle.

Croit-on que ce soit chose nouvelle, en France, que les oppositions de désirs des villes maritimes entre elles et avec la plupart des villes d'intérieur? Imagine-t-on que c'est d'hier que Nantes jalouse Marseille, et Marseille le reste de l'univers? Se figure-t-on que c'est d'aujourd'hui seulement que les manufacturiers sont en guerre avec les producteurs de matières premières et réciproquement, les fabricants de draps avec les éleveurs de moutons, les tisserands avec les filateurs, les métallurgistes avec les exploiteurs de charbon, etc.?

Tout cela, hélas! est vieux comme le monde. Colbert connaissait toutes ces misères; il savait « que tous les « esclaircissemens que l'on prend par les marchands sont « meslez de leurs petits intérests particuliers, qui ne ten- « dent point, ny au bien général du commerce, ny à celui de « l'Estat.[1] » Et néanmoins il était d'avis que ces « esclair- « cissemens », quitte au gouvernement ensuite à en juger du haut de l'intérêt public, ne pouvaient être trop répétés, trop minutieux, ni trop abondants.

Si bien, que dans ce célèbre édit de septembre 1664, dont le préambule devrait être dans la mémoire de tout administrateur; si bien, disons-nous, que dans cet édit, après avoir annoncé que Louis XIV venait d'instituer un Conseil de commerce, qui devait être tenu en sa présence, et qui le fut, en effet, tous les quinze jours, il alla jusqu'à mettre dans la bouche du roi la déclaration suivante : « Nous avons convié tous les marchands, par lettres circu- « laires, de s'adresser *directement* à Nous pour leurs besoins; « Nous les avons conviés de députer quelques-uns d'en- « tre eux près de Nous, pour Nous porter toutes leurs

---

[1] *Correspondance administrative sous Louis XIV*, publiée dans la *Collection de documents inédits sur l'histoire de France*. Lettre de Colbert, du 24 janvier 1673.

« plaintes et toutes leurs propositions ; et, en cas de diffi-
« culté, Nous avons établi une personne à notre suite pour
« recevoir toutes leurs plaintes et faire toutes leurs solli-
« citations : Nous avons ordonné qu'il serait toujours
« marqué à notre suite une maison de commerce pour les
« y recevoir... »

Nous avons changé tout cela, et la *science* est trop grande
dame aujourd'hui, pour s'arrêter à si petites affaires que
représentations de marchands, alors même qu'il s'agit de
porter le plus radicalement la main au fondement des lois
séculaires sur lesquelles l'existence de ces marchands et
celle de la fortune publique reposent : à merveille. Il est
bon cependant de savoir que Louis XIV, assez bon gentilhomme, et Colbert, quoi qu'on dise, assez bon financier, ne
croyaient, l'un et l'autre, ni déroger ni s'abaisser, que de
rester constamment à l'école de l'observation et des faits.

Mais cependant, qu'apprit Colbert dans cette conversation de tous les jours avec les représentants les plus petits
eux-mêmes (il ne dédaignait, lui, ni rien ni personne) de
ces intérêts particuliers, dont, en somme et en définitive,
l'intérêt général, à moins qu'il soit un vain mot, se compose? Le voici, et voici en même temps quels fruits de
grandeur publique porta cette sage conduite.

Des branches diverses de la fortune nationale, la plus
éprouvée et la plus souffrante, à la mort de Mazarin, était,
comme il arrive toujours après de longs désordres, l'agriculture.

Colbert, cet homme d'un extérieur austère et d'un
abord glacial, avait le cœur plein d'une tendresse infinie
pour les misères du peuple. Il méprisait, comme tout
homme public doit le faire, la vaine opinion de la foule;

mais il avait en même temps cette sollicitude sans bornes,
que tout homme public aussi doit avoir, des besoins du travailleur et du pauvre. Il faut lire sa correspondance, pour
connaître et vénérer la sincérité et l'effusion de ses sentiments
à cet égard. Mais il ne s'en tenait pas aux sentiments. Beaucoup depuis ont écrit de gros volumes bien déclamatoires
et bien ennuyeux sur le malheur des campagnes, sur la sévère répartition des biens et des charges de ce monde, etc.;
lui, ne faisait point de volumes, et comme il était d'un
bon siècle, il ne déclamait jamais; mais en silence il agissait, et il agissait comme si la charité de saint Vincent de
Paul eût été de moitié dans son génie.

Les mesures générales de finance et de réorganisation
du système intérieur des douanes avaient déjà porté un
grand soulagement à la détresse des campagnes. Les remises de l'arriéré, les diminutions des tailles, les suppres-
sions nombreuses de péages intérieurs avaient opéré un
premier et salutaire changement. Mais il poursuivit beaucoup plus loin ses travaux en ce genre.

Dans la plus grande partie de la France, la taille était
personnelle : détestable impôt, dont l'agent du fisc réglait
la quotité sur la fortune apparente des personnes. On imagine quelle porte, sous l'ancien régime surtout, était ouverte par là à l'arbitraire. Colbert entreprit de substituer
partout à la taille personnelle la taille réelle, c'est-à-dire
une imposition foncière établie d'après le revenu présumé
des terres. Dans cette vue, il commença le cadastre du
royaume. Ce ne fut qu'un essai; mais il parlait, et ce ne fut
point sa faute si cet essai ne servit pas plus tôt d'exemple.

Il obtint du reste des résultats plus immédiats. Avec lui,
les exactions des commis des finances devinrent très-rares ;

il les poursuivit sans pitié, et leur dureté enfin connut des bornes. Il défendit, pour tout fait de taille, la saisie du lit, des habits, du pain, des chevaux et bœufs servant au labour. Il étendit le même privilége aux outils des artisans et des manœuvres. La nourriture des bestiaux était presque partout abandonnée. Les receveurs faisant exécuter, le cas échéant, tout ce qu'ils trouvaient de bétail dans les campagnes, l'usage de confier aux cultivateurs les bestiaux à cheptel s'était perdu. L'ordonnance de Colbert ranima cette intéressante industrie, la vraie source du capital agricole. Les effets en furent si prompts qu'en 1669, il écrivait à son frère, Colbert de Croissy, alors ambassadeur en Angleterre, que bien loin d'acheter désormais des bestiaux des Anglais, on pourrait leur en vendre s'ils en avaient besoin.

Dans un autre ordre d'idées, les mesures qu'il prit pour réduire le nombre des offices, pour soumettre l'établissement de nouvelles communautés religieuses à l'autorisation préalable, pour augmenter l'année économique en supprimant jusqu'à dix-sept fêtes religieuses, contribuèrent à reporter sur les champs et l'argent et les bras.

Ensuite, il rédigea ce beau *Règlement des eaux et forêts* qui arrêta le dépérissement de nos bois et qui assura la partie la plus intéressante de notre munition navale : code d'administration unique, dont la rédaction eût suffi à son immortalité.

Il entra d'une manière plus directe encore dans la voie des encouragements à la grande culture.

L'élève du cheval et celle des bêtes à laine, la propagation ou la création des plantations industrielles, furent l'objet de sa sollicitude la plus active et la plus éclairée. L'achat des chevaux d'attelage et de selle à l'étranger coûtait à l'État des sommes considérables [1]. Il fit faire par un commissaire spécial une inspection de tous les anciens haras de France, il acheta sous main en Allemagne nombre d'étalons, et il rétablit, un moment du moins, car les guerres qui vinrent ensuite, mais qui ne furent pas de son fait, loin de là, l'épuisèrent encore une fois, notre production chevaline. Il fit de même acheter des béliers à laine fine en Angleterre et en Espagne. Il protégea la culture du chanvre, en frappant les fils de chanvre étrangers d'un droit notable, et en réservant aux indigènes la fourniture de la toilerie et de la corderie de la marine. Il propagea les mûriers et il alla jusqu'à essayer d'acclimater le coton en Provence.

Enfin, les ponts et les chaussées reçurent sous son administration des améliorations immenses, dont les monuments subsistent encore de nos jours; et, quant aux canaux, cette voie si intéressante pour le transport des produits naturels, tout le monde sait, et il suffit de rappeler, que le canal des deux mers eût encore une fois été ajourné, si Riquet n'eût trouvé en lui un appui, et, ce qui les honore tous deux, un ami.

Voilà à grands traits, car il serait infini de descendre dans les détails, ce que fit Colbert pour l'agriculture.

Il a eu cependant, par le fait d'historiens superficiels, la réputation de l'avoir négligée. On peut juger en soi de la valeur de l'assertion. Cependant il y a eu un motif à la

---

[1] **M**. le général de La Moricière, dans le *Rapport* si intéressant qu'il a fait à l'Assemblée, en 1850, *sur les travaux du Conseil supérieur des haras*, rapporte (p. 28) que, pendant les guerres de la seconde moitié du règne de Louis XIV, notre remonte à l'étranger, durant une période de dix ans, coûta *plus de cent millions de livres*.

. mauvaise et inique renommée qu'en a essayé de lui faire à cet égard ; et il convient, avant de passer outre, de rappeler ce motif et de le juger.

Colbert, pour ses débuts, au lendemain de son avènement aux affaires, avait eu, dans l'hiver de 1662, à conjurer les effets d'une famine qui, par ses horreurs, avait rappelé les plus sinistres souvenirs du moyen âge. Il avait été frappé alors de la nécessité d'assurer en tout temps l'approvisionnement non-seulement de Paris, mais de tout le royaume, et de l'assurer au plus bas prix possible.

On sait combien même aujourd'hui, avec deux siècles d'expérience de plus, cela nous est encore difficile.

Quant à lui, il imagina qu'il n'avait pas de meilleur parti à prendre que de protéger la liberté du commerce intérieur des grains, sage maxime qu'il avait héritée de Sully et de Richelieu, et de prohiber en principe leur exportation à l'étranger, sauf, l'état de la récolte étant connu, à la permettre par ordonnance.

Ce système, qui n'était pas le meilleur qu'il eût pu prendre, a été amèrement critiqué.

On a dit qu'en maintenant les blés à très-bas prix, et en effet, durant son ministère, la moyenne de ce prix fut environ de sept livres moindre par setier qu'elle ne l'avait été sous Mazarin et Richelieu, il avait découragé en France la culture des céréales et ruiné les agriculteurs.

En principe, il est incontestable qu'il eût mieux fait de fixer par une loi les prix auxquels l'exportation des grains par les différentes frontières du royaume commencerait ou cesserait d'être libre. En tenant incessamment les propriétaires sous la menace d'une prohibition, dont la condition n'était pas définie, il est certain, en outre, qu'il dut nuire au

développement de la culture. Enfin, le bas prix des blés •
sous son ministère, s'il fut un bien pour le consommateur,
fut un grand mal pour le producteur, et entre les deux, en
saine économie politique, c'est le producteur, dans l'intérêt
même bien entendu du consommateur, qui doit, autant
que possible, attirer de préférence la sollicitude de l'État;
mais, tout cela admis, on peut dire qu'il y a eu bien des
exagérations dans le procès qu'on a fait à ce propos • au
grand ministre.

La misère des campagnes a été poignante à une certaine
époque, en effet, sous Louis XIV; mais ce n'est pas au
temps de Colbert. C'est plus tard ; et les guerres ruineuses
qui suivirent son ministère, et qui en dissipèrent presque
tous les fruits, furent, beaucoup plus que son imparfaite législation des grains, la cause des souffrances des
champs.

Du reste, si ce point de son administration est exposé à
la censure, et si ce grand homme n'a pas connu les vrais
principes qui doivent diriger la France dans son commerce extérieur des blés, on peut dire que son erreur fut
amplement compensée par le vaste ensemble des mesures
à l'aide desquelles, comme nous venons de le voir, il ne
cessa de subvenir aux besoins des laboureurs. Le souvenir
de ces mesures pèserait seul dans l'autre plateau de la
balance, qu'il suffirait largement encore à emporter en sa
faveur le jugement de la postérité.

Mais, toutes nombreuses que nous les ayons énumérées,
elles n'épuisent pas, loin de là, la liste des titres de Colbert

---

• Voyez les bonnes réponses à ces exagérations, faites par Necker dans
son *Éloge,* emphatique de forme, mais solide de fond, *de Colbert*

à la reconnaissance éclairée des campagnes. Il est tout un monde, pour ainsi dire, d'encouragements puissants à leur culture qui est sorti de son passage aux affaires : ce sont cette foule de manufactures dont il a doté le pays, et la transformation qu'il a opérée par là, d'une population de mendiants, incapables de payer la valeur, quelque réduite qu'elle fût, des blés, en une classe d'ouvriers, d'artisans, d'entrepreneurs d'industrie, dont l'aisance devait un jour, d'un bout de la France à l'autre, provoquer la production et augmenter le prix rémunérateur de toutes les denrées.

C'est sur ce nouveau terrain maintenant qu'il convient de suivre l'administration créatrice de cet homme extraordinaire.

Colbert, nous l'avons déjà dit, avait à merveille aperçu que la solution du problème que Mazarin lui avait laissé à résoudre consistait à trouver le plus grand nombre de moyens utiles de développer les ressources du travail et la puissance de production indigène de la France. Comme ses grands devanciers, Henri IV, Sully et Richelieu, il était frappé de cette double vérité de principe et de fait, que le travail est le père de la richesse et de la puissance des nations, et que la plaie de son pays et de son temps était l'oisiveté des esprits et l'inoccupation des bras. C'est ce que, tant dans les discours qu'il prononça lui-même, que dans les déclarations publiques qu'il mit dans la bouche de Louis XIV, il ne cessa, tant qu'il dura, de travailler à inculquer dans l'opinion.

Il y a trop de mendiants et de parasites de toute sorte, pensait-il, qui pourraient travailler et qui ne le font point, faute d'avoir sur le territoire l'emploi de leurs bras et le débouché de leurs produits. Et, par ces parasites et

mendiants, il n'entendait pas seulement le **pauvre peuple,**
dont le travail était sans prix, faute d'objets où l'occuper,
il entendait encore et il dénonçait avec une sûreté de bon
sens et une franchise de langage, rares en de telles matières jusqu'à lui, « ce trop grand nombre d'officiers de
« justice.... de prêtres, de moines et religieuses.... qui
« non-seulement se soulagent du travail qui iroit au
« bien commun, mais ces deux derniers même, privent
« le public de tous les enfans qu'ils pourroient pro-
« duire, pour servir aux fonctions nécessaires et utiles; »
il entendait encore et il condamnait publiquement, avis
dont aujourd'hui même, après deux siècles, la société
peut faire profit, cette multitude d'oisifs qui, « sous le
« titre de divers offices sans fonctions et sous des fausses
« apparences d'une médiocre attache aux bonnes lettres, »[1]
méprisaient les genres d'occupation qui auraient pu, en les
enrichissant, contribuer à la prospérité de l'Etat.

Pour changer ces mœurs, ou y tâcher du moins, il n'y
avait qu'un moyen, c'était de multiplier les ressources du
travail de la nation. Mais comment s'y prendre, en présence
d'une concurrence extérieure tellement écrasante, que les
étrangers étaient devenus les maîtres, de tout notre marché, de toute notre navigation, et même de notre cabotage? La tâche était ardue en 1661.

Colbert avait l'exemple de Louis XI et d'Henri IV.
L'un et l'autre lui avaient appris ce que l'on peut amener
de résultats en ce genre, en aidant des deniers publics au
rétablissement du travail national.

Il leur emprunta d'abord ce premier moyen.

[1] Discours prononcé par Colbert dans le Conseil du 10 octobre 1665, et
édit de septembre 1664.

Il fit écrire, au nom de Louis XIV, une lettre circulaire aux prévôts des marchands et échevins des principales villes du royaume, dans laquelle il annonça que, désormais, un million de livres par an serait affecté, dans le budget des dépenses de l'Etat, à l'encouragement de l'industrie et de la navigation, et qu'il assisterait de ces deniers et au delà, s'il était nécessaire, tous ceux qui entreprendraient, ou le rétablissement d'anciennes manufactures, ou la création de nouvelles.

Il chargea, en outre, nos ambassadeurs en Espagne, en Italie, en Angleterre, en Hollande, en Allemagne et en Suède, de faire, sous main et sans bruit, des offres considérables d'argent et de priviléges à tout ouvrier habile qui consentirait à importer son industrie en France.

Premier ordre de mesures qui, par l'étendue, la fidélité et l'activité avec lesquelles il les appliqua, produisirent déjà une vive impulsion.

Mais le temps avait marché depuis Henri IV : les exemples de la politique commerciale des républiques italiennes s'étaient vulgarisés dans le monde. L'Angleterre venait, sous Cromwell et sous Charles II, d'en faire à l'encouragement de sa marine une application d'une hardiesse et d'une vigueur sans précédents. Colbert apprécia tout ce qu'il y avait de puissance créatrice dans une politique pareille, et il l'adopta.

Aux gratifications puisées à pleines mains dans le Trésor, il joignit, le premier en France, l'usage en grand du système protecteur.

Mais, habileté de conduite trop peu remarquée des historiens dans cette grande administration, il fit de ce système l'emploi le plus éclairé du monde.

Il ne débuta point par des prohibitions. Il devina ce que l'expérience a confirmé souvent depuis, que la clôture subite et absolue d'un pays à l'industrie étrangère, quand ce pays n'est pas encore capable de se fournir en partie lui-même, est plus coûteuse que fructueuse, et, sauf le cas de force majeure qui résulte de l'état de guerre, par exemple, politiquement blâmable. Il commença, en 1664, par imposer des droits médiocres à l'entrée des produits manufacturés, tant de luxe que de première nécessité, qu'il voulait introduire en France ; puis, trois ans plus tard, en 1667, quand l'industrie nationale fut sortie de terre, il augmenta, de manière à les rendre à peu près prohibitifs, les droits d'entrée de ceux des produits étrangers, tels que tapisseries, bas de soie, draperies fines et grossières, dentelles, glaces, etc., dont le travail des ouvriers indigènes était devenu déjà capable d'entretenir la nation.

Cette habile conduite non-seulement a été méconnue, mais traitée de la manière la plus cavalière du monde, par les docteurs de la *science nouvelle*. Le tarif de 1667 a été déclaré par tous les professeurs de cette *science* une chose monstrueuse, subversive du droit naturel et de toute bonne police. En revanche, les mêmes professeurs ont exalté le tarif de 1664, tarif *modéré* qui, lui du moins, laissait encore quelque marge à l'importation étrangère.

Nous pourrions nous arrêter un moment ici et demander à la *science nouvelle* ce qu'elle entend, car ce n'est pas bien clair, par un *tarif modéré* ?

Que veut-on dire et quelle est cette impropriété de langage ? Que cherche-t-on et que cherchait Colbert, en établissant des droits à l'entrée des produits de l'industrie étrangère ? On cherche, et il cherchait à constituer l'indépendance et les ressources de travail de l'ouvrier indigène, en équilibrant, au moyen de taxes de différence, les conditions de lutte de cet ouvrier avec l'étranger. Que fallait-il donc faire pour arriver à ce résultat ? Evidemment, frapper l'entrée des produits étrangers d'un droit non pas *modéré*, épithète qui, entre autres choses, a le mérite ici de ne rien signifier du tout, mais d'un droit *suffisant* à mettre à l'abri de la supériorité écrasante de l'industrie étrangère le travail, le pain, le génie, les bras de l'ouvrier national.

— Mais, dit l'école, le tarif de 1664 suffisait.

— Il est probable qu'il ne suffisait pas, puisque Colbert l'a augmenté.

— C'est qu'il ne connaissait pas nos maximes !

— C'est vrai; et elles les eussent, Louis XIV, de Lionne et lui, assez émerveillés !

Il est vraisemblable que si quelqu'un fût venu leur dire qu'il y avait un extrême intérêt pour la France à n'avoir ni soieries, ni draperies, ni orfévrerie, ni savons, ni dentelles, ni glaces, etc., et qu'il fallait laisser le monopole de création et d'importation de tout cela à l'Italie, à l'Angleterre, à la Hollande et à l'Allemagne, ils eussent été bien honteux ne n'avoir pas deviné le fin d'une aussi belle politique. Mais il faut leur pardonner : c'était un assez pauvre homme que ce Colbert, un esprit un peu dur, un patriote forcené, qui aimait mieux la grandeur de son pays que celle de l'étranger : cela a changé, soit; mais il faut savoir entrer dans l'ignorance des siècles et dans le faible des gens.

D'autant, chose consolante, que si Colbert s'est trompé, jamais erreur ne fut plus féconde en bienfaits que la sienne. Qu'on en juge par le tableau que nous allons présenter des magnifiques et utiles industries que le tarif de 1667, en onze ans seulement que d'une première tenue il dura, parvint à acclimater en France.

Colbert, et cela se concevait, avait annoncé que ses premiers encouragements seraient en faveur du rétablissement des anciennes manufactures. On se rappelle quelles étaient ces manufactures. C'étaient surtout des fabriques de luxe. Il était resté d'assez belles ruines encore, malgré tant de vicissitudes et de secousses, des ateliers de tapisserie et de soieries fondés à diverses reprises par Louis XI, François Ier et Henri IV. Louis XIV, d'ailleurs, magnifique en tous ses goûts, avait une préférence naturelle pour l'industrie que l'on pourrait appeler d'art. Ce fut cette industrie dont les fondements existaient déjà sur le sol que l'administration de Colbert commença par ranimer.

Il acheta des bâtiments qu'avaient élevés, vers la fin du quinzième siècle, les deux frères Gobelins, les répara, les agrandit, y installa, en les comblant de priviléges, des ouvriers tapissiers qu'il fit venir de Flandre, des sculpteurs, des orfévres, des ébénistes, des menuisiers, des horlogers, etc., et créa ainsi une *Manufacture royale des meubles de la couronne*, dont il confia la direction au peintre Le Brun. Il établit de même deux manufactures de tapis d'autres genres à a Savonnerie et à Beauvais.

Dès 1670, protégés par les encouragements du roi et par le tarif de 1667, qui avait imposé des droits prohibitifs à l'entrée des productions similaires de Turquie, d'Angleterre, d'Allemagne, de Flandre et particulièrement d'Oudenarde, d'Anvers et de Bruxelles, les Gobelins, la Savonnerie et Beauvais commençaient à faire, ce qu'ils n'ont cessé de faire depuis, l'admiration du monde.

Enfin, et par les mêmes moyens, il créa Sèvres.

Je suppose que Louis XIV et Colbert, devinant Quesnay et Gournay, eussent, par exemple, *laissé faire* les Flamands et *laissé passer* leurs tapisseries; je demande où seraient les Gobelins ? On dira que nous aurions eu, à la place, la satisfaction de voir appliquer les maximes de Gournay et de Quesnay. Il est vrai; mais on ne peut avoir tous les plaisirs ensemble.

Ce fut Lyon ensuite et sa splendeur industrielle qui sortirent d'un seul jet, pour ne plus s'éclipser non plus jusqu'à nos jours, du système de politique industrielle adopté par Colbert.

Jusque-là l'industrie des soieries avait fleuri à Tours. On se rappelle que Louis XI l'y avait établie, et que François Ier l'y avait magnifiquement protégée. Mais les grandes plantations de mûriers opérées dans le Midi, en dépit encore du *cours naturel des choses*, par Henri IV et par Olivier de Serres, avaient peu à peu fait surgir à Lyon quelques fabriques de velours et de taffetas.

Il y avait alors dans cette ville un prévôt des marchands dont les Lyonnais devraient faire graver, en lettres d'or, le nom dans leurs archives. Il s'appelait Charrier. Il lut la belle circulaire que Colbert avait adressée, à lui comme à tous ses confrères, les prévôts et échevins des autres villes du royaume. Dès lors, il entama avec le grand ministre une correspondance qui dura plusieurs années [1], et dans laquelle il lui exposa, avec une clarté admirable, tous les

[1] Elle est dans le tome III de la *Correspondance administrative sous Louis XIV.*

avantages de situation qu'offrait sa magnifique cité pour l'établissement de l'industrie des soieries.

Colbert le comprit; et comme il ignorait que cela était défendu par la *science*, il frappa de droits considérables l'entrée sur le territoire des soieries de Lucques, de Florence, etc., développa ou établit à Lyon, à force de priviléges, des fabriques de taffetas, de velours, de brocarts, de crêpes, de bas de soie, etc.; si bien que les établissements sans rivaux de ce genre, que l'Europe aujourd'hui nous envie, commencèrent, après peu d'années, à dicter les lois du luxe et du goût.

Charrier qui, lui non plus, n'avait pas étudié en libre échange, ne contenait pas sa joie naïve de voir tant de merveilles et de bienfaits sortir de la politique du grand homme auquel il s'était adressé. « Monseigneur, lui écri- « vait-il, quelles actions de grâces ne vous doit pas la ville « de Lyon, pour l'établissement de la nouvelle fabrique « des crêpes! *Vous donnez la vie* à six mille ouvriers que la « cessation du commerce avait réduits à la nécessité... » Et ailleurs : « Lyon donne du pain à plus de cent vingt mille « familles... Si ses ressources tarissaient, le plat pays serait « ruiné, car la plus grande partie de notre terroir ne pro- « duit pas de quoi payer les frais des cultures... [1] » A quoi Colbert répondait par lettres patentes, priviléges, dons manuels, défenses d'introduction des produits étrangers, etc., ignorant, comme Charrier, qu'il eût été bien plus avisé de laisser Lyon et ses campagnes dans la misère, et Florence et la Toscane dans l'opulence.

Même conduite avec Venise, pour arriver à établir en France des glaces et des dentelles.

[1] Lettres du 5 avril 1666 et du 6 janvier 1665.

Ce serait toute une histoire, et bien intéressante à raconter en détail, que celle de l'introduction, sur notre sol, de ces riches et utiles industries.

En voici du moins quelques traits.

Colbert avait commencé par se procurer, à Venise même, une note secrète de la quantité des expéditions que la fameuse République nous faisait en glaces et en dentelles, et une liste des marchands des deux Etats entre les mains desquels était ce commerce. Cela fait, il chargea de Bonsy, évêque de Béziers et notre ambassadeur à Venise, (tout le monde alors, comme on voit, mettait la main à cette œuvre si peu conforme au *cours naturel des choses*) il le chargea donc d'embaucher, s'il se pouvait, des ouvriers en glaces et des ouvrières en dentelles.

La mission était difficile, périlleuse même. On sait quelles peines terribles la République prononçait contre tout Vénitien qui portait son industrie à l'étranger. Sa famille était mise en prison, et si, dans un laps de temps déterminé, il ne revenait pas, l'article 26 des statuts de l'Inquisition d'Etat prononçait qu'il fallait charger quelque émissaire de le tuer. Il y avait presque autant de péril à leur proposer de braver cette menace de la loi. L'évêque de Béziers écrivait à Colbert « qu'on y courrait le risque « d'être jeté à la mer. »

On y réussit cependant. On établit à Nevers et à Paris des manufactures de glaces. Nos ouvriers virent travailler les Vénitiens et ils surprirent si vite leur secret que, dès 1670, Colbert faisait répondre à de nouveaux transfuges de Murano, qui demandaient à venir s'établir chez nous, que l'éducation de la France était faite.

L'histoire de l'établissement des dentelles offre quelques détails, à certains égards, plus curieux encore.

Cela commença à Reims. Un Français, nommé Chardon, qui avait séjourné longtemps à Venise, aidé par notre ambassadeur, avait embauché six Vénitiennes; on lui adjoignit une vingtaine de Flamandes. Il établit une dentellerie. Ce fut une pépinière d'ouvrières, que Colbert prit soin de répandre principalement.dans les villes où la population des femmes était la plus pauvre, à Alençon, à Auxerre, à Sens, à Bourges, à Issoudun, à Riom. Il faut lire sa correspondance, pour apprécier les soins touchants et infinis qu'au milieu des embarras sans nombre de ses cinq ou six ministères, il prend de l'établissement de ces dentelleries qui, en augmentant la richesse de l'Etat, doivent donner du travail et du pain à de pauvres femmes. Rien n'est trop humble pour lui. Il correspond avec une dame Catherine de la Marcq, à Alençon, et une dame Voullemin, à Auxerre, maîtresses dentellières qui lui rendent compte des progrès de leur industrie, du bien qu'elle répand, des petites contrariétés que son établissement suscite. Il avait trouvé sur la note secrète qu'il s'était procurée à Venise, parmi les noms des marchands qui faisaient précédemment ce commerce, celui d'un certain Amonet. Il fait d'Amonet un inspecteur d'office des dentelleries de France et échange lettres sur lettres avec lui[1].

Pauvre grand homme! il ne se doutait guère, en consacrant ainsi ses veilles obstinées à la création du travail et de la richesse de son pays, qu'un jour viendrait où l'on nous ferait voir qu'il était le jouet de déplorables illusions, et

___

[1] Voyez, pour tous ces détails, la *Correspondance administrative*.

qu'il aurait bien mieux valu laisser la France continuer
à payer à l'Italie trois millions six cent mille livres pour
l'importation de ses dentelles et un million pour celle de
ses glaces [1], que de nous affranchir de ce tribut, en natu-
ralisant sur notre sol deux industries, qui devaient s'y per-
fectionner encore et nourrir toute une population d'hommes, de femmes et d'enfants!

Mais il faut abréger : aussi bien, le détail ici serait sans
fin, car Colbert ranima ou établit en France à peu près
tous les genres d'industrie connus de son temps; et ce ne
furent pas seulement les fabriques de luxe qui attirèrent
son attention, comme on l'a dit souvent par erreur, ce furent aussi, et avec une sollicitude au moins égale, toutes
les manufactures dont l'introduction pouvait être avantageuse au bien-être du peuple en même temps qu'à la richesse de l'Etat.

Depuis longtemps nous fabriquions des draps; mais nous
n'étions pas encore arrivés, loin de là, à la perfection des
Florentins, des Flamands, ni des Anglais, dont la Flandre
déjà avait fait l'éducation. Un des agents de Colbert, en
Hollande, découvrit, à Middlebourg, le fameux Van Robais; il l'attira et l'établit à Abbeville [2]. De là date notre
draperie fine. Les anciennes fabriques de Sedan, de Louviers et d'Elbeuf, furent de même ranimées et transformées
par ses soins. Pour avancer leur développement, il prohiba,
en 1666, tous les lainages anglais et, par le tarif de 1667,
il frappa de droits considérables ceux de l'Espagne, de la
Flandre, etc. Quelles furent les conséquences de cette politi-

---

[1] Au témoignage de Colbert lui-même, dans son compte-rendu à
Louis XIV, publié par Forbonnais, t. I, p. 565 et suiv.

[2] Voyez la *Correspondance administrative*. Lettre du 30 octobre 1665.

que, pour l'industrie de la laine prise tout ensemble, depuis les draps fins d'Abbeville et les draps à grande largeur de Sedan, jusqu'aux camelots, serges, bas d'estame ou de laine, et tissus de tout genre, à l'usage du peuple? Colbert, en 1669, voulut le savoir; il ordonna, dans cette vue, des recherches statistiques. Ces recherches apprirent qu'à l'abri des priviléges et sous le couvert des tarifs il s'était rétabli ou monté à nouveau, en France, trente-quatre mille deux cents métiers à laine, produisant près de six cent soixante et onze mille pièces de drap et occupant plus de soixante mille ouvriers[1]. En quelques années, on était arrivé ainsi à une prospérité qui faisait pâlir déjà celle de Florence et de Leyde!

La même politique amena dans le domaine entier de l'industrie nationale une foule de restaurations, de créations et de progrès analogues. Il faut se borner à les énumérer.

Bien des industries des plus indispensables étaient encore inconnues en France. Ainsi, celle du fer-blanc. Les Allemands et les Suédois en avaient le secret. Il attira leurs ouvriers et, après un peu de temps, nous commençâmes à nous passer d'eux. Il fit de même pour le goudron, dont la Suède avait la renommée et le monopole. Un Suédois, par ses soins, en naturalisa l'industrie dans la Guyenne, dans le Dauphiné et dans l'Auvergne. Un Allemand nous apporta de même l'industrie du fil de laiton. Des Italiens nous apprirent à fondre des canons; des Hollandais à forger des ancres. Nous importâmes encore d'Italie des fabriques de soude et de savon blanc, qui prospérèrent rapide-

----

[1] Voyez là-dessus la *Statistique de la France,* publiée par le ministère de l'agriculture et du commerce. *Industrie,* t. I, Introduction.

ment dans le midi. Il en fut de même ailleurs des papeteries, de l'horlogerie, des rubanneries, des teintureries, des blanchisseries de toiles, des verreries, des tuileries, des maroquineries, des pelleteries de tous les genres; en un mot, de toutes les sortes de manufactures alors connues dans le monde. Une industrie même, qui alors n'était presque rien, mais dont on dirait que, dans l'inquiétude qu'il exprimait souvent de voir dépérir nos forêts, il a pressenti l'importance, l'industrie de la houille, attira son attention. Il accorda à des particuliers des priviléges importants pour l'exploitation et la vente du *charbon de pierre* dans la vallée et dans les ports du Rhône [1]. Tant il était pénétré de cette saine et forte conviction qu'il n'est presque aucun genre de travail que le génie d'une nation, pourvu qu'elle dispose d'un grand territoire, ne puisse parvenir à s'approprier.

Avait-il tort? Tout imparfait que soit le tableau que nous venons de présenter, on pourra du moins y prendre une idée générale de la révolution magnifique qu'il opéra, en suivant cette maxime, dans les ressources de travail et dans les éléments de richesse de la France. Et cela suffira peut-être à l'absoudre, dans tous les esprits droits et dans tous les cœurs patriotes, du crime que lui fait aujourd'hui *la science* d'avoir interrompu le *cours naturel des choses.*

Mais laissons parler les faits dans leur naïve et irréfutable éloquence, et continuons notre récit.

La politique commerciale de Colbert n'eut pas seulement pour levier, dans le domaine de l'industrie, le régime combiné des encouragements du Trésor et de l'établisse-

---

[1] On trouvera les titres de création de presque toutes ces manufactures, soit imprimés, soit manuscrits, à la Bibliothèque impériale: Cinq cents de Colbert, n° 207, et Fonds de Harlay, n° 116 (1 à 3).

ment des droits protecteurs; un autre système de rouages
aussi, qu'il n'inventa pas, qu'il trouva établi, mais qu'il
conserva, répara, augmenta, et dont il fit un usage marqué au coin de la persévérance et de l'énergie d'action
qu'il mettait à tout, figura, et pour une grande part, dans
l'histoire de son administration : nous voulons parler des
jurandes et maîtrises, et des statuts des métiers et règlements de fabrication.

Nous avons vu sous saint Louis s'organiser les corporations. Elles étaient alors, ainsi qu'on se le rappelle, une
garantie contre l'oppression féodale. Quant à leurs statuts
et règlements, ils avaient eu, on s'en souvient aussi, dans la
pensée du grand roi qui s'était occupé de les faire rédiger,
un but aussi élevé qu'utile, le but de créer la probité marchande et de forcer les grossiers artisans de l'époque à per-
fectionner leurs ouvrages. Près de quatre siècles s'étaient
écoulés depuis lors. Durant cet intervalle, bien des abus
s'étaient glissés dans l'institution primitive et en avaient
altéré le caractère. A la fin du quinzième siècle, notamment, les membres existants des corporations de métiers
avaient imposé aux apprentis des durées d'apprentissage
et de compagnonnage, des conditions de *chefs-d'œuvre*,
des droits de réception enfin, exagérés et tyranniques.
Le pouvoir royal, sous Henri III, était intervenu dans ces
excès et avait interposé là, comme partout, son autorité
protectrice. Le travail, par édit de décembre 1581, avait
été déclaré droit domanial et royal; ce qui valait mieux
sans comparaison, à l'usage, que l'autorité oppressive de
la plupart des maîtrises. Henri IV, cependant, sur la demande formelle des notables de Rouen, avait rétabli les
anciens règlements. Les Etats de 1614 ensuite en avaient

inutilement sollicité une réforme aussi légitime que raisonnable. Puis, les choses jusqu'à Colbert, en étaient restées là.

Qu'allait-il faire? sacrifier l'institution aux abus ou les abus à l'institution? Il préféra le maintien de l'institution.

A partir de 1666, il entra dans la voie de la réorganisation des maîtrises et de la révision et surveillance des règlements, et jusqu'à sa mort il n'en sortit pas. Bien plus, il augmenta l'étendue et la rigueur de principes de cette grave matière, au delà de tout ce qui s'était vu avant lui. Ainsi, et pour ne citer que quelques faits, en 1673 il ordonna l'établissement d'une corporation dans tous les métiers qui n'en avaient pas ; pendant la durée entière de son ministère, il confirma et révisa une quarantaine, sinon plus, de statuts de métiers, ayant pour objet de réglementer la grandeur et la largeur des étoffes, la qualité des teintures, la longueur des fils, etc. ; enfin, il attacha à l'observance de la police des jurandes et à celle de la teneur des règlements, des sanctions de la dernière énergie : la confiscation, la rupture publique des métiers, l'exposition sur un poteau d'infamie de tous ouvrages défectueux, avec un écriteau contenant le nom du marchand ou de l'ouvrier trouvé en faute, et, en cas de double récidive, c'est-à-dire à la troisième fois, la mise au carcan, pendant une durée de deux à six heures, de l'ouvrier ou du marchand lui-même.

Le premier mouvement de l'âme, et à quelque conclusion que nous arrivions tout à l'heure, hâtons-nous de dire qu'ici, comme presque partout, c'est le bon : le premier sentiment donc que l'on éprouve à la lecture des lois ad-

ministratives et pénales de ce code du travail, c'est un
sentiment d'insurmontable répulsion.

D'abord, pourquoi ces sanctions extrêmes, ces bris de
métiers, ces expositions publiques de marchandises et
de marchands? La police de la beauté de fabrication des
ouvrages n'eût-elle pas été faite d'une manière aussi sûre
par des voies plus douces et plus élevées? Ainsi, par exemple, chez une nation aussi sensible que la nôtre à l'honneur, ne suffisait-il pas que Louis XIV portât certain drap
de Reims ou d'Abbeville, préférablement à tout autre, pour
que l'exemple fît règle? Ne suffisait-il pas que les dentelles
d'Alençon fussent préférées à la cour à celles de telle autre
ville, d'Auxerre et de Sens, par exemple, pour que Sens et
Auxerre fussent piquées d'émulation? Ensuite, à quoi bon
cette durée excessive d'apprentissage et de compagnonnage? Dix ans d'études pour devenir maître bonnetier!
A quoi bon aussi cette division à l'infini des métiers?
Pourquoi un teinturier en fil n'avait-il pas le droit de teindre en laine, ou réciproquement? Ajoutez que c'était inévitablement une source de procès innombrables et sans
fin. Comment Colbert, qui avait rédigé la belle *Ordonnance
du commerce* pour mettre quelque frein à ces ruineuses
contestations, leur laissait-il ainsi une aussi large porte ouverte? En outre, n'y avait-il pas une contradiction, de
principe à coup sûr, et même, ce semble, de conduite, à
maintenir les maîtrises dans le même temps qu'on faisait
un aussi magnifique usage du régime protecteur? Quel
est l'objet de la protection? de garantir la liberté de travail de l'ouvrier indigène de l'oppression de la concurrence extérieure. Était-il conséquent de jeter à l'intérieur,
dans les entraves des règlements et des maîtrises, ce même

ouvrier qu'on se donnait tant de peine pour affranchir du joug de l'étranger? Enfin, car cette considération à elle seule vaut mieux que tous les raisonnements, enfin, disons-nous, qu'y a-t-il de plus sacré au monde que la liberté des bras d'un homme, et pourquoi avoir violé cette liberté?

Telles sont, quand on ne considère en ce sujet que l'imprescriptible question de principe, les réflexions qui, en présence de la détermination de Colbert, montent de prime abord en foule du cœur à l'esprit. Cependant, lorsqu'on envisage les choses à un autre point de vue, qui, lui aussi, mérite toujours d'être attentivement considéré, le point de vue des faits, le tableau change, et avec lui le jugement oscille, penche et tourne.

Il faut considérer, avant de se permettre de prononcer rigoureusement sur la conduite de Colbert, en cette question, plusieurs choses de la dernière importance : le temps où il vivait, l'état de la classe industrielle, marchande et ouvrière de ce temps, les vues dans lesquelles il agissait, les résultats enfin auxquels il est parvenu.

Il convient, avant de juger les hommes et les choses d'un siècle, de se transporter par la pensée dans ce siècle. Était-ce la liberté qui passionnait les âmes au temps de Louis XIV? Le nom même en était inconnu. Dieu et le Roi, voilà la maxime de conduite de toute la société. C'est le temps de l'absolutisme, de la soumission, de la discipline et de l'ordre en toutes choses : en religion, en politique, et jusqu'en philosophie et en littérature. Cependant, la liberté du travail n'est chez l'individu qu'une forme et qu'un corollaire de la liberté civile. La liberté civile était nulle sous le grand règne : comment la liberté du travail eût-

elle été possible? Il aurait fallu à Colbert pour la décréter,
s'il en avait eu aussi bien le désir qu'il en avait l'éloignement, faire toute une révolution, non pas dans l'industrie,
mais dans le système social entier de son temps. Ne de-
mandons pas à un ministre du dix-septième siècle, si grand
qu'il ait été, une œuvre qui n'a été mûre qu'à la fin du
dix-huitième siècle, et qu'encore il a fallu l'explosion de
toute la société pour accomplir. Si Colbert eût touché aux
jurandes, il eût été en contresens de conduite avec tout
son siècle. Rien ne semblait plus naturel alors que ce régime de corporations qui nous révolte aujourd'hui. Ouvrez
Bossuet. Quelle est la nation qui, à ses yeux, a réalisé, ou à
peu près, l'idéal en matière de travail? L'Egypte. « Il n'é-
« tait pas permis d'être inutile à l'Etat », raconte-t-il [1], non
sans un visible assentiment, au Dauphin ; « la loi assi-
« gnait à chacun son emploi, qui se perpétuait de père en
« fils. On ne pouvait ni en avoir deux, ni changer de pro-
« fession, mais aussi..... tous les métiers, jusqu'aux moin-
« dres, étaient en estime ; et on ne croyait pas pouvoir
« sans crime mépriser les citoyens dont les travaux, quels
« qu'ils fussent, contribuaient au bien public. Par ce
« moyen, tous les arts venaient à leur perfection : l'hon-
« neur, qui les nourrit, s'y mêlait partout : *on faisait mieux*
« *ce qu'on avait toujours vu faire* et à quoi on s'était uni-
« quement exercé dès son enfance...» Voilà, par la voix du
plus grand esprit peut-être du grand siècle, la profession de
foi de tout ce siècle en matière d'organisation du travail.
Colbert n'avait là-dessus que les idées de tout son temps ;
c'est ce temps tout entier qu'il faut accuser, si on trouve

---

[1] *Discours sur l'histoire universelle*, troisième partie, chap. III.

bon de le faire, de la conduite qu'il a tenue vis-à-vis des jurandes.

Mais, d'ailleurs, l'état de la classe marchande, industrielle et ouvrière, était-il tel à cette époque, que la liberté individuelle du travail eût pu lui être donnée avec fruit ? Il est permis d'en douter. Ce sont les échevinages des plus grandes villes du royaume qui demandent à Colbert, ainsi qu'on le voit par sa correspondance, le maintien des maîtrises et des règlements, et, bien plus, les sanctions infamantes que ses ordonnances ont édictées. « Monseigneur, « lui écrit la ville de Lyon, rien de si aisé que de les perfec- « tionner (les fabriques)... en conservant les ouvriers dans « *la liberté de leurs priviléges* et dans la rigoureuse obser- « vation de leurs règlements. Car, il n'y a presque plus « d'ouvrier fidelle ; les plus malhabiles veulent tout faire et « à bon marché. Ainsi ils ruinent les bons qui, en gagnant « leur vie honnestement, voudroient bien donner quelque « réputation à leurs ouvrages [1]... » Ainsi encore, il n'avait, de lui-même, donné d'autre sanction que l'amende au respect des règlements. Ce furent les fabricants de Carcassonne, ainsi qu'en font foi leurs statuts, qui lui demandèrent d'y joindre l'exposition publique. On pourrait aisément multiplier ces détails : ils montrent que l'esprit de réglementation chez Colbert fut loin, comme des écrivains superficiels l'ont dit, d'être une passion privée.

Les vues qui l'inspiraient d'ailleurs étaient aussi élevées au point de vue moral qu'au point de vue politique. Il voulait assurer la loyauté de fabrication et de livraison des produits. Il voulait acquérir aux ouvriers et aux marchands

---

[1] *Correspondance administrative.* Lettre du 6 janvier 1665.

français une double réputation de probité et d'habileté, qui
leur donnât quelque jour la préférence, à deux titres, sur
les marchés étrangers. Pour cela, il lui parut naturel et
équitable de « fermer la porte aux ignorans », comme il
disait, et d'aller jusqu'à flétrir la déloyauté industrielle et
marchande. Cela violente nos mœurs, il est vrai ; mais, l'in-
tention comprise, cela est loin, bien au contraire, d'offen-
ser la morale.

Ensuite, n'oublions pas que Colbert était avant tout un
homme d'Etat. Comme Mazarin, son maître, comme Ri--
chelieu, dont il avait toujours, et avec raison, la conduite
devant les yeux, il a toujours compté le bien de la nation
pour quelque chose de beaucoup plus considérable que celui
de l'individu. L'Etat ! l'Etat ! telle était la grande, l'unique
passion de ce grand patriote, aussi bien que de ses devanciers. Nous avons rabattu singulièrement depuis de cette
passion ; et nous tendons à préférer hautement le particulier à la société, le Français à la France, chacun de nous à
la patrie : cela est-il plus noble et cela vaut-il mieux ? Question plus que douteuse.

Enfin, il est une dernière chose, qui a son prix, et qu'il
faut considérer encore, ce sont les résultats de la politique
de Colbert. « Ils lui donnèrent pleinement raison », dit un
illustre et sage historien, « et il parvint à pousser la na-
« tion en avant, d'un demi-siècle [1]. »

Tout cela ne suffît-il pas, nous ne dirons pas à l'absou--
dre, ses seules intentions l'absolvent pleinement, mais
même à faire fortement pencher le jugement définitif de
l'histoire en faveur, non pas de son système, mais de sa

---

[1] **M. Augustin Thierry**, *Essai sur l'histoire du tiers État*, p. 199-200.

conduite? Quant à nous, nous le croyons. Heureuse la patrie, si tous les successeurs de ce grand homme avaient compris comme lui l'esprit, les nécessités et la mesure de leur siècle !

Mais il est temps de suivre sur un terrain nouveau cet infatigable organisateur de la richesse nationale.

L'une des choses que, tout d'abord en arrivant aux affaires, Colbert avait visiblement le mieux comprises, c'est que toutes les parties de la fortune publique sont solidaires en France; que, par la topographie même de son territoire et la diversité de génie de sa population, c'est une nation économiquement complète, c'est-à-dire capable également d'agriculture, d'industrie, de marine, de colonisation et de commerce; et, enfin, que rien n'est fait tant qu'on ne l'a pas mise en état d'exercer son intelligence et son activité dans toutes les routes que la Providence elle-même semble lui avoir ouvertes.

La restauration des finances, la réorganisation des douanes intérieures, le soulagement de l'agriculture, le rétablissement de l'industrie, toutes choses dont une seule eût suffi à épuiser et à immortaliser un ministre, étaient déjà de grands progrès dans l'universelle carrière qu'avait embrassée Colbert. Mais, pour atteindre le but final de cette carrière, pour élever la France à un degré tel de puissance économique qu'elle fût capable de rivaliser avec l'Angleterre et la Hollande, il fallait davantage encore. Il fallait ouvrir au commerce national la route des mers et celle des colonies.

Tout était à rétablir ou plutôt vraiment à créer dans ce nouveau domaine. Nous l'avons dit : les colonies étaient à peu près oubliées de la métropole, elles étaient sans culture et sans relations, et, quant à notre marine, une phrase de l'édit de septembre 1664 peut suffire à peindre le triste état où elle était réduite : « Les étrangers s'étaient « rendus maîtres de tout le commerce par mer, même de « celui qui se fait de port en port au dedans du royaume. »

La marine, instrument de tout le reste, réclamait, la première, les soins les plus prompts, les plus énergiques et les mieux entendus.

Que fit Colbert en ce genre? On ne saurait l'estimer à sa vraie valeur qu'en disant qu'il s'y surpassa.

Il s'occupa d'abord du matériel naval. Pénétré de cette pensée « qu'il est ridicule que nous allions chercher chez « les étrangers ce que nous avons en abondance, » il commença par établir en maxime de prendre dans le royaume de préférence à l'étranger, « quand même les marchan- « dises seraient un peu moins bonnes, ou un peu plus « chères [1] », tout ce qui était nécessaire à la construction, à l'armement et au gréement des vaisseaux ; et, dans cette vue, d'encourager par tous les moyens imaginables, mais, d'abord, en leur assurant ce débouché privilégié, tous les établissements d'industrie maritime indigènes. Il ordonna donc de prendre les bois et les mâts dans le Forest, le Dauphiné et le Nivernais ; les chanvres dans le royaume, et non plus à Riga, comme on avait fait jusqu'alors ; de même, pour les toiles à voile, toutes les ferrures, tous les ustensiles de pilote, les canons, les ancres, etc [2].

Il eut bien des difficultés à vaincre, bien des préjugés à

---

[1] Lettres à l'intendant de Rochefort, année 1666 (voyez la *Correspondance administrative*).

[2] Voyez son admirable *Instruction pour mon fils.*

combattre pour arriver à constituer ainsi la France en
état de se fournir elle-même sa munition navale.

Il arriva bien souvent que, dans les arsenaux qu'il avait
créés (rien de nouveau sous le soleil), on rebuta les bois,
les fers et les toiles indigènes, sous prétexte .qu'ils ne
valaient pas ceux de l'étranger. Entre cent exemples,
lisez ce curieux et instructif passage d'une de ses lettres à
un commissaire de la marine : « .... Je ne sçay pas de
« quelle qualité et de quelle forge est le fer qui a eschoué
« à Boulogne ; mais je sçay bien que la première fois que
« j'establis quelque chose de nouveau dans le royaume,
« pour toutes les manufactures qui sont nécessaires dans
« notre marine, on les trouve tousjours mauvaises dans nos
« ports, et bien souvent elles le sont. Par exemple, il est
« bien possible que le fer soit aigre ou qu'il soit mal
« fabriqué... Il ne faut pas s'en estonner, veu qu'il est
« bien difficil que la première fois que des gens s'appli-
« pliquent à un ouvrage, ils puissent y réussir parfai-
« tement ; mais, en leur envoyant des eschantillons et
« en tenant la main à ce qu'ils se corrigent, l'on parvient
« à en avoir d'aussi bons que dans les pays estrangers[1]... »
Ce fut ce qui arriva bientôt, en effet ; nous en verrons tout
à l'heure l'irrécusable et glorieux témoignage.

Mais il ne suffisait pas d'encourager les propriétaires
de forêts, d'élever des forges, de protéger la culture du
chanvre, etc., il fallait arriver à construire des vaisseaux.
Il recourut là encore à ce système si fécond de la protection que *la science* a si patriotiquement et si habilement décrié. Il accorda une prime de quatre, cinq et

____
[1] Lettre du 12 décembre 1670 (*Correspondance administrative*).

jusqu'à six livres par tonneau, à tout constructeur de
navire. Il maintint énergiquement le droit de 50 sous par
tonneau dont Mazarin avait frappé l'entrée dans nos ports
des bâtiments étrangers; et, dès lors, chose oubliée depuis
Richelieu et qui, alors même, avait été une rareté, nous
eûmes une marine marchande, construite par des Français, avec des matières indigènes.

Le vaisseau fait, il fallait lui donner des matelots.
Notre population maritime, comme nous n'avions pas de
navires et que nous ne pouvions lui donner d'emploi,
s'était dispersée dans toute l'Europe; nos hommes de mer
étaient au service de l'Angleterre, de la Hollande et de
l'Italie. Colbert les fit chercher dans tous les ports étrangers, les ramena à prix d'argent et en donnant des primes
considérables à tout capitaine d'un bâtiment français dont
l'équipage, exclusivement composé de Français, ferait un
voyage dans les mers du Nord. Enfin, il renouvela et il
étendit toutes les ordonnances qui permettaient à la noblesse de faire, sans déroger, le commerce de mer.

La population maritime reparut en même temps et
à mesure que la navigation nationale croissait. Pour
achever d'en assurer l'entretien et la conservation, il créa
par deux édits le régime des classes et celui de l'enrô-
lement des matelots. En 1670, le premier recensement
donna trente-six mille hommes de mer; en 1683, année de
la mort du grand ministre, près de soixante-dix-huit mille.

C'est ici le lieu de mentionner, au moins, l'immortelle
Ordonnance qu'il promulgua *sur la marine* et qui mit le
comble à ses travaux de réorganisation navale. Monument unique, qui fait encore aujourd'hui l'admiration universelle, et qui, malgré la spécialité de son objet, peut être

mis à côté des œuvres les plus parfaites qu'ait produites en aucun genre le siècle de Louis XIV. C'est qu'en effet, le génie en toutes choses se révèle aux mêmes signes de force et de grandeur. L'*Ordonnance de la marine* est d'une beauté aussi achevée en son genre qu'aucun des chefs-d'œuvre contemporains. Siècle heureux, auquel il a été permis d'atteindre à la perfection dans presque toutes les carrières que court l'intelligence humaine, et de la trouver en administration aussi naturellement qu'en éloquence ou en poésie.

La flotte marchande, construite, peuplée, assurée de son renouvellement et de son recrutement, il fallait, pour lui ouvrir sûrement les mers, lui créer des ports, la protéger dans ses courses, la faire respecter dans les eaux étrangères, conquérir enfin au pavillon qu'elle portait le respect et la préférence.

Colbert suffit à tout cela.

Il créa Rochefort, Brest et Toulon, où il construisit la marine de guerre qui devait protéger nos marchands. Il pensait, pressentiment dont une journée lugubre devait un jour vérifier la sagesse, il pensait à creuser un havre de guerre à la Hogue. Il envoya l'habile d'Estrades racheter Dunkerque aux Anglais : ce n'était en leurs mains qu'un bassin médiocre, ce devint dans les siennes un port de premier rang, capable de contenir trente vaisseaux de haut bord.

Des ennemis de la flotte naissante, le premier était le risque de mer. Colbert y para en créant des chambres modèles d'assurances maritimes, à Marseille et à Rouen.

Après les risques de mer, venaient les pirates, principalement dans la Méditerranée où les Barbaresques, depuis la

mort de Richelieu, avaient, ainsi que nous l'avons déjà
dit, impunément recommencé leurs désordres. On signifia
à la Porte d'avoir à changer de mœurs. Le chevalier Paul,
de Beaufort, d'Hocquincourt, Toùrville, allèrent, sous le
feu des batteries de Tunis, appuyer à coups de canon la
note de de Lionne, et elle fut obéie.

La marine militaire ne borna pas ses services à ces faits
d'armes.

Colbert lui inculqua cette utile et féconde pensée, qu'a-
vant tout, elle est faite pour protéger les navires marchands et pour leur prêter assistance. « Un capitaine de
« marine, écrivait-il [1], qui a l'honneur de commander un
« vaisseau du roy pour l'escorte des vaisseaux marchands
« ne doibt penser à autre chose, sinon qu'à se bien acquit-
« ter de cet ordre, sans raisonner sur un métier de mar-
« chandises et de commerce... qui n'est point son fait... »

Les consulats étaient dans le plus grand désordre :
c'étaient des offices nobles aux mains de titulaires qui ne
pensaient qu'à en tirer profit. Colbert les réorganisa et en
fit, ce qu'ils doivent toujours être, des agences d'informa-
tion et de protection constante pour le commerce. Autant
qu'il put, il y nomma des négociants où des hommes expérimentés en matière de commerce. Dans tous les cas,
il enjoignit aux nouveaux consuls, de quelque rang qu'ils
fussent, « de faire choix de trois ou quatre des plus habiles
« marchands (de leur résidence) pour les assembler chez
« eux une fois par semaine et prendre leur avis sur tout
« ce qui se pourroit faire pour bonifier et augmenter le
« commerce des François [2]. »

<hr>

[1] Lettre au sieur de Larson, du 11 juillet 1670.
[2] *Instruction à l'évêque de Béziers, s'en allant ambassadeur en Espagne.*

En outre, il négocia partout, en Angleterre, en Espagne, en Hollande, en Italie, etc., et avec autant de fermeté que d'adresse [1], pour obtenir à nos navires et à nos marchands, soit le traitement des nations les plus favorisées, soit la réciprocité du traitement que ces étrangers avaient dans nos ports, soit des avantages ou des priviléges.

Enfin, il fit rechercher les causes pour lesquelles les étrangers naviguaient à meilleur marché que nos nationaux, et ne se donna ni à lui ni aux autres de relâche qu'il n'eût fait passer dans les mœurs de notre marine marchande les habitudes de propreté, d'exactitude, d'économie, de probité, qui distinguaient les marines rivales et qui leur obtenaient les préférences des tiers.

Et quels furent les résultats de cette politique et partout et toujours exclusivement protectioniste? D'après Colbert lui-même [2], notre marine marchande, qui était dans le néant quand il arriva aux affaires, comptait déjà deux mille quatre cents bâtiments, en 1664; et, quant à la marine de guerre qui, en 1661, n'était que de trente navires, elle était seize ans plus tard, à la paix de Nimègue, de deux cent soixante-seize, dont près des deux tiers en mer.

Il est inutile de commenter ces chiffres : ils racontent assez eux-mêmes la gloire de l'homme qui porta à un si haut degré la puissance de la patrie, et l'infaillible sûreté d'action des principes économiques que, comme personne

Forbonnais l'a publiée, t. I, p. 411. Voyez (*ibid.*) son *Mémoire*, circulaire *sur ce que les consuls de la nation française doivent observer;* et sa dépêche au sieur Fermanel, négociant à Rouen.

[1] Son *Instruction pour le comte de Vauguyon* (septembre 1681) peut passer pour l'un des modèles du genre.

[2] Manuscrit cité par M. Chassériau, *Hist. de l'ad. de la marine.*

avant lui ni peut-être depuis lui, en France, il eut l'art de mettre en œuvre.

Restaient les colonies. Le Portugal, l'Espagne, l'Angleterre et la Hollande avaient amplement montré déjà qu'il n'est point de grande puissance maritime ni commerciale sans colonies. Colbert, d'ailleurs, indépendamment de cette raison, quelque suffisante à elle seule qu'elle fût, avait un motif spécial de pousser la France dans la voie de ces établissements lointains, c'était de fournir aux manufactures et à la navigation, qu'il s'efforçait de tant de manières de créer, des échanges et des transports.

Nos colonies alors étaient peu de chose en elles-mêmes. C'étaient plutôt des prises de possession de territoires que des établissements vraiment dignes de ce nom de colonies. Les essais d'Henri IV et les efforts de Richelieu, traversés, interrompus, ruinés par tant de vicissitudes, n'avaient abouti qu'à nous constituer sur la carte de l'univers quelques points isolés, presque sans relations avec la métropole, où quelques rares familles d'aventuriers, de flibustiers et d'émigrés, avaient porté, au milieu de tribus sauvages, la langue et le drapeau de la France. Comparé aux magnifiques possessions de l'Espagne, du Portugal, de l'Angleterre et de la Hollande, rien n'était, en 1661, moins digne d'être décoré du titre de colonies.

Colbert, cependant, jugea avec génie que ces fondations chétives, si on savait les réparer, étaient capables de porter un jour l'édifice de tout un empire colonial. Elles étaient dispersées en Asie, en Afrique et dans le Nouveau-Monde, dans des situations géographiques singulièrement heureuses, dont l'importance à venir le frappa. Mais comment

leur donner la vie? La Hollande et l'Angleterre avaient
montré la route. Elles avaient fait voir que l'esprit d'association et la puissance de capital qu'il parvient à mettre
en commun étaient seuls capables de fonder des établissements coloniaux. Les Compagnies hollandaises surtout
faisaient, par leur opulence, l'étonnement de toutes les
nations. Il était bien vrai qu'Henri IV et Richelieu déjà
avaient voulu imiter en cela la Hollande, et qu'ils avaient
échoué; mais on pouvait légitimement attribuer cet échec
aux circonstances malheureuses qui avaient accompagné,
suivi et traversé leur administration. D'autres causes aussi,
sur l'existence desquelles Colbert, on le verra tout à l'heure,
ne se faisait pas d'illusion, avaient contribué à ce mauvais
succès. Mais il n'était pas homme à reculer devant des
obstacles, quels qu'ils fussent, sans au moins leur donner
un vigoureux assaut; et la conquête à faire ici était trop
belle — c'était le couronnement de toute son œuvre —
pour qu'il ne l'entreprît pas.

L'Amérique l'occupa la première.

On n a pas oublié les Compagnies successives des Indes
occidentales qu'avait organisées Richelieu. Abandonnées
après sa mort par la métropole, elles avaient entièrement
péri. Ceux qui les conduisaient, comme gouverneurs, en
avaient, sous Mazarin, acheté à vil prix les possessions.
L'un avait eu la Guadeloupe et Marie-Galante; un autre
la Martinique, Sainte-Lucie, la Grenade; un troisième,
Saint-Christophe, Saint-Martin, la Tortue, etc.

On imagine ce que pouvaient être des établissements
pareils, dans les mains de quelques particuliers sans capitaux et sans puissance militaire.

Les Hollandais s'étaient emparés du peu de commerce

qui s'y faisait, et les avaient transformées en succursales de leurs comptoirs.

Colbert commença par racheter le tout pour un million de livres environ.

Il supprima ensuite deux petites Compagnies, l'une du Canada, l'autre de Cayenne, qui ne pouvaient parvenir à vivre; et, réunissant cette vaste étendue de pays en un seul domaine, il en fit pour quarante ans la propriété commerciale exclusive d'une nouvelle et grande Compagnie qu'il combla de priviléges et de protection.

Ainsi d'abord, un arrêt du Conseil, sur le prétexte d'une maladie épidémique qui régnait à Amsterdam, interdit aux colons tout commerce avec la Hollande. Les colonies n'étaient pas peuplées. Colbert donna des primes considérables par tête de nègre qui y serait transporté. Les émigrants eurent le passage gratuit. Les protestants et les israélites furent admis sur le même pied que les catholiques. Tous les droits levés dans l'intérieur ou à la sortie de la France furent abolis sur les marchandises destinées aux îles. La monnaie y était rare. Colbert, rompant avec le préjugé de tout son siècle, qu'un Etat, avant tout, doit prohiber l'exportation du numéraire, y fit porter des sommes considérables; il fit, en outre, ordonner que les expéditions des huissiers, greffiers et notaires, y seraient payées en sucre. Enfin, des avances de fonds et des exemptions d'impôts de tout genre furent accordées à la plupart des colons, notamment à tous ceux qui établiraient aux Antilles des établissements utiles dans une période de temps déterminée.

Il s'occupa ensuite des Indes orientales.

La difficulté, là, était plus grande encore. Trois Compagnies, la première sous Henri IV, la seconde sous Concini, la dernière sous Richelieu, sans parler d'aventuriers de toute sorte, avaient successivement et entièrement échoué. Cependant la dernière, en 1642, avait établi, à Madagascar, des points de relâche qui avaient donné aux mouillages de cette belle et grande île une renommée dans l'esprit de tous nos marins, Dieppois, Malouins, et le reste.

Colbert et de Lionne, qui fut son second dans cet acte important de son administration, considérèrent attentivement la topographie de Madagascar, et ils virent que par sa magnifique position vis-à-vis la côte sud-est d'Afrique, à l'entrée de la mer des Indes, elle pouvait devenir le centre d'un grand établissement colonial et commercial en Asie.

Colbert chargea un littérateur, Charpentier, membre de l'Académie française, d'exposer, dans un écrit qu'il fit répandre ensuite par toute la France, l'importance de la possession de Madagascar, sa supériorité sur Batavia, l'avenir que présentait à tous les capitalistes l'exploitation d'une aussi belle colonie; de faire appel à l'honneur français, qui n'était déjà que trop blessé de l'avance prise dans des entreprises de ce genre par les autres nations; d'annoncer enfin que Louis XIV lui-même serait le premier actionnaire d'une grande Compagnie, dite des Indes orientales, que l'on allait organiser sur un pied sans précédents, pour aller faire concurrence à l'Angleterre et à la Hollande [1].

Jamais prospectus ne fut plus véridique.

La Compagnie d'Amérique avait été comblée de dons et

[1] Un exemplaire de l'édition originale de ce curieux écrit : *Discours d'un fidèle sujet du Roy*, etc. Paris, in-4°, 1664, se trouve dans le volume 116 du fonds de Harlay, à la Bibliothèque impériale.

de priviléges, celle-ci en fut accablée. On lui donna, en toute propriété, l'île de Madagascar et celle de tous les pays à découvrir, dans toutes les Indes, depuis le cap de Bonne-Espérance. Elle fut déclarée souveraine : elle eut le droit de faire des traités et de nommer des gouverneurs militaires dont Louis XIV ne se réserva que l'investiture. Le gouvernement s'engagea à soutenir ses établissements par la force des armes, à escorter ses convois et ses retours, à mettre, au besoin, des escadres à sa disposition. Le premier fonds était de quinze millions; l'Etat, sur-le-champ, en versa trois. La noblesse, les magistrats, tous les officiers publics furent, non-seulement autorisés à souscrire, mais priés de le faire, avec cette sanction que Colbert ne se fit nul scrupule d'ajouter que refuser serait *déplaire au roi.* On sait ce que cela voulait dire, au dix-septième siècle. On promit des titres et des honneurs à tous ceux qui se distingueraient au service de la Compagnie. Tout étranger qui y prit un intérêt de vingt mille livres, fut de plein droit déclaré régnicole, sans avoir besoin de se faire naturaliser. Les taxes furent diminuées en faveur de tous les objets de son commerce avec la métropole. Colbert déterra, en Hollande, un négociant d'origine française, nommé Caron, qui avait vieilli au service de la Compagnie d'Amsterdam, et qui connaissait la Chine et le Japon; il lui donna une grande situation à Surate. Il obtint en outre du Portugal l'établissement d'un entrepôt franc à Lisbonne. Enfin, en 1665, quatre grands navires français abordèrent à Madagascar.

Mais cela ne lui suffit pas encore. Il avait admirablement vu que tout se tient dans le commerce du monde, et que pour être sûrement établi quelque part en cette

matière, il faut l'être partout. Les Antilles avaient besoin
de nègres pour leur culture, cela lui fit jeter les yeux
sur l'Afrique. Il savait de quelle importance d'ailleurs
était aussi ce commerce, aux mains des Hollandais, dans
leurs rapports avec l'Inde. Il entreprit d'en faire partager les bénéfices à la France. En même temps qu'il faisait nettoyer la Méditerranée des pirates barbaresques
qui l'infestaient, il fit donner à de Beaufort commission
de débarquer en Afrique et de s'emparer de Gigelly. L'expédition ayant échoué, il forma successivement deux
Compagnies du Sénégal et de Guinée, dont il appuya les
opérations marchandes par la présence constante d'une
escadre à portée des Régences, et qui eurent un privilége
exclusif pour l'exploitation des côtes d'Afrique, depuis
la rivière Sierra-Leone jusqu'au cap de Bonne-Espérance.

Il organisa enfin, sur le même modèle et dans les
mêmes vues, trois autres compagnies qu'on pourrait appeler d'Europe, l'une du Levant, l'autre des Pyrénées et la
troisième du Nord; cette dernière, la plus importante des
trois, à laquelle il donna et avec raison des soins presque
aussi particuliers qu'à celles des Indes, et qu'il destinait
à aller dans la Baltique partager, avec la Hollande et
l'Angleterre, les dépouilles de la Hanse.

Qui n'eût cru que des compagnies Constituées de la
sorte, Louis XIV à la tête pour les animer, et Colbert avec
cette opiniâtreté féconde qu'il mettait à tout pour les soutenir, allaient prendre, entre les compagnies anglaises et
hollandaises, une place glorieuse et redoutée? Il n'en fut
rien cependant : elles échouèrent toutes.

Et pourquoi? Fut-ce la faute de Colbert? Sa faute! ah!

c'est là qu'il faut le voir à l'œuvre pour juger tout ce qu'il
y avait, dans cette âme admirable, de dévouement au
bien public, d'amour sans bornes de la patrie. Rien ne
le trouble, rien ne l'arrête; il sait à quelle nation il a affaire et quel tour de force il lui demande que de mettre
dans sa conduite un peu de suite et de persévérance. Mais
il supplée à tout, il est partout. Les Compagnies tombent,
il les relève. Il sait, et il va disant lui-même et faisant
répéter en tous lieux que ce n'est pas l'œuvre d'un jour que
de fonder un empire colonial. Il montre à Louis XIV et à
la nation l'exemple des Hollandais et des Anglais, dont les
Compagnies, depuis un demi-siècle, avant d'arriver à la
fortune, ont dû se reformer trois, quatre et jusqu'à cinq
fois. Il faut de l'or? Cet homme qui veut qu'on épargne
« cinq sols aux choses inutiles » jette ici les millions.
Rien ne lui coûte, rien n'est trop cher. C'est qu'il savait
comme personne, hélas! qu'il y allait de la grandeur de
la France !

Est-ce que, d'un autre côté, il s'était trompé de système
et que ce n'était pas par voie de Compagnies qu'il fallait
procéder? On l'a écrit. Que n'a-t-on pas soutenu en économie politique ! Mais c'est le cas d'appliquer ici, sans
doute, la railleuse sentence de Cicéron et de dire, en y
changeant un seul mot : « Qu'il n'est chose si étrange
« qu'il ne se soit trouvé un *économiste* pour la soutenir. »
Etait-il donc si mauvais ce système qui alors faisait la
gloire et l'opulence de la Hollande, et qui depuis a fait la
suprématie de l'Angleterre? Et, où des Compagnies si puis-
samment organisées et soutenues ont échoué en France,
des particuliers sans esprit d'entreprise, sans appui, sans
capitaux, sans expérience, auraient-ils mieux réussi?

Mais ce serait se moquer que de discuter sérieusement de telles choses.

Si Colbert a échoué dans le grand et patriotique dessein qu'il avait conçu de nous donner à toujours deux grands empires dans les deux Indes, les causes de son échec ne sauraient lui être imputées : ces causes sont connues, elles viennent d'ailleurs, et elles ne sont malheureusement rien moins qu'à notre gloire.

Il avait cru, en organisant ces Compagnies, qu'elles s'associeraient, si peu que ce fût, à sa glorieuse pensée. Savez-vous ce qu'elles firent? Elles ne virent là, elles et tous les actionnaires qu'on leur amena, qu'une occasion de faire fortune en huit jours. Elles pensèrent bien aux Indes, au Sénégal, au Canada, à l'empire du monde! Les Anglais, eux, y pensaient; mais nous, nous nous hâtâmes de voir là une occasion inespérée de faire chacun nos propres affaires, le plus convenablement et surtout le plus promptement possible. Les nobles ne prirent part à l'entreprise que pour tâcher d'y réparer leur patrimoine; les bourgeois, que dans la vue d'amasser bien vite de l'argent pour l'échanger contre des offices et des terres nobles, et faire de leurs fils, au lieu de citoyens utiles, des traitants ou des marquis de Molière. Puis, et quand Colbert surtout ne fut plus là, l'administration des fonds communs devint scandaleuse. On prit, sur les capitaux, des dividendes qu'on donna faussement et pour attirer de nouveaux actionnaires, (est-ce bien l'histoire du dix-septième siècle que j'écris?) qu'on donna, dis-je, pour des bénéfices. Les Compagnies elles-mêmes, en dehors de leurs opérations, se mirent à faire la contrebande. Enfin, elles eussent été chargées de ruiner l'empire qu'on leur donnait à fonder, qu'elles ne se fussent pas conduites autrement qu'elles ne firent.

Voilà les vraies et déplorables raisons qui firent l'échec de Colbert et qui préparèrent la ruine de ses grands desseins. Mettez des Hollandais ou des Anglais à notre place dans de telles circonstances, donnez-leur ces vastes territoires, ces énormes priviléges, Colbert pour les diriger, Duquesne et Tourville au besoin pour les défendre, qui sait ce que seraient devenus Québec et Madagascar, ces empires au berceau ! Amères erreurs ! Tristes souvenirs !

Cependant, si Colbert ne put nous inculquer cet esprit d'association et de persévérance sans lequel on ne fonde rien en commerce, la secousse de génie qu'il donna à la nation ne fut pas, grâce au Ciel, entièrement perdue. Les Compagnies disparurent ; mais, pour un temps du moins, les colonies, comparativement à ce qu'on avait vu jusqu'alors, fleurirent ; à défaut d'autres avantages, elles furent pour notre marine marchande une occasion de navigation lointaine, et pour notre marine militaire des points de relâche, d'approvisionnement et de stratégie, dont bientôt celle-ci tira un glorieux parti. Enfin, si nous n'eûmes pas un empire colonial qui, commercialement parlant, pût rivaliser avec celui des Hollandais et des Anglais, cependant l'apparition soudaine et brillante que nous fîmes à la fois dans les mers des deux mondes nous conquit une importance nouvelle et donna sérieusement à réfléchir à nos rivaux. Ainsi, en cela comme en tout le reste, Colbert, pour un moment du moins, remplit la tâche que lui avait léguée Mazarin.

Il s'agissait en effet pour compléter son œuvre, après avoir restauré les finances, réformé notre système économique, intérieur et extérieur, relevé notre agriculture et recréé

notre industrie, il s'agissait, dis-je, de nous donner des colonies et une marine : il le fit. Si cette magnifique partie de
son œuvre n'a pas eu de plus vastes conséquences, la faute
n'en est pas à lui, mais à nous. Il est une chose qu'il s'a-
charna vainement à nous inspirer, mais qu'il n'est pas au
pouvoir d'un homme de donner à un peuple, ce sont les
mœurs du grand commerce. Si son œuvre eût été faisable,
son énergie l'eût réalisée ; mais il paraît que Sully jadis
avait malheureusement deviné juste et que ce sont choses
« disproportionnées au naturel et à la cervelle des François. »

Malgré tout cependant, et comme ce triste avenir était
inconnu, l'effet fut immense en Europe lorsque, dix ans
environ après l'avénement de Colbert, les résultats de sa
monumentale administration commencèrent d'apparaître
clairement à tous les yeux. La jalousie, à Londres et à
Amsterdam, suivit de près l'admiration, et ce supplé-
ment extraordinaire qu'il venait d'ajouter à la puissance
française, telle que l'avaient constituée les traités de Westphalie et celui des Pyrénées, frappa tous les esprits d'é-
tonnement et de crainte. La France était bien grande
alors, et Louis XIV avait entre les mains d'admirables destinées à conduire. Il était en fait le souverain le plus
puissant et le plus justement redouté de l'Europe.

Une occasion s'offrit à lui, à cette époque, de faire voir
la vraie portée de cette puissance.

Si l'Angleterre et la Hollande commençaient de jalouser
la France, il y avait longtemps qu'elles se haïssaient l'une
l'autre. Elles se rencontraient partout, en Amérique, en
Afrique, en Asie, cherchant également à s'arracher le monopole du commerce et la domination de l'Océan. Déjà,
pendant que Colbert faisait ses prodiges en France, cette

haine maritime et commerciale les avait armées l'une
contre l'autre. Louis XIV, tout plein encore des leçons de
Mazarin et confiant dans les conseils du meilleur élève du
grand politique, de Lionne, alors son ministre des affaires
étrangères, n'avait, quoiqu'il fût tenu par traité d'assister
la Hollande, pris qu'une part médiocre à cette guerre. Il
avait laissé les flottes des deux reines des mers s'entr'épuiser
dans de violentes batailles, et Ruyter, remontant la Tamise,
aller imposer aux Anglais, presque jusque dans Londres,
l'humiliante paix de Bréda. Cette conduite, conforme aux
grands principes de politique d'Henri IV et de Richelieu,
avait été, grâce à l'active et habile diplomatie de de Lionne,
féconde en résultats de tout genre pour la France, et
Louis XIV y avait acquis le protectorat de l'Europe.

Il n'avait qu'à continuer, pour augmenter chaque jour
la solidité et l'éclat de sa puissance; mais bientôt la fortune l'enivra et l'éblouit.

En 1671, un désir immodéré de gloire militaire s'empara de lui. Il n'avait qu'à attendre. Encore quelques années, la succession d'Espagne allait s'ouvrir, et avec elle un
champ magnifique de conquêtes. Il achèverait, de concert
avec l'Allemagne, le démembrement définitif de la maison
d'Autriche, sans que l'Angleterre, dont la puissance serait
balancée par la Hollande, pût en rien l'arrêter. Au lieu de
cela, au rebours de ce qu'avaient si profondément vu
Henri IV et Richelieu, il imagina que sa tâche était, non
de s'unir avec les Etats protestants, mais de les humilier
et de les abattre. La Hollande, à ce titre, dont d'ailleurs
le faste maritime et marchand blessait sa vanité, la Hollande lui parut le premier et le plus grand des ennemis qu'il eût à combattre. Il se figura que les protes-

tants du royaume, qui étaient entièrement pacifiés et paisibles depuis Richelieu, conspiraient sourdement avec ceux des Etats généraux. Il crut que c'était sur le Zuyderzée qu'il fallait aller conquérir les Flandres, et bientôt il ne pensa qu'à marcher en personne sur Amsterdam, à la tête de cent mille hommes.

Les Hollandais, de leur côté, eurent la maladresse et le malheur de lui fournir le prétexte qu'il cherchait. Ils frappèrent ou laissèrent frapper chez eux une médaille insultante pour la vanité du roi; et, le tarif de 1667 mettant, avec le droit de cinquante sols par tonneau, un terme au monopole maritime et commercial dont ils avaient été si longtemps en possession en France, ils furent assez mal avisés, tout bons calculateurs qu'ils étaient, pour frapper, par représailles, dirent-ils, nos denrées de droits prohibitifs. Louis XIV saisit avidement ces prétextes, et la guerre fut résolue.

En vain de Lionne et Colbert firent-ils les derniers et les plus nobles efforts pour la détourner. En vain de Lionne montra-t-il qu'affaiblir la Hollande c'était travailler à la grandeur déjà menaçante de l'Angleterre et compromettre le fruit le plus précieux des traités de Westpahlie, c'est-à-dire l'établissement de l'équilibre de l'Europe, aussi bien sur terre que sur mer. Colbert, à un autre point de vue, parla avec une intelligence non moins haute de la situation. Il représenta la nécessité de continuer la restauration des finances et les réformes intérieures. Il fit voir, ce que Mazarin avait déjà jugé, que l'Acte de navigation était, aux mains de la puissance maritime anglaise, une arme qu'il fallait se garder de rendre plus redoutable encore qu'elle ne l'était. Il démontra avec une netteté supérieure que la guerre de tarifs, dans laquelle les Hollandais avaient eu l'imprudence de se jeter, ne pouvait faire de mal qu'à eux-mêmes; que les droits qu'ils mettaient sur nos marchandises et particulièrement sur nos vins n'auraient d'autre effet que d'agir comme prime d'encouragement à notre navigation et à celle des pavillons tiers, et de leur enlever le fret et le transport de la plupart des objets qu'ils portaient en Allemagne et dans la Baltique; que la colère ridicule et impuissante qu'ils manifestaient de voir la France prendre la liberté de faire ses affaires elle-même et s'affranchir du monopole de leurs manufactures et de leur marine, après quelque temps, et quand ils auraient vu et qu'ils n'obtenaient rien et que leurs prohibitions ne causaient de préjudice qu'à eux-mêmes, s'éteindrait; et, enfin, qu'il suffisait, sans sortir de chez soi, de maintenir les cinquante sols par tonneau et le tarif de 1667 pour les amener avant peu à entière composition[1].

Mais que peut la sagesse des plus rares conseillers sur l'esprit d'un prince absolu, quand une fois sa vanité et la flatterie lui ont persuadé qu'il est infaillible! Les supplications de de Lionne et de Colbert furent vaines, et l'impolitique guerre de Hollande commença.

Les événements proprement dits de cette guerre ne sont pas de l'ordre de notre récit, mais les effets qu'elle détermina pendant sa durée et les résultats que sa conclusion produisit appartiennent, au contraire, et presque sans partage, à l'histoire de notre politique commerciale.

Colbert n'avait vu que trop juste, et bientôt il fut clair

---

[1] Voyez sa dépêche à de Pomponne, ambassadeur en Hollande, du 21 mars 1669, dans le tome Ier de Forbonnais, p. 418.

qu'on avait, à tous égards, commis une faute immense en rompant avec la Hollande.

La prospérité intérieure reçut le premier choc, et il fut profond. Les merveilles d'administration des dix années qui avaient précédé avaient amené un résultat sans exemple dans l'histoire de nos finances. Le budget de 1671, malgré les réductions d'impôts et les augmentations de dépenses de toutes sortes, s'était presque soldé en équilibre. Mais, quand il fallut subvenir non-seulement aux frais utiles, mais encore au faste d'une guerre où Louis XIV, encensé par toute sa cour, voulut mener le train d'un demi-dieu, Colbert fut obligé de peser fortement sur l'impôt, de recourir, lui, l'homme des principes s'il en fut, à des expédients qu'il méprisait et dont il n'avait cessé de repousser la trompeuse et funeste amorce, les créations d'offices, les ventes du domaine, l'emprunt enfin. Il porta, même là, son incomparable esprit d'ordre et sa rare finesse de conduite; mais, enfin, il ne put faire que la guerre de Hollande, saluée bientôt des justes malédictions du peuple, ne finît, tout en écrasant les contribuables et en affamant le crédit, par créer un déficit de plus de vingt-cinq millions.

Toutes les branches de la fortune publique souffrirent d'un tel état de choses.

Les campagnes, que les passages de troupes, malgré ses incessantes et énergiques recommandations, épuisaient encore, retentirent de cris de douleur. Les manufactures languirent, les compagnies de commerce ne trouvèrent plus d'argent; il fallut, pour empêcher tout de sombrer, puiser à pleines mains dans le Trésor et faire des sacrifices immenses.

Mais, au dehors, les effets de la guerre furent, sous une autre forme, bien plus dangereux encore.

Sans doute, ce furent d'immortelles journées que ces journées de Stromboli, d'Agousta et de Palerme, où Duquesne, à la tête de flottes qui sortaient des chantiers et de marins qui connaissaient à peine la grande navigation, battit Ruyter et ses vieux équipages, et fit flotter triomphant, de Toulon à Messine, le pavillon improvisé de la France. Mais cette glorieuse médaille avait un revers. Qu'épuisions-nous dans ces combats? La marine et le commerce de la Hollande. Mais au profit de qui? De Lionne et Colbert l'avaient bien vu : au profit de l'Angleterre.

Les Anglais, en effet, grâce à leur Parlement qui, en cela (la liberté aussi sert à quelque chose), avait fait une patriotique violence à Charles II, les Anglais avaient habilement pris, à nos dépens, la place que nous avions occupée dans la guerre de 1661. Après quelques coups de canon, ils avaient fait la paix avec la Hollande, et, laissant ses flottes et les nôtres ensanglanter la Méditerranée, ils avaient, à partir de 1674, accaparé tout le commerce des neutres. Aussi, quand la paix vint, que se produisit-il? Un fait redoutable : toutes les routes et toutes les habitudes du commerce furent aux mains d'un seul peuple, et le contrepoids, qu'avec une autre conduite on aurait trouvé en Hollande aux progrès de la puissance de ce peuple, n'existait plus.

Sans doute, on vit alors quelle horrible faute on avait commise; on fit d'immenses efforts pour la réparer. On chargea Tourville d'aller racheter, pour ainsi dire, les glorieuses victoires de Duquesne; mais tout le génie et toute la vaillance de Tourville y échouèrent. Duquesne n'avait tiré que trop juste; l'immortel capitaine (ce n'était pas son crime, pourquoi l'employer à cette détestable politique?) avait tué la Hollande.

Enfin, après six ans, la paix se fit. Assurément si, comme presque tous les historiens l'ont fait, on ne regarde cette paix que par ses beaux côtés, elle fut brillante. C'était beaucoup, sans nul doute, que d'avoir légitimé la conquête de la Franche-Comté, de n'avoir mis bas les armes qu'après avoir obtenu satisfaction à tous ses alliés, d'avoir imposé à la diplomatie européenne l'usage de la langue française, d'avoir donné enfin, car cela aussi a sa valeur dans l'économie des destinées d'un grand peuple, d'avoir donné, dis-je, un magnifique théâtre au génie militaire de Turenne, de Condé, de Duquesne et de Vauban. Mais, la part faite, aussi large qu'on voudra, aux fruits de la paix de Nimègue, ce qu'elle rapportait, tout balancé et tout compris, valait-il ce qu'elle coûtait?

Nous avions, comme on a vu, pour arriver là, sacrifié nos finances, arrêté violemment le progrès de notre richesse agricole, manufacturière, maritime et coloniale, et ruiné le plus dangereux ennemi de l'Angleterre; mais ce n'était pas tout : Louis XIV, par cette guerre injuste et maladroite, avait rompu, de manière à n'y pouvoir plus rentrer, avec toutes les traditions d'Henri IV, de Richelieu et de Mazarin. Il avait agrandi les Anglais, éloigné la Suède et l'Allemagne, changé tous les ennemis de la maison d'Autriche en ses alliés; enfin, et dernier trait qui nous ramène dans les limites de l'objet de ces récits, il avait compromis, et de la manière la plus grave, vis-à-vis de la Hollande elle-même, toute vaincue qu'elle était, les intérêts de notre politique commerciale.

Comment cela? C'est un fait trop peu remarqué des historiens, que les récits des événements d'éclat détournent trop souvent de la considération « du solide », comme parlait Mazarin; le voici :

La politique de Colbert, en même temps qu'elle nous affranchissait de la sujétion commerciale, maritime et manufacturière des Hollandais, avait inévitablement porté préjudice à l'opulence de ceux-ci. Ainsi, par exemple, et pour rappeler quelques chiffres donnés par Colbert lui-même[1], l'exclusion du commerce de nos îles leur avait enlevé par an un transport de sucres d'une valeur de quatre millions; le tarif de 1667 avait diminué dans une proportion considérable leurs importations de draps, de serges et de bas; leur commerce de fournitures de la marine, en bois, chanvre, etc., enfin, objet de fret et de trafic très-intéressant, leur transport de salaisons dans nos colonies, avaient été de même, au profit de nos nationaux, de nos agriculteurs, de nos industriels, de nos armateurs, et de nos négociants, rudement atteints.

Il était naturel qu'ils eussent une telle politique en haine et qu'ils fissent tout au monde pour parvenir à nous y faire renoncer. Ils y avaient tâché de toute manière, d'abord par voie de négociations, puis, comme on a vu, par voie de représailles. Ils avaient jusque-là également perdu leur temps. Louis XIV renvoyait leurs négociateurs à Colbert, dont le seul aspect les épouvantait. Leurs représailles, comme le grand ministre l'avait prévu, avaient tourné contre eux : nos nationaux et les marins du nord, les Hambourgeois, les Danois, les Suédois, avaient pris le commerce dont eux-mêmes ils s'étaient privés; et, comme

____
[1] Voyez Forbonnais, t. I, p. 566.

en fait ils étaient impuissants à imposer par la force, à la
France, la renonciation à la politique qu'en cette matière
elle jugeait à propos de suivre, ils se trouvaient avant, Nimègue, dans le plus grave embarras.

Mais alors la fortune leur offrit une occasion dont, en
parfaits calculateurs qu'ils étaient, ils surent admirablement se servir.

La guerre les avait épuisés; mais la France, en 1678, on
vient de le voir, n'était pas moins qu'eux à bout de ressources. Louis XIV, effrayé de la détresse publique, se mit
à désirer la paix avec la même violence qu'il avait d'abord
désiré la guerre. Pour dénouer la coalition que ses fautes
avaient armée, il voulut pratiquer la politique dont Mazarin avait donné un si merveilleux modèle à Munster, la
politique qui consiste à traiter séparément avec chacun
de ses ennemis.

La voie était bonne. Mais Mazarin n'était plus là, ni de
Lionne, qui peut-être y fût parvenu, pour masquer la ma-
nœuvre.

De Pomponne, ministre des affaires étrangères, et ses
envoyés à Nimègue, d'Estrades, d'Avaux et Colbert de
Croissy, tout habiles qu'ils fussent, ne purent faire que les
alliés ne la surprissent; il fallut la précipiter pour la faire
réussir. Ils y parvinrent à force d'art et d'esprit; mais cela
nous coûta cher. Les Hollandais, en effet, se voyant un
moment nécessaires, nous vendirent ce que nous cher-
chions, au prix d'un traité de commerce.

Ils demandèrent, et, par un article séparé, on leur accorda, l'exemption du tarif de 1667, et le retour, en leur
faveur, au tarif de 1664 dont ils avaient déjà montré
qu'ils pouvaient braver l'insuffisance. Il y eut plus; et,

ombre singulière au brillant tableau des négociations de
Nimègue, ils exigèrent que Louis XIV s'engageât à ne
concéder désormais à ses sujets, manufacturiers, armateurs, négociants, etc., « aucunes immunités, bénéfices,
« dons gratuits, ou avantages », ce qui constituait en leur
faveur une véritable aliénation du droit intérieur même
de souveraineté [1].

Cette clause du traité ne fut pas exécutée et elle ne pouvait l'être. Un roi ne peut pas renoncer à soutenir l'industrie de ses sujets des deniers du Trésor formé par
leurs impôts. Les Hollandais avaient commis une maladresse gratuite de faire insérer un tel article dans le
traité ; il n'était que blessant, et ils étaient hors d'état d'en
assurer le respect.

Mais, quant au tarif de 1667, il leur fut sacrifié, et qu'en
résulta-t-il ? Durant huit ans que la paix régna et qu'ils
purent introduire leurs produits en France, en payant
seulement les droits du tarif de 1664, ils firent une guerre
ruineuse à nos manufactures. C'est ce que tous les mémoires du temps attestent [2] ; et le fait laissa une telle
impression dans l'imagination publique, qu'en 1758,
Forbonnais écrivait encore : « Le tarif de 1667 était notre
« palladium... sa révocation rendit aux Hollandais leur
« première supériorité sur nos navigateurs et sur nos
« manufacturiers..... [3] » Voilà, en tout temps, ce que
coûtent d'imprudentes réductions de tarifs.

---

[1] Voyez, sur les négociations relatives à cette clause, les *Lettres, mé-
moures*, etc., du comte d'Estrades ; in-12, 1743, t. XX, ann. 1777.

[2] Particulièrement un curieux mémoire que nous avons déjà eu occasion de citer, et qui se trouve dans Fontanieu, *Recueil de pièces fugitives*,
in-4° ; t. CCLVIII.

[3] Tome I, p. 399 et 494.

Colbert survécut cinq ans à la paix de Nimègue. Ces cinq dernières années ne furent ni les moins utiles ni les moins glorieuses de son administration. En effet, il refit, pendant cette période, le même miracle qui avait signalé son entrée aux affaires : il rétablit encore une fois les finances, en diminuant les charges publiques et en augmentant considérablement les dépenses utiles de l'Etat, notamment celles de la marine ; tellement qu'à sa mort tous nos arsenaux étaient dans un ordre et dans une abondance d'approvisionnements en tous genres qui ne se sont jamais vus au même degré.

Sa mort était bien certainement, si jamais il en fut, une calamité publique. Et cependant, on le sait, il mourut presque disgracié de Louis XIV et exécré du peuple. C'était bien juste : il avait, vingt-deux ans durant, travaillé seize heures par jour à édifier la puissance de l'un et à soutenir les droits et les besoins de l'autre ! Mais il avait assez fait pour la France, pour pouvoir se passer et des larmes royales et des regrets populaires. Quand, après un peu de temps, on eut mesuré le vide qu'il avait rempli, on sentit tout ce qu'il valait. L'admiration commença sur sa tombe. Le siècle, qui se connaissait en grandeur, lui décerna le nom de grand, et il dit le grand Colbert, comme il avait dit le grand Condé et le grand Corneille. La postérité lui a confirmé ce titre. Si nous n'avons pas été trop au-dessous de notre tâche, on a pu voir s'il en est digne. Véritable grand homme, en effet, si la grandeur, en telle matière, consiste à unir au plus parfait discernement du bien public la volonté la plus infatigable et la plus féconde de le réaliser !

Les grands hommes, faiblesse sublime, aiment à se survivre. Il prévoyait bien, sur la fin de sa glorieuse vie, que soit disgrâce, soit épuisement, il ne durerait pas. Portant alors ses regards sur l'avenir, il ne cessa d'entretenir Louis XIV et Seignelay, son fils, à qui il avait obtenu la survivance de sa charge de la marine, de ce qu'il y avait à faire, quand il ne serait plus là. On a de sa main plusieurs pièces [1] à l'aide desquelles on peut recomposer ce testament administratif. Ce ne sont que des recommandations générales, mais pleines de sens et de patriotisme. Heureuse la France, si elles eussent servi de règle au prince pour la gloire duquel Colbert avait tant fait, et à qui il donnait encore ce suprême témoignage de solide et noble attachement !

Il conseillait la paix, à l'étranger et à l'intérieur; l'achèvement de la restauration nouvelle des finances à laquelle il travaillait depuis cinq ans; la diminution du nombre des officiers, celle des dépenses inutiles ou excessives, surtout en ce qui concernait les bâtiments, la réduction des tailles, le remboursement des emprunts; la continuation de la réforme des douanes intérieures, la suppression du plus grand nombre possible de bureaux de traites, la révision des baux de ferme des douanes si onéreuses de Lyon et de Valence; le rétablissement, au premier prétexte que fourniraient les Hollandais, du tarif de 1667; l'attachement persévérant aux maximes qu'il avait établies et aux mesures qu'il avait prises en faveur du développement des manufactures, de la marine marchande et des colonies; enfin, un soin exclusif et prolongé

---

[1] Nous n'en citerons que deux : Sa note *Pour rendre compte au roi de l'état de ses finances*, et son *Instruction sur la marine*. Forbonnais les a publiées.

de la prospérité commerciale, âme, source et mesure de la puissance de l'Etat. « C'est à quoi », ajoutait-il, paroles profondes qui résumaient toute sa politique, « c'est à quoi on « doit s'appliquer : il faut sentir aussi vivement tous les dé- « sordres qui arrivreont dans le commerce, et toutes les « pertes que feront les marchands, comme si elles nous « étaient personnelles... » On eût dit qu'il lisait dans les malheurs de l'avenir !

L'observation de ces maximes les eût tous épargnés ; mais, pour les suivre, il aurait fallu que Louis XIV leur immolât ses passions, et c'est un sacrifice que les rois absolus font rarement, même à l'intérêt le plus visible de leur gloire. Les patriotiques remontrances de Colbert s'en allèrent avec lui dans la tombe ; et bientôt on ne vit que trop qu'il était mort tout entier.

Il sembla que, comme il avait été l'ouvrier le plus puissant de la grandeur politique du règne, il en était en quelque manière le bon génie, et qu'il dût avoir cette gloire douloureuse d'emporter avec lui la prospérité de l'Etat. La date de sa fin, en effet, est, dans l'histoire du siècle, celle du commencement d'une décadence qui, à partir de là, s'accuse et se précipite d'année en année de plus en plus, jusqu'à ce qu'elle aboutisse, avec la mort de Louis XIV, à la ruine.

Un acte à jamais détestable, la révocation de l'édit de Nantes, inaugura presque aussitôt cette ère de malheur.

Il y avait longtemps que les protestants ne formaient plus un Etat dans l'Etat : Richelieu les avait à jamais réduits à l'obéissance commune. L'*édit de grâce* qu'il leur avait donné, à Nîmes, en avait fini avec leurs rébellions. C'étaient, depuis lors, des sujets paisibles, éclairés et utiles,

qui ne demandaient rien que la liberté de leur conscience
et de leur culte. Richelieu, avec sa grandeur de vues ordinaire, la leur avait pleinement accordée, Mazarin de même,
et ils en avaient si peu abusé que le fin politique les appelait
« le troupeau fidèle. » On les avait bien, dès lors, exclus
en général des emplois de cour et de la plupart des charges civiles; mais il leur restait l'armée, où ils avaient
donné Schomberg et Duquesne; la philosophie et les
lettres, où ils avaient produit Bayle; et enfin les occupa-
tions utiles, l'agriculture, l'industrie, le commerce, la navigation, la banque, où, dans l'heureuse impuissance où
on les avait mis de s'appauvrir par l'oisiveté, ils s'étaient
jetés et avaient réussi en foule.

A ce dernier et seul titre, dans la paix profonde où ils
vivaient, ils eussent mérité toute la bienveillance de l'E-
tat. Ne pouvant être ni chambellans, ni courtisans, ni officiers de justice, ni avocats, ni médecins, etc., ils avaient,
comme au moyen âge les Israélites dans une proscription
analogue, concentré presque tout leur génie dans celles
des branches de l'activité humaine qu'il importe le plus
aux gouvernements de faire fleurir, les branches économiques. Ajoutez qu'ils s'y étaient acquis une excellente réputation. Leur probité était partout et justement renommée. Les principes de leur croyance leur faisant un
devoir de l'esprit d'examen, les lumières étaient infiniment
plus communes chez eux que dans la population catholi-
que. Leurs relations avec leurs coreligionnaires d'Angleterre, d'Allemagne, de Suisse, de Hollande, étaient, en
outre une grande source de débouchés pour le commerce.
Enfin, grâce à tout cela, il n'était point de port où ils n'eussent des navires, de province où ils n'exploitassent de

vastes terres, de villes dont ils ne soutinssent les manufactures. Une bonne partie du commerce maritime de Bordeaux et de la Rochelle était dans leurs mains. Ils avaient transformé l'agriculture de plusieurs régions du Midi. Les religionnaires, pour parler la langue du temps, étaient habiles et riches dans tous les genres d'industrie. La draperie, la soierie, la toilerie, la papeterie, la tannerie comptaient nombre de grandes maisons protestantes. A Sedan, à Abbeville, à Louviers, à Elbeuf, à Rennes, dans toute l'Auvergne, à Tours et à Lyon enfin, ils tenaient, par leurs capitaux accumulés, l'ancienneté et l'étendue de leurs rapports commerciaux, la transmission depuis longtemps non interrompue de la profession et de l'honorable renommée du père entre les mains du fils, la tête des affaires.

Pourquoi les troubler? Quel mal faisaient-ils? Dans quel but raviver des divisions éteintes? Quel profit d'aucun genre en pouvait-il revenir à l'Etat?

Colbert, de ce point de vue, le seul que puisse se permettre d'envisager un gouvernement laïque, les avait toujours défendus. Représentant avec force et pratiquant avec la plus noble liberté d'esprit les maximes d'Henri IV, de Richelieu et de Mazarin, non-seulement il avait protégé les protestants de l'intérieur, mais il avait attiré et comblé de biens, pourvu qu'ils fussent utiles, les protestants étrangers. Ainsi, il avait naturalisé van Robais; ainsi il avait peuplé nos chantiers maritimes et nos manufactures de Suédois, d'Allemands et de Hollandais. Sur la fin cependant déjà, sa tâche en cette matière devenait de jour en jour plus difficile. Louis XIV, moitié dévotion étroite, moitié passion politique, manifestait de plus en plus son éloignement pour les religionnaires. Les jésuites, dans un zèle fait pour tout déshonorer et pour tout perdre, lui représentaient l'extirpation de l'hérésie comme l'œuvre qui devait mettre le comble à sa gloire. Un de ses ministres qui avait pris, dès lors, un funeste ascendant sur son esprit, Louvois, homme singulier, que la nature semble avoir mis au monde pour prouver que le plus admirable administrateur peut être en même temps le plus exécrable politique, Louvois, pour flatter son penchant et lui faire sa cour, le poussait dans la voie des rigueurs. Ensuite, car, hélas ! il faut tout dire, presque tous les esprits supérieurs de cet âge, qui formaient comme un peuple d'esprits supérieurs, pensaient, à l'exception de trois ou quatre, Colbert, Fénelon, Vauban, Saint-Simon, et un petit nombre d'autres, que le temps était venu d'en finir avec le protestantisme français, et qu'à l'exécution, tant l'hérésie avait peu de racines, rien ne serait plus aisé.

Du vivant même de Colbert, et malgré ses énergiques représentations, la persécution avait déjà commencé. En 1681, Louvois avait inauguré, dans le Poitou, ses affreuses *dragonnades*. Mais le cri de réprobation qui s'était élevé à la nouvelle de tels excès en Hollande, et en Angleterre, venant en aide à Colbert, le grand ministre avait arrêté Louis XIV sur cette pente fatale. Quand il n'y fut plus, Louvois, Letellier, Mme de Maintenon, les jésuites l'emportèrent; Louis XIV, à qui on fit croire qu'il gagnait par là le ciel et qu'il sauvait des milliers d'âmes, laissa Louvois organiser ses missions militaires, et bientôt la révocation de l'édit de Nantes fut signée.

Rappelant l'ordonnance de son glorieux aïeul (que ne se pénétrait-il de l'esprit de cette ordonnance!), Louis XIV, dans

le préambule de son funeste arrêté, prétendit qu'Henri **IV**
n'ayant eu d'autre but que de réunir tous les membres du
royaume en une seule foi, et ce but étant atteint par les
milliers de conversions que Louvois lui assurait opérer tous
les jours, l'édit de Nantes était devenu inutile, et, en conséquence, il ordonna que tous les temples des protestants
seraient démolis, leur culte aboli, même dans l'intérieur
des maisons particulières, leurs ministres, s'ils refusaient
de se convertir, sommés de sortir de France dans les
quinze jours, à peine des galères, leurs écoles fermées,
leurs enfants à naître élevés de plein droit dans la religion
romaine, un terme de quatre mois accordé à tous les protestants déjà en fuite, pour rentrer et abjurer, à peine de
confiscation de leurs biens; enfin, il fit défense, sous menace encore des galères pour les hommes, et de la confiscation de corps et de biens pour les femmes, de tenter de
sortir du royaume.

Puis, Louvois organisa une persécution effroyable qui
rappela, par ses horreurs, les récits des livres des Ma-
chabées ou ceux des croisades contre les Juifs durant le
moyen âge.

Une soldatesque infâme désola les provinces protestantes. Les religionnaires furent jetés par centaines au
bagne et accouplés avec des forçats. On en plongea d'autres dans des prisons en forme de cuves où ils ne recevaient
l'air que par en haut, et où il leur était impossible de se
tenir, des mois entiers, autrement que debout. Des femmes enceintes furent chassées de chez elles et allèrent
expirer dans les champs. Les enfants furent élevés et jetés
pêle-mêle dans les écoles des jésuites. Enfin, le délire de la
dévotion fit commettre à cette cour si polie et à cette société

si douce, des crimes qui soutiennent avec avantage la comparaison avec ceux de 93 [1].

Un cri d'horreur dont l'écho se prolonge encore dans la postérité s'éleva dans toute l'Europe protestante. Une grande partie des catholiques en France, à son honneur, une fois en présence de ces épouvantables excès, s'occupa de sauver nos malheureux compatriotes. Les défenses de sortir du royaume furent éludées de mille manières. Des dévouements sublimes se produisirent ; enfin, trois ou quatre ans plus tard, sur un million de membres qui composaient à peu près alors la population protestante française, bien près de la moitié, suivant les évaluations les plus sûres, avait réussi à fuir à l'étranger.

Mais c'est là que la vengeance et le châtiment commencèrent.

On avait trouvé Colbert presqu'un impie de protéger les protestants. « Il ne pense qu'à ses finances, disait « Mme de Maintenon, et presque jamais à la religion. » Mme de Maintenon se trompait. En pensant à ses finances, Colbert veillait au bien du peuple et à la gloire de son pays ; c'est aussi une certaine manière de servir Dieu, et qui valait hardiment celle de faire enlever des enfants à leurs mères et de vouer d'un trait de plume cinquante mille familles à la misère et à l'exil. Les protestants persécutés pour la plus grande gloire de Dieu, et pour avoir commis le crime de ne pas penser précisément sur lui à la

---

[1] Le tableau de ces persécutions et de leurs conséquences dans tous les genres a été présenté par bien des écrivains ; mais personne, jusqu'ici, n'en avait fait l'objet d'un récit spécial et détaillé. C'est la tâche dont s'est récemment chargé et qu'a remplie avec un véritable mérite M. Ch. Weiss, dans son *Histoire des refugiés protestants de France* (1853). Nous y renvoyons le lecteur.

façon du chancelier Letellier, les protestants se répandi-
dirent par l'univers, et y allèrent semer partout le génie
de notre industrie.

Ce fut une émulation, de la part de tous les Etats de leur
religion, pour les recevoir. L'Angleterre donna le signal.
Dès 1681 déjà, à la nouvelle des premières dragonnades,
le Parlement avait obligé Charles II, tout pensionné
qu'il fût par Louis XIV, de sanctionner un bill qui conférait les plus grands priviléges à tous les réfugiés qui
viendraient s'établir en Angleterre. Un mois après la révocation de l'édit de Nantes, l'électeur de Brandebourg,
Frédéric-Guillaume, publia en réponse un édit, daté de
Potsdam, dans lequel il leur offrit asile, secours et protection. La Hollande ne resta pas en arrière. Les magistrats
d'Amsterdam, de Middlebourg, les Etats de Groningue, la
province de Frise, rivalisèrent de générosité envers les malheureux et utiles bannis. Ce fut entre les villes de Hollande
à qui leur offrirait le plus de priviléges, d'exemptions d'impôt, etc. La Suisse protestante fit de même. Elle brava les
notes et les menaces de Versailles pour accueillir les réformés. Il n'y eut pas jusqu'au Danemark et à la Russie,
bien qu'ils ne fussent pas de la même hérésie qui avait
attiré à nos infortunés compatriotes cette persécution sans
nom, qui, comprenant très-bien quels secours ils en
pourraient tirer, leur ouvrirent avec empressement leurs
portes. Enfin, l'Afrique et l'Amérique hollandaise et anglaise reçurent aussi les réfugiés. Il en passa jusqu'au Cap
et jusque dans la Caroline du sud. « Ainsi, dit Voltaire[1],
« les Français ont été dispersés plus loin que les Juifs ! »

[1] *Siècle de Louis XIV*, chap. xxxvi.

Ils ne s'en allèrent pas seuls cependant. Ils emportèrent avec eux leurs lumières, leurs talents, et surtout l'expérience qu'ils avaient acquise dans toutes ces branches des travaux utiles où, depuis si longtemps, ils avaient vécu confinés; et missionnaires de l'industrie française, ils la semèrent par tout le globe, au détriment et pour le châtiment mérité de leur folle patrie.

Voici un aperçu des pertes que, sur-le-champ, dès les premières années, la fatale conduite de Louis XIV nous coûta.

L'armée et la marine, au rapport de Vauban, perdirent douze mille soldats, six cents officiers et neuf mille matelots des meilleurs du royaume. Nous nous en aperçûmes dans la guerre qui bientôt suivit. Guillaume à Neerwinden, chargea Luxembourg, à la tête d'un régiment entier de réfugiés.

Mais la guerre industrielle que nous firent les fabricants et les ouvriers réformés fut autrement cruelle.

Au lendemain de leur départ, l'intendant de la Touraine constata qu'à Tours l'industrie de la soie, qui occupait précédemment quarante mille ouvriers, en comptant les femmes et les enfants, n'en avait plus que quatre mille, que les métiers étaient réduits de huit mille à douze cents, et la rubannerie de trois mille à soixante. Les pertes de Lyon furent analogues : ses métiers tombèrent tout à coup de treize à quatre mille. Et où se porta cette riche émigration? En grande partie en Angleterre. Jusque-là Lyon et Tours avaient approvisionné les Anglais de ce taffetas auquel depuis ils ont donné le nom de taffetas d'Angleterre. Ils ignoraient l'art de le lustrer; un ouvrier de Lyon le leur apprit. Quand ils le surent, le Parlement frappa d'abord de cinquante pour cent l'entrée des taffetas français; peu de temps après il les prohiba, et nous perdîmes complétement une importation de la valeur d'environ deux cent mille livres. Tout un quartier de Londres, le quartier des Spitalfields, se couvrit de métiers à fabriquer, la soie, et de là, cette riche manufacture se répandit dans toute l'Angleterre, où elle est entièrerement naturalisée aujourd'hui. Les réfugiés importèrent encore en Angleterre les toiles à voiles, la batiste de Cambrai, la papeterie fine, etc.

L'électeur de Brandebourg ne tarda pas non plus à recueillir les fruits de sa sage politique. Lès sommes qu'il dépensa pour soutenir et établir nos réfugiés lui furent rendues par eux en valeurs productives immenses, sous forme d'établissements de toute sorte. L'Electorat n'était alors qu'une lande. Nos compatriotes, soutenus par une subvention annuelle de Frédéric–Guillaume, la défrichèrent. Ils doublèrent presque la population jusqu'alors insignifiante de Berlin, et ils y bâtirent le quartier de Dorotheen-Stadt. Ils y développèrent si vite l'industrie de la laine, que, dès 1687, Frédéric-Guillaume put prohiber les draps étrangers. Magdebourg et Halle furent transformés comme Berlin, et c'est de là que date l'existence industrielle de la Prusse.

En Suisse, l'importation du *Refuge* fut, à notre détriment, tout autant et tout aussi rapidement féconde. Nos ouvriers introduisirent à Genève les secrets de fabriquer cette orfévrerie qu'autrefois les Florentins nous avaient enseignée. Ils élevèrent à Zurich ces manufactures de soieries légères qui font aujourd'hui encore la concurrence à Lyon même. C'est d'eux que date la culture du riche et charmant pays de Lausanne.

En Hollande, les réfugiés allèrent créer ou aviver de
même, à Amsterdam, à Leyde, à Harlem, à Utrecht, etc.,
les industries de luxe dans lesquelles, grâce à Colbert,
nous commencions dès lors d'exceller, et ils ruinèrent nos
importations.

Enfin ces pertes immenses furent deux fois sensibles.
Non-seulement, en effet, la révocation de l'édit de Nantes
nous priva de toute une population d'excellents ouvriers;
mais ces ouvriers, en portant leur industrie chez nos rivaux, leur fournirent les armes à l'aide desquelles ils purent bientôt diriger contre notre commerce une redoutable
concurrence.

Tel fut, dans l'ordre économique, l'effet de l'ordonnance de Louis XIV.

Faut-il en rapporter à lui seul la terrible respon-
sabilité ?

Non : il était humain et de bonne foi. Il ne prévit pas
tant de malheurs et il n'en connut jamais toute l'é-
tendue.

Il fut trompé par tout le monde, jusque par le plus
grand esprit de son temps, par Bossuet. Bossuet lui-
même, chantant les louanges de la piété royale, poussa
« jusqu'au ciel ses acclamations » et dit « à ce nouveau
« Constantin, à ce nouveau Théodose, à ce nouveau Mar-
« cien, à ce nouveau Charlemagne... c'est le digne ou-
« vrage de votre règne, c'en est le propre caractère [1]... »
Le vieux chancelier Letellier, dans la démence de sa dévotion, entonna, en scellant l'acte fatal, le cantique *Nunc
dimittis servum tuum!*... Massillon, enfin, ne craignit pas

---

[1] *Oraison funèbre de Michel Letellier.*

de soutenir qu'au point de vue politique même, la révocation de l'édit de Nantes était une œuvre admirable : « Spé-
« cieuse raison d'Etat, s'écria-t-il, en vain vous opposâtes
« à Louis les vues timides de la sagesse humaine, le corps
« de la monarchie affaibli par l'évasion de tant de ci-
« toyens, le cours du commerce ralenti, ou par la priva-
« tion de leur industrie, ou par le transport furtif » (ils les
volaient, sans doute !) « de leurs richesses : les périls for-
« tifient son zèle ; l'œuvre de Dieu ne craint point les
« hommes ; il croit même affermir son trône en renversant
« celui de l'erreur ! [1]... »

Que dire? qui frapper du jugement de l'histoire? Hélas !
plaignons-les plutôt. Ils en ont plus besoin que leurs nobles victimes.

Une fois engagé dans cette voie de violence et d'erreur,
Louis XIV ne pouvait guère qu'y marcher de plus en
plus.

On voit comment il observa la première des supplications suprêmes de Colbert, comment il maintint cette paix
intérieure dont l'Etat avait tant besoin. Il ne lui restait,
pour mettre le comble au désordre qu'à s'attirer, sans
besoin, quelque guerre étrangère : c'est ce qu'il fit.

L'Europe était tranquille; et, malgré la légitime indignation qu'avait excitée partout la persécution des réformés,
aucun Etat cependant ne songeait à attaquer la France.
Le prestige de Nimègue durait toujours, et d'ailleurs la
mort du dernier et malheureux descendant de Charles-
Quint était partout attendue comme le signal presque
inévitable d'une rupture universelle. Pourquoi ne pas
demeurer jusqu'alors en repos, la main sur ses armes,

[1] *Oraison funèbre de Louis le Grand.*

et l'œil sur ses finances, de manière à n'être pas surpris dans cette grande occasion? Assurément cette guerre de la succession d'Espagne que, dès 1660, avait prévue Mazarin, valait bien la peine que de longue main on s'y préparât; car les chances en étaient, comme l'enjeu, immenses.

Au lieu de cela, non content de sa triste campagne contre les réformés, Louis XIV ne songea au dedans qu'à se jeter dans des dépenses excessives, et au dehors dans des violences sans excuse, qui devaient, les unes épuiser le Trésor, et les autres achever d'exaspérer l'Europe. Bref, il s'y prit si bien, qu'en 1686 une coalition formidable se trouva nouée à Augsbourg contre la France, au moment même où les intérêts de sa politique générale et sa situation intérieure réclamaient le plus impérieusement le maintien de la paix.

Alors commença une guerre ruineuse qui, succédant sans intervalle à la calamité publique de la révocation de l'édit de Nantes, imprima au mouvement de décadence dont la mort de Colbert avait donné le signal une effrayante rapidité.

Colbert avait laissé les finances en bon état. En moins de cinq ans, il avait réparé les brèches énormes faites au Trésor par la guerre de Hollande, et si l'on eût continué sur ses errements, on eût pu assez rapidement, tout en consacrant, comme il n'avait cessé de le faire, de grandes sommes à l'entretien de la marine, des Compagnies, des manufactures, des travaux publics, et au soulagement des campagnes, revenir à la florissante situation de 1671. Mais il eût fallu pour cela que Louis XIV, d'abord, comprît que les vrais intérêts de sa gloire étaient, avant tout.

liés à ceux de la prospérité du royaume, et ensuite que Colbert eût eu des successeurs. Nous venons de voir à quel point le roi se méprit en ce qui le concernait sur cette grave question. Quant aux successeurs de Colbert dans l'administration des finances, durant la guerre de la ligue d'Augsbourg, le premier, le Peletier, était un honnête homme, rempli d'excellentes intentions ; le second, Pontchartrain, avait du zèle et de l'esprit ; mais ils n'étonnèrent personne en succombant sous un fardeau que Colbert lui-même, à moins de prendre sur Louis XIV un empire de raison que personne à cette époque n'eut plus, n'aurait peut-être pu porter.

Dès la formation de la coalition, trois ans à peine après la mort de Colbert, les dissipations de Louis XIV avaient déjà sans motif, en pures dépenses de fantaisie, obéré l'Etat d'environ trente-cinq millions, et jeté le Peletier dans la voie des expédients les plus coûteux ou les plus onéreux, créations d'offices, augmentation des tailles, emprunts déguisés, et le reste. Quand, en 1689, la guerre étant devenue générale, il fallut commencer à faire face aux dépenses d'entretien d'armées et de flottes, qui, en définitive, se trouvèrent, à la paix, avoir absorbé sept cent millions de livres, Pontchartrain, qui avait accepté la tâche devant laquelle recula dès lors le Peletier, ne trouva moyen de vivre qu'en doublant la taille, en créant des tontines, et en vendant toutes les fonctions, jusqu'à la plus humble. Il en résulta pour l'Etat un déficit qui épuisa son crédit, et pour les contribuables une augmentation écrasante de charges qui portèrent un coup terrible à la fortune publique.

Ajoutez la manière dont fut dépensé tant d'argent. Col-

bert, dans la guerre de Hollande, avait mis un tel ordre
dans les dépenses des armées et des flottes, que, du moins,
quelques sommes qu'eût coûté leur entretien, la minime
partie de ces sommes avait été dissipée. Il en était résulté
qu'avec des sacrifices moindres et un moins grand dé-
ploiement de forces, de plus grands effets avaient été
obtenus. Mais, dans la guerre de la ligue d'Augsbourg, ce
furent Louvois et Seignelay, admirables organisateurs
tous les deux, mais aussi mauvais ménagers des forces de
la France que la coalition le pouvait souhaiter, qui eurent
l'administration des budgets de l'armée et de la marine.
Pour arriver, en définitive, à prendre quelques villes, à ra-
vager quelques provinces et à détruire quelques vaisseaux,
ils mirent sur pied des armées, et en mer des flottes, à
l'entretien desquelles il était impossible à la nation de
subvenir longtemps, sans se ruiner. Ainsi Seignelay mit
à flot cent dix vaisseaux de ligne et environ sept cents
autres bâtiments, et Louvois tint sur pied quatre cent
mille hommes. C'était un faste ruineux, insoutenable et
inutile. Duquesne, dans la guerre de Hollande, avec vingt
vaisseaux, avait détruit Ruyter, et Turenne, avec vingt
mille hommes, avait sauvé la France.

Mais ce désordre financier ne pesa pas seul sur la nation,
pendant la durée de cette guerre si malhabilement pro-
voquée.

' Tandis que nos armées de terre remportaient, sous la
conduite de Luxembourg et de Catinat, des victoires
sanglantes et stériles; que nos flottes, sous le commandement de Tourville, remplissaient héroïquement, de Bea-
chy-Head à la Hogue, les ordres, même les plus insensés,
qu'elles recevaient de Versailles; que nos corsaires, enfin,

s'élançant de Dieppe, du Havre, de Saint-Malo, exécu-
taient, sous la conduite de Duguay-Trouin, de Jean Bart,
de Forbin, de Nesmond, de Pointis, de Ducasse, des entreprises d'une audace fabuleuse, nous souffrions presque
autant de la guerre que nos ennemis. Les Hollandais
nous enlevaient Pondichéry; les Anglais, en représailles
de nos descentes à la Jamaïque et à Terre-Neuve, dévas-
taient Saint-Domingue et la Martinique; nos côtes étaient
criblées de boulets; notre commerce maritime était, autant
que celui des coalisés, intercepté ou pillé. Bien plus, car
il semblait que tout tournât contre nous, jusqu'aux succès de nos corsaires étaient une ruine pour le commerce
régulier. Dans leurs prises, en effet, il se trouvait une
quantité prodigieuse de marchandises des Indes, dont ils
se défaisaient le plus promptement possible, et pour cela
à vil prix, et tous les armateurs autres que corsaires étaient
ruinés.

Le gouvernement, spectateur de ces ruines, n'y était pas
insensible, loin de là. Il essayait de venir, de toutes manières, en aide au commerce. Il le soutenait d'avances
considérables; il frappait de droits prohibitifs l'importation des laines étrangères; il diminuait les droits d'exportation de nos objets manufacturés; il abaissait les tarifs
des douanes intérieures; il protégeait la culture du coton
dans les colonies. Inutiles efforts! En tout autre temps,
ces mesures eussent été fécondes, mais alors elles étaient
vaines. Quelques-unes même, par la force des circonstances, détruisaient le résultat auquel elles tendaient.
Ainsi, les avances de fonds faites aux Compagnies et aux
manufactures pour les soutenir, contribuaient d'un autre
côté à épuiser le Trésor.

Enfin, cette guerre n'était pas moins funeste aux intérêts de notre politique commerciale au dehors qu'à l'intérieur.

Rien n'était plus étrange que l'attitude que nous avions
prise en Europe. Nous avions jeté la Hollande, cette Hollande, notre alliée maritime la plus indispensable, dans
les bras de l'Angleterre. Le cabinet britannique se servait
comme auxiliaire, contre nous, de cette marine hollandaise, qui, sous Ruyter autrefois, l'avait fait trembler, et,
l'opposant à la nôtre, il se frayait, à travers leurs débris
communs, la route à la domination de l'Océan. Inconce-
vable et inexcusable oubli de tous les principes et de tous
les intérêts de la politique nationale !

Le résultat de tant de fautes était inévitable. Un jour,
enfin, il fallut céder. Car il ne suffit pas à un gouvernement d'avoir des héros pour exécuter ses ordres, il faut
encore que les ordres que ce gouvernement donne à ces
héros tendent à un but réalisable. Nos victoires même,
après dix ans, nous avaient épuisés. La fiscalité s'était tellement étendue sur le royaume, qu'il y avait plus de profit
à rester oisif qu'à travailler. La perception des impôts
était si onéreuse, qu'ils ne rendaient pas à l'Etat la moitié
de leurs produits. La population de certaines provinces
était réduite du tiers, et même de moitié. Enfin, la détresse publique était telle, qu'en 1698, Vauban, dans une
statistique, devenue tristement célèbre [1], estimait que le
dixième de la France était réduit à la mendicité, et que des
neuf autres dixièmes, il n'y en avait pas cinq qui fussent
capables de faire l'aumône à celui-là !

[1] Dans sa *Dixme royale*.

Alors Louis XIV, à bout, tout victorieux que les armées et les flottes l'eussent rendu, fut obligé de demander à traiter.

Mais admirez ici le rôle immense que joue l'administration des intérêts matériels d'un grand peuple dans la décision de ses destinées.

La coalition, en fait, était vaincue : vaincue en Allemagne et en Italie, à Fleurus, à Staffarde, à Steinkerke, à Neerwinden, à la Marsaille; vaincue sur mer, même après le désastre de la Hogue, au cap Saint-Vincent et à Carthagène : malgré cela, il fallut faire auprès d'elle les premières démarches pour avoir la paix !

Aussi qu'arriva-t-il? Ce qui nous était déjà arrivé à Nimègue, seulement cette fois dans des proportions et au prix de conséquences bien autrement déplorables. Cette paix dont nous avions besoin, il fallut l'acheter, à Ryswick, au prix d'un traité de commerce avec la Hollande, et d'avantages indirects au profit de l'Angleterre, qui allaient porter à l'avenir de notre navigation et de notre industrie un coup funeste, au moment où nous aurions eu le plus grand besoin pour les relever, l'une et l'autre, de les protéger le plus efficacement contre l'étranger.

La Hollande, en effet, sentant la coalition en armes derrière elle, exigea et obtint, pour prix de sa signature au traité général, non-seulement la confirmation de l'article séparé de la paix de Nimègue, c'est-à-dire l'abandon en sa faveur du tarif de 1667 et la rédaction, en 1699, d'un tarif nouveau, ruineux pour nos manufactures, mais l'égalité de traitement pour ses navires et pour les nôtres dans le commerce du Levant, et l'abolition de ce fameux droit de cinquante sols par tonneau, le seul rempart de notre navigation, dont depuis quarante ans elle n'avait inutilement cessé de poursuivre le rappel auprès de Mazarin, de de Lionne, de Colbert et de Louis XIV lui-même. Il n'y eut de sauvé par notre diplomatie, qui là, comme à Nimègue, l'histoire lui doit cette justice, se montra aussi dévouée qu'habile, il n'y eut de réservé, dis-je, que notre cabotage.

Ce fut un cri dans toutes nos villes maritimes et manufacturières, à la nouvelle de ces graves concessions. Mais, non-seulement la guerre eût été plus désastreuse encore, elle était impossible : il fallut donc céder.

Quant à l'Angleterre, son Acte de navigation et la ceinture de prohibitions manufacturières dont elle était entourée l'empêchaient de demander directement aucun avantage. Aussi en apparence, ni en son nom, n'en fit-elle rien ; mais ses manufactures bénéficièrent des avantages du traité hollandais. L'état de gêne où nous mettait ce traité lui profita [1].

Tels furent les sacrifices au prix desquels il fallut dénouer cette coalition de 1686, qu'il eût été si facile, nous ne dirons pas d'éviter, il ne s'agissait pas même de cela, mais de ne pas provoquer.

Les conséquences de ces sacrifices ne tardèrent pas à se traduire par un ralentissement général dans toute notre vie industrielle et marchande.

On en a un triste témoignage dans les plaintes dont retentirent, en 1701, les séances d'un Conseil de commerce que réunit le successeur de Pontchartrain, l'honnête et incapable Chamillart.

---

[1] Voyez ce qu'en dit Forbonnais d'après les contemporains, t. II, p. 95.

Les villes maritimes du royaume envoyèrent chacune un député à ce Conseil. Chamillart leur demanda d'exposer les causes de la ruine du commerce et les moyens d'y remédier. Bien des contradictions et des erreurs, inévitables sous la plume de négociants qui se plaçaient tous, comme ils font encore assez volontiers aujourd'hui, au seul point de vue des intérêts de leurs villes, se glissèrent dans les Mémoires[1] qu'ils remirent. Il n'y eut notamment rien de plus inconciliable que les propositions qu'ils firent au gouvernement. Si l'on avait accordé à chacun d'eux ce qu'ils demandaient, tout le reste de la France eût été sacrifié, en pure perte, aux avantages spéciaux d'un seul port. Bien plus, Marseille eût été immolée aux prétentions de Bordeaux; Bordeaux à celles de Rouen, etc.; pourtant, s'ils ne s'accordèrent pas sur le remède, que ce n'était pas à eux d'ailleurs à chercher, mais au gouvernement, il est un fait sur lequel ils furent unanimes, ce fut la détresse du commerce français depuis la mort de Colbert. Les causes de cette détresse nous venons de les pénétrer . l'histoire ne pouvait nous les transmettre en traits plus lisibles.

On voit combien elles étaient profondes, et tout ce qu'il eût fallu alors à Louis XIV d'habile et persévérante politique pour en conjurer les effets. Mais eût-il cherché et trouvé, pour accomplir une telle œuvre, des hommes aussi supérieurs qu'il en choisit de médiocres, n'en fût-il pas venu à croire que son choix donnait de l'expérience et du génie, et que parce Mme de Maintenon trouvait Chamillart

<hr>

[1] Des copies de ces Mémoires sont conservées dans divers fonds du département des manuscrits à la Bibliothèque impériale. Leur recueil le plus complet est celui de Fontanieu ; in-fol., P. 218. Voyez aussi St.-Germ., 394.

docile, il était capable, à lui tout seul, de remplacer Colbert aux finances et Louvois à la guerre ; eût-il enfin, averti par la salutaire humiliation de Ryswick, pris d'autres conseillers et d'autres maximes, il était trop tard, en 1700, pour réparer les horribles fautes de la révocation de l'édit de Nantes et de la provocation d'Augsbourg.

Un événement, en effet, venait de s'accomplir, qui réclamait désormais, coûte que coûte, et qui allait absorber toute l'énergie d'action de la France : le dernier descendant de Charles-Quint était mort, un prince français nommé son héritier, et la succession d'Espagne ouverte.

Quand on arrive à cette crise suprême du règne de Louis XIV, le cœur involontairement se serre.

Quel coup de fortune dans d'autres circonstances ! Tout ce qu'Henri IV, Richelieu et Mazarin avaient usé leur glorieuse vie à méditer, à préparer, à rendre, un jour, inévitable, nous arrivait enfin ; et comment ! Sans brûler une amorce, sans dépenser un écu, sans sacrifier un homme, par la vertu d'un trait de plume du dernier des héritiers de Ferdinand et d'Isabelle, de Charles-Quint et de Philippe II ! Et quel héritage ! L'Escaut et Anvers, Gibraltar et la Méditerranée, tout le midi de l'Europe, et le commerce de l'Afrique, de l'Amérique et de l'Inde !

Oui, dans d'autres circonstances ! Si Louis XIV, depuis Nimègue seulement, se fût souvenu des immortelles traditions que lui avait léguées Mazarin ; si le testament de Colbert eût eu quelque crédit sur son âme ; s'il eût été lui-même capable de quelque empire sur ses passions ; si la considération du bien de l'Etat l'eût arrêté au moment de signer la fatale révocation de l'édit de Nantes ; si, au lieu de provoquer cette folle guerre de 1686, il se fût appliqué à faire oublier à l'Europe ses erreurs de 1672 ; si le même temps qu'il passa à épuiser le royaume, il l'eût employé, en vue de la mort universellement prévue de Charles II, à entretenir, sur les errements de Colbert, les finances, l'industrie, le commerce, l'armée et la marine : oh alors ! c'eût été la plus grande journée de l'histoire de France que ce 1er novembre 1700, où le dernier roi autrichien d'Espagne, deshéritant sa maison, appela l'arrière-petit-fils d'Henri IV à succéder au sang épuisé de Charles-Quint !

Mais, amère dérision de la fortune ! dans quelle situation intérieure et extérieure du royaume, arrivait à Versailles ce legs inouï de la maison d'Autriche ?

Nous venons de le voir : les finances étaient à bout, la population décimée, les flottes, ces flottes dont il eût fallu réserver le dernier agrès et la dernière bouche à feu, pour appuyer, du Mexique à Cadix, les droits du duc d'Anjou, les flottes, ruinées par leurs victoires mêmes, n'étaient plus que des escadres ; la révocation de l'édit de Nantes et la guerre d'Augsbourg avaient à jamais rompu cette alliance protestante, cultivée avec tant de soin depuis cent cinquante ans. Au dedans, cette belle politique, outre les pertes qu'elle avait causées au royaume par la fuite de cinquante mille familles d'ouvriers, de soldats et de matelots dévoués, allait bientôt, et au plus fort de nos embarras, nous susciter la révolte des Cévennes ; au dehors, tous les alliés naturels que nous avaient constitués les traités de Wesphalie allaient être, en dépit même de leur intérêt bien entendu, nos ennemis les plus acharnés ; enfin, nous en étions réduits à faire des merveilles de diplomatie à Munich, à Cologne, à Turin et à Lisbonne, pour acquérir, dans cette grande affaire, des appuis, dont les plus intéressants de-

vaient bientôt nous abandonner, en se trahissant eux-
mêmes, et livrer à l'Angleterre, devenue toute-puissante
par sa sagesse et par nos folies, l'empire de l'univers!

Aussi ce testament de Charles II, qui n'aurait dû être, en
tout autre état de cause, qu'un sujet d'immense enthou-
siasme à Versailles, y fut-il au contraire et avec raison,
quand il y parvint, l'objet d'une des plus graves et des
plus soucieuses délibérations dont nos annales aient conservé le souvenir. Louis XIV, son âme alors dut être dé-
vorée de cruels repentirs, réfléchit longtemps. Enfin le
sang d'Henri IV fut le plus fort, il accepta. Ne lui en
voulons pas, quelques malheurs qui aient suivi. Remer-
cions-le plutôt d'avoir, avant tout, entendu la voix de la
patrie, d'avoir eu foi en la France, même ruinée, et d'a-
voir répondu au défi du monde par ce beau mot : *Il n'y
a plus de Pyrénées!*

Alors s'ouvrit cette terrible guerre de quatorze ans qui
remplit toute la fin du règne de tant d'épreuves et de deuil.

Nous ne raconterons pas ces annales, tout ensemble si
tristes et si glorieuses, l'horrible misère de la nation et
son héroïsme seul au-dessus de sa misère, un déficit de
deux milliards, les armées se soutenant sans argent, les
soldats se battant sans pain et enlevant les retranchements
de Denain avec le même élan que leurs devanciers, jadis,
étaient entrés dans le carré de Rocroi, les escadres faisant
fonction de flottes, armée de terre et armée de mer se
couvrant, comme trop souvent, hélas! d'une gloire inutile,
Louis XIV enfin, conquérant dans les revers ce nom de
Grand qu'il avait si peu mérité dans la fortune; tout cela
n'appartient qu'indirectement au sujet de ces récits. Ce
qui lui appartient, malheureusement à bien des titres,

c'est la conclusion finale de cette guerre, la trop célèbre paix d'Utrecht.

Il est vrai, quand la paix se fit, il n'y eut plus de Pyrénées. Mais à quel prix! Et quelle rançon payée à la fortune! En échange d'une frontière, il nous fallut céder à l'Angleterre, qui prit dès lors le pas dans les deux mondes, toute la suprématie que nous avions si glorieusement conquise à Munster: Les traités de Westphalie, sous forme de cession de marchés et d'avantages de commerce, qui font des traités de 1713 le plus funeste chapitre, peut-être, de l'histoire de notre politique commerciale, furent sur toute la ligne, à Utrecht, retournés contre nous. L'Angleterre, sous le nom de l'intérêt commun, dicta les lois qui lui convinrent. Tout fut pour elle dans le partage; elle arrangea le monde sur tous les points d'après ses vues, selon son avantage; et, sous prétexte d'équilibre universel, elle fonda sa prépondérance.

Elle avait déjà grandement commencé dans le cours de la guerre. Elle s'était emparée de Gibraltar et de Minorque, la clé et l'une des stations les plus importantes de la Méditerranée. Elle fut confirmée dans cette double conquête, qui lui ouvrait la voie à la domination d'une mer que la nature nous avait donnée et dont elle l'avait exclue. Elle avait encore, dès 1703, en persuadant, pour son malheur, au Portugal de quitter notre alliance, obtenu de la cour de Lisbonne ce fameux traité dit, du nom de son habile négociateur, de Méthuen, par lequel, à charge d'admettre les vins portugais avec une diminution d'un tiers sur le droit acquitté par les vins des autres pays, elle s'était fait recevoir à importer en Portugal les produits de ses manufactures de laine, à des conditions privilégiées sur tous les autres peuples ; traité, comme on sait, qui a fait depuis de Lisbonne une station navale, et du Portugal une province marchande de l'empire britannique[1]. Il lui manquait encore, à Utrecht, pour compléter les avantages immenses que ce traité lui donnait chez les nations du midi de l'Europe, d'imposer à l'Espagne une convention léonine analogue. C'est ce qu'elle fit. Philippe V, à son avénement au trône d'Espagne, nous avait accordé pour douze ans l'*Assiento*, privilége qu'autrefois déjà Charles-Quint avait concédé aux Flamands, et Philippe II à Gênes, et par lequel la France était autorisée à fournir aux colonies de l'Amérique espagnole un certain nombre de nègres de l'Afrique, à des conditions avantageuses. L'Angleterre non-seulement obtint la même faveur, mais Louis XIV, en outre, fut obligé de promettre qu'il n'accepterait jamais pour ses sujets, en Espagne ni dans l'Amérique espagnole, aucun avantage pour leur commerce et leur navigation dont les autres nations seraient exclues. Conventions à la faveur desquelles les Anglais inondèrent bientôt, par contrebande, l'Amérique espagnole, non pas de nègres, ce qui leur importait médiocrement, mais de produits fabriqués.

Le midi des deux mondes ainsi envahi, le cabinet de

---

[1] Le texte de ce traité est dans Anderson, année 1703; l'histoire de ses conséquences est dans tous les livres et dans toutes les bouches. Il n'y a qu'Adam Smith dont l'ingénieuse et paradoxale humeur, non-seulement ait prétendu prouver que le traité de Méthuen n'était pas désavantageux au Portugal, mais qu'il était funeste..... à l'Angleterre. (*Richesse des nations,* liv. IV, chap. VI.) Voyez la vigoureuse et amusante réplique que List a pris la peine, très-superflue du reste, de lui opposer, *Système national,* liv. I, chap. V.

Londres songea à enlacer dans son système le Nord de l'Europe.

Il commença par la Hollande, qui paya cher, à cette heure, l'acharnement avec lequel, malgré la noble démarche de Torcy, elle avait, en 1709, refusé la paix. Tous les avantages que lui assurait le traité de Ryswick sur nos marchés et dans nos ports lui furent confirmés; mais un traité, dit de mutuelle garantie, qui dès lors la réduisit à l'état de vassale et qui devait bientôt finir par l'étouffer, lui fut, l'Acte de navigation, bien entendu, demeurant intact, imposé par les plénipotentiaires anglais. La Prusse fut érigée en monarchie, avec des avantages qui achevèrent de miner la Suède, et de substituer l'influence de Londres à celle de Versailles, dans les États protestants d'Allemagne. Enfin, un événement dynastique vint, presque tout de suite, compléter, de ce grave et intéressant côté, les conquêtes commerciales de l'Angleterre. La reine Anne mourut; les whigs firent élire à sa place Georges Ier, électeur de Hanovre, et celui-ci apporta en dot à l'Angleterre un nouveau et riche marché maritime.

Restait la France. Nous dûmes démolir Dunkerque. Un commissaire anglais vint sur les lieux surveiller les travaux de démolition. Nous cédâmes la baie d'Hudson, l'Acadie, Terre-Neuve et Saint-Christophe. Nous renonçâmes, en faveur des navires britanniques, à notre droit protecteur de cinquante sous par tonneau, sans que l'Angleterre se départît en rien de son Acte de navigation. Enfin, quelques clauses commerciales, avantageuses pour nos vignobles et pour nos manufactures, qu'en faible compensation de tant de sacrifices, notre diplomatie était parvenue à faire insérer dans le traité, ne reçurent pas d'exécution.

Ce dernier détail a été peu relevé par les historiens, mais il peint tellement, pour l'instruction de tous les peuples, l'admirable esprit de politique commerciale de l'Angleterre, qu'il mérite d'être raconté.

La cour de Versailles, dans les conférences d'Utrecht, avait adjoint au maréchal d'Huxelles et à l'abbé de Polignac, pour les assister dans toutes les contestations de commerce, un habile et patriote négociant de Rouen, nommé Nicolas Mesnager. Mesnager avait été député de sa ville au Conseil de commerce convoqué en 1701 par Chamillart, et, à la manière dont il y avait parlé des grandes maximes de Richelieu et de Colbert en matière économique, il avait frappé tout le monde. Cela, douze ans plus tard, l'avait désigné au choix de Louis XIV. Mesnager, par son adresse, avait justifié ce choix. Il était parvenu à faire introduire dans le traité, signé par les ambassadeurs anglais, deux articles, dont l'un faisait admettre nos vins en Angleterre sur le même pied que ceux du Portugal, et l'autre stipulait réciprocité de traitement, à des conditions modérées, pour l'admission dans les deux États des produits de manufacture et de pêche, à la réserve absolue, de la part de la France, des laines et du fer fabriqués, du sucre, du poisson salé, de l'huile de baleine, et d'un certain nombre d'autres articles dont la liste se trouvait dans un instrument annexé à l'acte principal. Si l'on se reporte à la nature des objets qui faisaient alors la matière du commerce des deux nations, il est hors de doute que les concessions qu'avait obtenues Mesnager dans les conférences d'Utrecht nous étaient avantageuses. Nous réservions toute la partie de notre industrie qui avait besoin d'être couverte, nous ne livrions aux chances de la réciprocité que nos manufactures de goût et de luxe, enfin, nous obtenions pour nos vins une faveur qui annulait l'article principal du traité de Méthuen. Notre habile compatriote avait donc très-judicieusement raisonné et très-dextrement négocié. Mais il avait compté sans la libre opinion de Londres. Il vit bientôt, et la postérité, aujourd'hui encore après lui, peut apprendre ce dont la liberté politique est capable pour la défense des intérêts compromis d'un grand peuple.

« Dès que ces deux articles furent connus des négociants « de l'Angleterre », écrit Anderson, près d'un siècle plus tard, avec toute la chaleur d'un contemporain, « la sur- « prise et l'indignation firent pousser une clameur bruyante « et universelle (*the clamour was loud and universal*) ; tel- « lement qu'aussitôt fut créé le fameux journal hebdoma- « daire, *le Marchand anglais ou le Commerce sauvé* (*the « British Merchant or Commerce preserved*), dont la col- « lection depuis a formé trois volumes in-8°, pour la dé- « fense de notre commerce (*our commerce*) du Portugal, et « contre les articles du traité français. Les ministres essayè- « rent de faire justifier leur téméraire et extravagante (*rash « and wild*) conduite; et un écrivain de leur bord (*party « writer*), Daniel de Foë, en réponse au *Marchand anglais*, « fonda *le Mercator* ou *le Commerce rétabli*. Mais *le Mar- « chand anglais*, qui avait la vérité des faits de son côté, « démontra clairement au monde que le traité était la « ruine de notre commerce avec le Portugal... et que, « par ses pernicieux articles, la France gagnerait sur nous « probablement plus d'un million de livres sterling... « Bientôt les pétitions affluèrent de toutes les villes du « royaume. Les négociants les plus considérables furent

« entendus à la barre de la Chambre des communes, et
« bien que le ministère, sur toutes les autres questions, y
« eût la majorité, il fut battu sur celle-là de neuf voix ; et
« le bill de ratification des articles français fut rejeté, à la
« grande joie de tout le commerce et de toute la partie
« même de la nation qui n'y était pas directement inté-
« ressée (*and of all other impartial people*) [1]. »

Leçon aussi forte que naïve ! Je disais tout à l'heure
qu'elle peignait l'esprit des Anglais ; mais cet esprit, révélé dans ce seul détail, n'explique-t-il pas admirablement
leur fortune ? Où seraient-ils aujourd'hui sans ces mœurs
patriotiquement jalouses, sans cette sollicitude ardente et
énergique à protéger leur production nationale et à re-
fouler partout la production étrangère ?

Telle fut cette paix d'Utrecht, où, comme nous l'avons
dit, et on le voit clairement à présent, l'Angleterre, par les
avantages commerciaux qu'elle s'attribua partout, jeta les
bases de sa suprématie maritime et commerciale.

Ce fut le triste et dernier acte du règne de Louis XIV.

Bientôt le vieux roi mourut, triste, seul, sur les ruines
de ces traités de Westphalie, dont la gloire avait éclairé son
berceau, et que ses grands prédécesseurs lui avaient légués
pour un si différent usage !

Arrivé à cette extrémité de sa carrière, faut-il donc, ras-
semblant le souvenir de ses fautes, prononcer un arrêt
vengeur ? C'est le premier mouvement ; mais ensuite,
comme les contemporains et comme la postérité, on hésite
et on n'ose.

Singulier privilége que la fortune a fait à ce prince, de

----

[1] J'abrége ce récit. On le trouvera au long dans les *Origin of commerce*,
ann. 1713.

nous le montrer toujours tellement environné de la grandeur de son siècle, qu'il semble comme impossible de l'atteindre, sans blesser le respect que l'on doit à ce siècle lui-même! Cette présidence de la civilisation générale qu'il remplit cinquante ans, avec tant de majesté et de grâce, ce concert d'hommes extraordinaires en tous les genres qui l'entourèrent, et qui reconnurent et saluèrent en lui un roi; enfin, l'incontestable part qu'il prit lui-même au mouvement d'idées d'un âge qui n'a de rival que dans ceux de Périclès, d'Auguste et de Léon X, tout cela désarme la rigueur de l'histoire : elle voudrait sévir, elle ne peut; il semble qu'elle passerait la mesure si, après avoir raconté les erreurs de ce beau règne, elle faisait plus que les déplorer.

LIVRE V.

LOUIS XV.

La puissance relative de la France, à la mort de Louis XIV, était sensiblement amoindrie. Après avoir été à son plus haut période à la paix de Nimègue, elle n'avait fait depuis lors que déchoir, et les traités d'Utrecht avaient fini par porter à son ascendant un coup dont on vient de juger la malignité et la profondeur.

Tout n'était pas perdu cependant, loin de là, quand le dix-huitième siècle s'ouvrit.

Il était resté de grandes choses de la guerre de la succession d'Espagne. D'abord, l'établissement de la maison de Bourbon à Madrid ; ensuite, la confirmation définitive d'acquisitions territoriales de la plus grande importance, le Charolais, la Flandre, la Franche-Comté, Strasbourg ; enfin, les éléments d'un empire colonial dont les Anglais avaient déjà commencé, sans doute, à restreindre l'étendue et à miner les points de défense, mais qu'avec de la suite et de l'énergie, il était possible de réparer, d'entretenir et de développer.

Le plus grand mal de la situation n'était pas au dehors, mais à l'intérieur.

Le bilan du dernier règne était effrayant. La guerre de la succession d'Espagne avait coûté près de trois milliards [1] ; l'emprunt y avait fait face, mais la plus grande partie des sommes de cet emprunt, qu'il avait été évidemment impossible de rembourser annuellement, avait été consolidée, soit en rentes, qui montaient à près de quatre-vingt-sept millions, soit en billets d'État, analogues à nos bons actuels du Trésor, qui formaient, comme nous dirions aujourd'hui, une dette flottante de sept cent onze millions. Le déficit de l'année courante, toutes dépenses soigneusement révisées, était de soixante-dix-huit millions : ensemble et en nombres ronds, une dette exigible de tout près de huit cents millions. Cependant les revenus de 1715, 1716 et

---

[1] Je donne les valeurs du temps ; pour les convertir en valeurs actuelles, il faut les doubler environ.

1717 étaient consommés à l'avance, pour environ moitié. Les impôts étaient à bout. Desmaretz, le dernier ministre des finances, malgré une habileté incontestable, avait été obligé d'user et d'abuser des traitants. Ceux-ci avaient porté l'usure vis-à-vis de l'État et l'exaction envers les contribuables au delà de toutes les limites, déjà si reculées, du genre. Agriculture, industrie, marine, colonies, commerce intérieur et extérieur, tout souffrait, tout s'en allait, tout mourait. Sans la paix d'Utrecht qui, si déplorable d'ailleurs, avait été, du moins en cela, un bienfait, la banqueroute, que la France entière sentait venir, eût été inévitable.

Le premier problème à résoudre pour le gouvernement nouveau était donc un problème de politique financière et commerciale d'une urgence seule égale à sa difficulté. Il fallait, avant tout, relever la fortune publique, cet instrument auquel il en faut toujours revenir, de toute réparation, comme de toute grandeur.

Mais, pour suffire à une telle tâche, il aurait fallu, au moment même de la mort du vieux roi, que sur-le-champ un gouvernement se fût produit, qui, à une vigoureuse unité d'action, eût allié, et dans le plus haut degré, ce rare génie qu'on appelle le génie de la finance.

Ni l'une ni l'autre de ces conditions ne se rencontrait.

L'héritier de Louis XIV avait cinq ans. Une régence s'était, de haute lutte, installée sous la présidence du duc d'Orléans, homme d'un incontestable esprit, mais qui gâtait toutes ses qualités par une imagination plus ardente qu'il n'est nécessaire chez un homme d'État, et par de déplorables mœurs. Le duc, au lieu de gouverner par lui-même, s'était entouré d'un conseil de grands seigneurs, très-bien intentionnés et très-ignorants, qui ne savaient mot de finances, et dont l'association n'était parvenue qu'à briser l'unité alors si nécessaire du pouvoir. Le plus honnête homme de ce conseil peut-être, le duc de Saint-Simon [1], dès l'exposé du bilan du dernier règne, proposa naïvement d'en finir par une réunion de la nation en Etats généraux, à qui l'on ferait déclarer la banqueroute. Le reste des conseillers, le duc d'Orléans en tête, moitié scrupules, moitié instinct de la nécessité de conserver la foi publique pour soutenir l'État, quelque délabré qu'il fût, repoussa cet expédient suprême, et tous se mirent ensemble à en chercher de plus heureux.

Mais, pour inventer en finances, ne fût-ce que des expédients, il faut un génie tout particulier que n'avaient, on le répète, ni le duc d'Orléans, ni aucun de ses conseillers.

Ils n'imaginèrent que des exactions et des violences qui ne remplirent nullement le Trésor, et qui ne firent encore qu'aggraver la situation. Ils révisèrent la dette exigible, c'est-à-dire qu'ils la réduisirent arbitrairement, sous prétexte que les titres avaient coûté trop bon marché aux porteurs. Cette réduction, autrement dit, cette faillite, diminua la dette d'environ quatre cents millions. Ensuite, ils supprimèrent quantité d'offices créés par Louis XIV, sans en rembourser le prix d'achat. Ils refondirent les monnaies et en haussèrent le titre. Ils réduisirent les rentes, les unes de moitié, les autres du quart. Enfin, ils créèrent une Chambre dite de justice, qui ne fut en réalité qu'une chambre de proscription, pour poursuivre les traitants, à remonter jusqu'en 1688. Une exécution à mort d'un de ces malheureux eut lieu ; plusieurs furent envoyés

____
[1] C'est l'auteur des *Mémoires.*

aux galères, d'autres se suicidèrent ; là plupart, ou s'enfuirent, ou rachetèrent leur fortune par la corruption, etc.

Bien que par ces mesures, assez dignes par les lumières, l'équité et la modération, d'une tribu de Hottentots, le nouveau gouvernement se fût convaincu et eût entrepris de persuader aux autres qu'il n'avait pas fait banqueroute, non-seulement les coffres étaient aussi vides quand elles prirent fin que quand elles avaient commencé, mais ce qui restait de crédit à la mort de Louis XIV était entièrement éteint, les capitaux avaient émigré ou s'étaient enfuis, le commerce était réduit au strict nécessaire, la population des campagnes et des villes était sans ouvrage, et on allait être obligé d'en venir ouvertement à l'expédient de Saint-Simon.

C'est là que tout à coup parut dans nos affaires cet empirique ingénieux qui, mieux entouré, eût peut-être réussi, l'Écossais Law.

Les expériences économiques de cet aventurier plein d'esprit appartiennent beaucoup plus, par leur fond, à l'histoire proprement dite de nos finances, qu'à celle de notre politique commerciale ; mais elles se rattachent tellement à cette dernière par leurs accessoires et par leurs conséquences, qu'elles en forment un épisode qu'il est impossible d'en séparer.

La première partie des opérations de Law fut aussi habile que sage.

Il commença par obtenir du Régent l'autorisation de fonder une banque au modeste capital de six millions, laquelle se présenta pour faire le service de l'escompte des lettres de change, recevoir les dépôts et émettre des billets remboursables à vue, indépendamment de toutes les variations monétaires et des fantaisies que pourrait se permettre le gouvernement, en écus de banque, ayant le poids et le titre du jour de l'émission des billets.

La modicité du capital primitif de la banque n'avait été, de la part de l'habile *étranger*, pour parler la langue du temps, qu'une manière de détourner l'envie et la rivalité des traitants. Ceux-ci d'abord ne firent que rire ; mais Law avait judicieusement aperçu que le plus grand obstacle à la constitution du crédit en France était l'incessante perturbation de la valeur de l'argent. La fixité de sa monnaie, la facilité de ses remboursements devaient attirer promptement les dépôts volontaires, et lui créer le capital réel dont il avait besoin.

Ce fut ce qui arriva, en effet, dès qu'il eut annoncé qu'il escompterait les bonnes valeurs à six, au lieu de trente pour cent l'an, taux ordinaire de l'escompte à cette époque. L'argent bientôt afflua de l'intérieur et de l'étranger. Enfin, la confiance fut au comble, quand un arrêt du Conseil, rendu sur l'ordre du Régent, que l'esprit de Law séduisait, déclara que les billets de la banque seraient reçus en payement des impôts, et que le hardi empirique abaissa le taux de son escompte, de six à quatre pour cent.

L'institution de cet établissement de crédit, dès l'origine, fut un acte de politique commerciale intérieure excellent. La banque de Law arrêta l'usure ; elle soutint le change à l'avantage de la nation ; enfin, elle rétablit la confiance, cette âme du travail et du commerce.

Mais ce n'était qu'un début. Law tendait plus loin. Il frappa, pour y atteindre, un second coup presque aussi habile.

Il comprit que pour soutenir sa banque, chez une natiou aussi arriérée en matière de crédit qu'était alors la France, il ne fallait pas attendre les affaires, mais les provoquer, et les provoquer non en petit, ce qui eût dépensé mesquinement ses forces, mais en grand, ce qui pouvait les centupler.

On se rappelle la compagnie des Indes occidentales que Colbert s'était donné tant de soin pour constituer. Cette compagnie, par l'incapacité et l'improbité de ses directeurs, n'avait pu tenir. Mais elle avait ouvert à beaucoup d'aventuriers la route du nouveau monde. En 1697, une petite expédition était partie de Rochefort, sous la conduite d'un certain d'Iberville, et avait découvert la Louisiane, ou plutôt, car on confondait alors sous ce titre bien d'autres territoires que ceux de l'État actuel, l'immense étendue de pays arrosée par le Mississipi. Une petite colonie française s'était établie dans ces vastes espaces; mais elle avait été tellement abandonnée de la métropole, pendant la dernière et malheureuse partie du règne de Louis XIV, qu'elle allait presque périr, quand un riche négociant, nommé Crozat, en avait, en 1712, acheté la concession, avec un privilége exclusif de commerce pour quinze années. Depuis lors, Crozat avait appris à ses dépens, et avait démontré à toute la France, que les forces d'un seul particulier sont impuissantes à fonder des établissements pareils, et que, comme Henri IV, Richelieu et Colbert l'avaient jugé, comme les Hollandais et les Anglais en donnaient tous les jours la preuve, des compagnies seules y pouvaient réussir. Sa concession lui était devenue tellement onéreuse qu'il ne songeait qu'à la vendre. Il l'offrit à Law, qui hardiment l'accepta, et qui, portant là le vigoureux esprit d'entreprise de la race anglo-saxonne, imagina d'en tirer, pour relever

le commerce et les finances de la France, un parti aussi ingénieux que fécond.

Le Régent, à qui il exposa ses vues et qu'elles charmèrent,
lui accorda, par lettres patentes, l'autorisation de créer une
compagnie dite d'Occident, destinée à exploiter les possessions françaises de l'Amérique du Nord. La seule charge
imposée à la compagnie fut de se déclarer vassale du roi
de France. Elle eut, pour vingt-cinq ans, le monopole
du commerce de la Louisiane et la vente des pelleteries
du Canada, le droit d'armer en guerre, toute sorte d'exemptions d'impôts, etc. Cette compagnie constituée, Law
acheta les priviléges des compagnies du Sénégal et des
Indes orientales, et les réunit à la sienne. Enfin, il se rendit adjudicataire de la ferme des tabacs, de la fabrication
des monnaies, des cinq grosses fermes et du reste des re-
cettes; de manière qu'il se présenta au public émerveillé,
comme l'entrepreneur général des finances, du commerce
intérieur et du commerce maritime.

Mais il fallait des fonds pour soutenir cette vaste entreprise. C'est ici que la fertilité d'esprit de cet homme singulier se montre sous son meilleur jour.

Il expliqua à merveille au Régent qu'une des grandes
raisons de la chute des compagnies coloniales qu'on avait
vues jusqu'alors en France était la pauvreté de leurs fonds
primitifs. Il constitua la sienne à un capital de cent millions, divisé en actions de cinq cents francs, payables,
liaison savante de son système commercial à une entreprise qui pouvait relever les finances; payable, dis-je, en
ces fameux billets d'État qui écrasaient le revenu. Il promettait d'en absorber les deux cinquièmes et de réduire d'autant
la dette flottante, pourvu que l'intérêt à quatre pour cent

qu'ils portaient fût fidèlement maintenu. Enfin, pour couronner l'œuvre, il offrit d'avancer à l'État, à trois pour cent d'intérêt, une somme de douze cents millions, destinée à rembourser les rentiers, à condition qu'en lui concédant le bail des fermes générales, on l'autoriserait à émettre des actions au porteur, produisant également trois pour cent d'intérêt, garantis par les payements de l'État. Opération blanche pour sa caisse, mais qui, transférant le service de la dette publique à une société particulière, avait, en soulageant extrèmement le Trésor, l'avantage de donner à la société qui prenait la place de celui-ci une importance et un crédit considérables.

Jusque-là Law était-il dans la vérité, et avait-il chance de réussir? On peut répondre hardiment que oui; et, si l'on se reporte à l'état économique de la société au milieu de laquelle il opérait avec cette vigueur et cette aisance de combinaison, on ne peut qu'admirer sa souplesse et sa décision d'esprit. En se bornant aux opérations dont nous venons de retracer le plan, en se montrant prudent et ferme, les deux grands desseins qu'il avait liés, de restaurer les finances et de rétablir le commerce maritime, étaient, dans une période raisonnable de temps, l'un et l'autre réalisables.

Mais cet homme d'esprit, malheureusement, avait un fond d'aventurier et d'utopiste qui le perdit et nous avec lui.

Il avait apporté du fond de sa patrie cette idée fixe et fausse, comme sont toutes les idées fixes, que toute matière propre au monnayage pouvant devenir espèce, et le papier étant plus propre que les métaux au monnayage, à cause de sa facilité de transport, du peu de coût relatif de sa fabrication, de sa divisibilité extrême, de son aptitude à recevoir un coin, etc., il n'y avait pas plus d'inconvénient à émettre indéfiniment du papier, qu'il n'y en avait à frapper de l'or ou de l'argent. Il allait même plus loin. L'action produit, disait-il, tandis que l'or et l'argent sont improductifs. Quand on crée des actions qui représentent le capital d'une affaire réelle, que fait-on en définitive? On crée des valeurs qui portent intérêt : quel mal peut-il y avoir à créer le plus de valeurs possible d'une telle espèce? Partant de cet ingénieux et absurde raisonnement, il ne vit, de la meilleure foi du monde, aucune difficulté à multiplier ses actions au delà de toute proportion avec le numéraire existant dans le royaume, à en émettre, par exemple, pour près de deux milliards, c'est-à-dire environ le double du numéraire circulant, quitte à établir la balance en émission de billets de sa banque, dont il estimait le papier absolument égal, sinon supérieur en solidité, aux espèces d'or et d'argent.

Le plus plaisant de l'affaire, c'est que, non-seulement toute la nation, mais toute l'Europe, l'Angleterre et la Hollande comprises, bien qu'elles fussent infiniment plus éclairées que nous, partagèrent son erreur. Ce qui s'ensuivit, tout le monde le sait. Un agiotage effroyable, que Law eut lui-même la maladresse d'activer, par des prospectus dont la hâblerie n'a été dépassée que de nos jours, se mit dans les actions de la compagnie des Indes. La rue Quincampoix, où Law avait établi ses bureaux, fut le théâtre d'un brigandage de bourse sans exemple. Les actions montèrent de cinq cents à cinq mille livres. Il y eut un prodigieux mouvement de fortunes. Les laquais devinrent marquis et les marquis laquais. Terres, écus, bijoux, tout s'échangea contre des actions. Law lui-même, tout hardi

joueur qu'il était, était stupéfait et effrayé de la passion
du jeu qu'étalait la nation ; il voulut l'arrêter, mais trop
tard : il était débordé.

Bientôt, ce qui était inévitable arriva. A la première
comparaison de la fiction avec la réalité, tout cet échafau-
dage fut renversé. Les premiers enrichis de la rue Quincampoix voulurent réaliser leurs bénéfices. Ils achetèrent
des terres, des maisons, etc. Dès lors, tout rentra dans
l'ordre de la nature, et Law fut perdu.

Notre nation l'avait émerveillé par sa témérité, elle le
confondit par sa faiblesse.

Nos pères se montrèrent là ce que Tite Live et Machiavel les avaient vus dans l'antiquité et au moyen âge, ce
que nous sommes encore comme eux, « plus que des
« hommes pendant le combat, moins que des femmes en-
« suite. » Une panique, que le Régent s'obstina en vain
à arrêter par la tyrannie, précipita la déroute des actions
et celle des billets de banque ; tout sombra, et Law fut réduit à s'enfuir au milieu des malédictions publiques.

Il ne les méritait précisément pas toutes. Au commencement, la France l'avait pris pour un magicien ; à la fin,
elle l'accusa d'être un fripon. Mais c'est le cas de dire

> . . . . qu'il n'avait mérité,
> Ni cet excès d'honneur, ni cette indignité.

Il n'était pas un fripon. Arrivé en France avec quinze
cent mille livres, il en partit, abandonnant toutes ses propriétés et réduit à huit cents louis. Quant à de la magie,
non-seulement il y en avait pas dans son affaire, mais il
n'y en avait pas assez. Sans être un magicien, s'il n'eût
pas gâté les grandes vues de finances qu'il avait, par un
mélange d'utopies à peine concevables chez un homme de

cet esprit, et de pratiques d'agiotage qui l'abaissèrent au rang d'un charlatan vulgaire, il eût pu acquérir, au lieu d'une célébrité équivoque, une gloire vraiment solide, et rendre à notre pays un service que l'histoire n'eût jamais oublié.

Au lieu de cela, il ne résulta malheureusement que peu de bien de son expérience, et il en sortit une foule de maux.

D'abord, l'opération financière de la liquidation des dettes de Louis XIV, qu'avec une autre conduite, on aurait pu, quelque lourde qu'elle fût, mener à bien, fut totalement manquée. Tout se solda, après deux ou trois banqueroutes déguisées, par l'inscription sur les registres de la dette publique de quarante millions environ de rentes perpétuelles nouvelles, qui devaient peser sur le reste de la vie économique du siècle de la manière la plus lourde, et finir, de déficit en déficit et d'expédients en expédients, par l'entraîner aux abîmes. Ensuite, les ruines du système écrasèrent un grand nombre de familles, et cette misère ne trouva pas, comme on l'a trop dit, de compensation dans la prospérité d'un jour de quelques enrichis. Une masse considérable de numéraire fut, en pure perte, enlevée par les étrangers, qui ne nous donnèrent en échange que du papier. Il est vrai que les manufactures, animées un moment de la fièvre générale, produisirent un peu plus qu'elles n'auraient fait en temps normal, mais ce fut pour retomber plus lourdement ensuite. La confiance reçut une atteinte terrible. Le souvenir des désastres de la rue Quincampoix inspira longtemps à la nation une horreur du papier, funeste à l'organisation du crédit. Enfin, conséquence peut-être encore plus déplorable que le reste, l'es-

prit national fut profondément vicié en matière d'économie financière et commerciale. Tandis que les uns enve-
loppèrent, dans la haine des ruines qu'avaient amenées les
folies de la rue Quincampoix, toute proposition d'établissement de banque ou de compagnie, les autres persistèrent
à voir dans ces folies le beau idéal de l'esprit de finance.
Quantité de gens pensèrent dès lors à s'enrichir, non par
une honnête industrie, mais par le jeu. L'agiotage, passant
dans les mœurs de la nation, y mina le génie de l'association et du commerce ; et l'inoculation du virus fut si profonde, qu'après plus d'un siècle, il nous travaille et nous
énerve encore aujourd'hui.

Après cette liquidation aussi désastreuse pour les mœurs
que pour les intérêts, l'esprit national ayant d'ailleurs
montré, de manière à ne laisser à cet égard d'illusion à
personne, sa funeste inaptitude aux grandes opérations
de crédit, il ne restait, pour éviter une ruine totale, qu'à
rentrer dans les voies de la vieille économie financière,
toute coûteuse qu'elle fût, et à tâcher, à force de repos, de
probité, d'exactitude et d'épargne, de réparer les pertes
immenses que l'État avait faites.

C'était l'avis de tous les contemporains. Le plus grand
d'entre eux, qui, au lendemain même de la chute de Law,
venait, jeune encore, de se révéler au monde par une
œuvre immortelle, l'auteur des *Lettres persanes* écrivait
en 1721 : « Un étranger est venu qui a entrepris notre
« cure. Après bien des remèdes violents, il a cru avoir
« rendu à la France son embonpoint, il l'a seulement
« rendue bouffie. Tous ceux qui étaient riches, il y a six
« mois, sont à présent dans la pauvreté, et ceux qui
« n'avaient pas de pain regorgent de richesses. Jamais

« ces deux extrémités ne se sont touchées de si près. L'é-
« tranger a tourné l'État comme un fripier tourne un
« habit : il fait paraître dessus ce qui était dessous; et ce
« qui était dessus, il le met à l'envers[1]... » Sans doute;
et c'était tout le problème : remettre la fortune publique à
l'endroit. Mais, même en renonçant à des expériences que
l'esprit public était hors d'état de supporter, et en se
réduisant aux plus humbles mesures de crédit, qui allait
donc se charger de relever l'État?

Le duc d'Orléans était atteint et convaincu d'en être
incapable; l'infâme Dubois, qu'il prit alors pour ministre,
se souciait autant de la prospérité de la France que de son
honneur. Trois ans après l'échec de Law, ils moururent
tous deux.

Parut alors le duc de Bourbon avec sa maîtresse, la
marquise de Prie, que pensionnait l'Angleterre.

Ce ne furent que trois années nouvelles de corruption
et d'agiotage. Le duc de Bourbon, pourtant, voulut laisser
une trace de plus de son souci du bien public : il renouvela la proscription contre les protestants dans un édit
sauvage, dont la lecture soulève encore aujourd'hui le
cœur d'indignation et de dégoût. Bossuet avait pu se
tromper; il avait pu croire, dans un mépris sublime des
misères de la terre, qu'il importait peu d'affaiblir l'État,
si l'on soutenait la gloire de l'Église; mais la marquise
de Prie! Il y avait donc encore quelque paisible citoyen
à persécuter, quelque industrieuse famille à proscrire,
parce qu'elle n'honorait pas Dieu à la façon de Madame
de Prie!

Enfin, parut un honnête homme, qui n'avait point de

____
[1] *Lettres persanes*, lettre cxxxviii.

génie, qui ne se donnait pas pour en avoir, mais qui avait, avec du désintéressement et une volonté saine de bien faire, quelques-unes des parties de l'homme d'État, le càrdinal de Fleury.

Ce fut une administration de dix-huit ans, probe, calme et douce, qui ne fut point exempte d'erreurs, mais qui eut le mérite, après avoir donné un repos salutaire à l'État, de laisser le Trésor un peu moins obéré, les impôts moins lourds, le commerce actif et enfin le territoire agrandi. Mérite rare dans l'histoire administrative et politique du dix-huitième siècle, et qui fait du gouvernement de Fleury, comparé à celui de son devancier et plus encore à celui de son successeur, quelque chose de digne d'une véritable estime.

Deux faits dans cette administration relèvent, à des titres divers, de l'histoire que nous retraçons ici ; ils nous arrêteront quelques instants l'un et l'autre.

Les établissements de crédit qu'avait créés Law avaient malheureusement péri ; sa banque la première, que le Régent avait perdue en la déclarant banque royale, ce qui, substituant à la garantie bornée, mais solide, d'un capital privé effectif, la garantie indéfinie, mais plus qu'équivoque, d'un gouvernement ruiné, avait bientôt mis en fuite actionnaires et consignataires de dépôt.

Mais la compagnie des deux Indes, plus vigoureusement constituée que la banque, avait aussi mieux résisté.

A la chute du système, elle avait reçu ordre de fournir son bilan. De l'exposé, rendu public, de ce bilan, il était résulté qu'au moyen d'un ensemble d'opérations très-habiles, elle avait acquis un fonds de plus de trois cents millions, qu'elle avait fait des entreprises commerciales considérables et avantageuses, qu'elle avait armé jusqu'à cent cinq navires, qu'elle avait expédié de riches cargaisons, enfin, que ses écritures étaient dans un ordre tellement irréprochable, que l'envie n'avait pu y trouver à redire. Son privilége, sur cet exposé de faits, lui avait été continué. Guillaume Law, le frère de l'auteur du système, en avait été nommé directeur. Celui-ci, agissant très-habilement, peut-être par les conseils de son frère qui, retiré à Venise, était toujours en correspondance avec le Régent, celui-ci donc avait éteint le plus d'actions qu'il avait pu; il en était resté un nombre considérable encore, mais entre peu de mains, ce qui avait augmenté d'autant l'unité et la rapidité d'action de la compagnie. En payement des avances que celle-ci avait faites à l'État, on lui avait concédé ou confirmé plusieurs monopoles, ceux du tabac, par exemple, et des loteries. A l'aide des bénéfices qu'elle avait faits dans ces opérations accessoires, non-seulement elle avait vécu, mais elle avait amélioré sa situation dans les Indes : elle avait payé toutes les dettes contractées par la nation envers les gouvernements asiatiques, elle avait fortifié Pondichéry, enfin, elle avait continué à faire un certain commerce.

Les choses en étaient là quand Fleury prit les affaires. Il avait pour contrôleur général des finances un administrateur intègre et éclairé, Philibert Orry, qui fut frappé du développement utile que l'on pourrait donner à la compagnie des Indes. Il en nomma son propre frère, Fulvy, directeur, et une vie nouvelle, qui aurait pu, avec quelques conditions heureuses de plus, produire de grandes conséquences, commença pour la compagnie.

Fulvy envoya d'abord à Pondichéry Dumas, homme de résolution et d'habileté, qui, au bout de peu de temps, sut se faire céder le territoire de Karikal, à l'aide duquel il avait procuré à la compagnie une part considérable dans le commerce du Tanjaore. Puis, il fut assez heureux pour mettre la main sur deux hommes de génie, qui devaient bientôt s'immortaliser dans ces parages par leurs services et, hélas! aussi, par leur déplorable rivalité, on a nommé Dupleix et Labourdonnais.

Dupleix fut envoyé d'abord dans ce magnifique bassin du Gange, qu'il voulait, qu'il aurait pu nous donner, s'il y eût eu un autre roi en France que Louis XV, et où il avait rapidement fait de Chandernagor un sujet de jalousie et d'étonnement pour l'Angleterre. Vers 1740, grâce aux soins de ce grand colonisateur, Chandernagor commerçait dans tout le Mogol et jusque dans le Thibet. Il n'y avait pas trouvé, en arrivant, une chaloupe, et il armait alors jusqu'à quinze grands navires à la fois, qui faisaient le commerce dans la mer Rouge, dans le golfe Persique, dans les Maldives et à Manille. Enfin, Dupleix avait fondé des comptoirs à Calicut, à Mahé et à Surate. De si brillants et de si rapides résultats l'avaient désigné à toute la confiance de la compagnie, qui, en 1742, avait eu l'heureuse pensée de l'envoyer remplacer Dumas à Pondichéry et de lui donner la direction générale des affaires de l'Inde.

Labourdonnais, de son côté, non moins extraordinaire, avait été envoyé par la compagnie à Maurice, dont nous avions changé le nom en celui de si heureux augure alors, de si triste souvenir aujourd'hui, d'île de France. Là, sous sa main, comme sous celle de Dupleix sur les bords du Gange, tout avait bientôt changé; et, à la fin du ministère de Fleury, l'île de France était une station navale, marchande et militaire de premier ordre, qui assurait notre commerce et notre puissance de l'Inde.

Ce n'est pas que la compagnie eût fait encore tout ce que des Hollandais et des Anglais eussent fait à sa place, ou plutôt ce que Labourdonnais et Dupleix eussent accompli, s'ils eussent été, comme les gouverneurs contemporains des comptoirs britanniques, libres de sacrifier le présent à l'avenir, et de se diriger d'après la connaissance des lieux et d'après leur expérience personnelle. On en a la preuve dans la réponse fameuse que fit Labourdonnais à un des directeurs, qui eut un jour le triste courage de lui demander pourquoi il avait mieux fait encore ses affaires que celles de la compagnie : « C'est « que j'ai fait mes affaires selon mes idées, et celles de la « compagnie d'après vos instructions. » Mais, malgré tout, c'était beaucoup, c'était plus que la France n'avait jamais eu en fait de puissance coloniale, que ces résultats obtenus durant le ministère de Fleury. Ils montraient enfin, en France, ce que peut l'esprit d'association appliqué à ces grandes et fécondes affaires. Ils firent un moment illusion : on crut la France enfin sur les traces de la Hollande et de l'Angleterre; on y était en effet; que n'y est-on resté !

· Cette prospérité de la compagnie des Indes ne fut pas le seul fleuron du ministère de Fleury : on sait aussi, qu'à la suite de la guerre de succession de Pologne, guerre d'ailleurs qu'il soutint médiocrement, il eut l'art, aidé de Chauvelin, son habile collègue aux affaires étrangères, d'assurer la réunion définitive de la Lorraine au territoire, en la faisant donner viagèrement, avec reversibilité à la couronne de France, au roi Stanislas. Ce fut le résultat du traité de Vienne, en grande partie son ouvrage, et son chef-

d'œuvre. Notre politique commerciale ne gagna immé_
diatement rien à cette belle réunion. La Lorraine, en
effet, resta, comme l'Alsace, économiquement distraite du
territoire, et fut, quant aux douanes, réputée province
étrangère; mais l'abolition de cette barrière intérieure
était tôt ou tard inévitable, et, dès la mort de Stanislas,
elle eût pu s'opérer de plein droit et sans grande secousse,
s'il y avait eu alors un roi en France.

Mais, on ne le sait que trop, au lieu d'un roi, quand
s'éteignit Fleury, parut Louis XV.

Il était déjà flétri et usé de débauches. Dans la force
de l'âge, à trente-quatre ans, il était incapable d'affaires.
Quand il lui fallut sortir de la longue enfance où le
Régent, le duc de Bourbon et son vieux précepteur l'a-
vaient, à sa parfaite satisfaction, laissé, ce fut pour lui
comme un supplice. La paresse, l'égoïsme et le plaisir, tels
étaient, pour le malheur de la patrie et pour la ruine
de sa maison, les seuls dieux de ce prince, qui allait nous
coûter si cher.

Nous aurions eu cependant grand besoin, à cette époque,
que le sang d'Henri IV faisant un nouvel effort, le successeur de Fleury fût un roi. Que de réformes à accomplir
au dedans! que de dangers à prévenir, que de choses à
sauver ou à développer au dehors! Il y avait là de quoi
employer le génie et le courage de Henri IV et de Sully,
de Louis XIII et de Richelieu, de Louis XIV et de Colbert,
nouveaux! A quelle tâche a manqué ce prince, pour le
malheur universel!

C'était la question des intérêts nationaux au dehors,
qui, à la mort de Fleury, réclamait la première, et de la
manière la plus urgente, toute la vigilance d'un roi.

Ces intérêts étaient immenses. Un orage venait de se former, qui les menaçait sur tous les points. La succession d'Autriche s'était ouverte. Frédéric le Grand était entré en scène contre Marie-Thérèse. L'Angleterre, dès qu'elle avait aperçu le parti que sa politique commerciale pouvait tirer de ce conflit, s'était déclarée contre nous et avait rendu la guerre universelle. L'honneur, l'intérêt et l'influence de la France étaient mis en question dans les quatre parties du monde. Une lutte enfin s'était ouverte, où il s'agissait de savoir si les traités d'Utrecht seraient répétés ou vengés, et à qui, de l'Angleterre ou de nous, resteraient l'Océan, l'Amérique, les Antilles, le Sénégal et les Indes.

Magnifique et formidable enjeu! Mais, hélas! il n'y avait, dès 1740, qu'à comparer les deux gouvernements que la lutte allait mettre aux prises, pour être sans illusion sur son issue. La Providence, dès lors, était obligée envers les Anglais à leur accorder la victoire, car ils avaient tout fait pour l'obtenir, tandis que nous, nous avions le malheur d'être affligés d'un gouvernement qui n'allait travailler qu'à s'en rendre incapable et indigne.

Il y avait longtemps que l'Angleterre, dans l'attente de cette lutte solennelle, se conduisait de manière à s'y assurer le succès. Elle ne s'était pas endormie sur ses lauriers d'Utrecht. Elle nous avait humiliés en 1713, elle nous avait arraché le sceptre de suprématie politique que nous avions porté près d'un siècle, elle avait limité partout notre influence et notre puissance; mais elle sentait que son triomphe, tout grand qu'il fût, n'était rien moins que décisif, tant que nous aurions des colonies, une marine, un commerce, capables de faire figure à côté de son commerce, de sa marine et de ses colonies.

Elle avait admirablement compris que, pour conquérir cet empire des marchés et des mers, objet suprême de son ambition, elle avait parallèlement deux choses à faire : l'une, d'augmenter de plus en plus sa puissance industrielle et maritime; l'autre, de contrarier, autant que possible, le développement du commerce et de la navigation des autres peuples.

Pour remplir le premier objet, elle s'était jetée avec plus d'ardeur, d'énergie et de profit que jamais, dans le régime économique de la protection. Il n'était pas de sacrifices, depuis 1713, devant lesquels elle eût reculé pour accroître sa puissance productive. Ainsi, entre vingt exemples, mais celui-ci parlera pour tous, frappé du développement extraordinaire que prenait, dans toutes les classes de la société anglaise, l'usage des toiles peintes de l'Inde, et de la concurrence écrasante que faisait l'importation de ces toiles, tant à l'industrie similaire indigène qu'aux fabriques de drap et de soie du royaume, le gouvernement britannique, en 1721, avait prohibé l'entrée des toiles de l'Inde en Angleterre, tout en continuant d'autoriser sa marine marchande à en fournir les nations étrangères autant qu'elles en voudraient, de manière à rendre impossible, chez celles-ci, l'établissement de manufactures d'indiennes, dans le même temps, qu'à l'ombre de la prohibition, elles pourraient s'établir en Angleterre. Qu'en était-il résulté? Dès 1740, l'industrie du coton était acclimatée en Angleterre et inconnue encore partout ailleurs.

La marine nationale n'avait pas reçu de moindres encouragements. Non-seulement l'Acte de navigation avait été maintenu, cela va sans se dire, mais l'exécution de ses prescriptions, tant envers les nationaux qu'envers les étrangers, avait été assurée avec la dernière rigueur. Les résultats de cette politique, à l'époque où nous sommes, étaient déjà effrayants pour le reste du monde. Anderson rapporte [1], d'après des informations personnelles prises sur les lieux en 1743, que le seul port de Bristol armait alors, pour son commerce avec l'étranger, plus de quatre cents navires. La flotte marchande de Liverpool, sans compter le service de son simple cabotage, était, vers la même époque, d'environ trois cents bâtiments. En 1730, il était entré, rien que dans le port de Londres, dix-huit cent trente-neuf navires britanniques de long cours, et six mille huit cents bâtiments de toute grandeur, affectés au cabotage. Tel était le simple effet de la loi de Cromwell sur le développement du matériel naval de l'Angleterre.

Mais le gouvernement y joignait des encouragements directs d'un autre genre.

Ainsi, en 1740, il avait fait partir la fameuse et si curieuse expédition d'Anson autour du monde : expédition à la fois militaire, savante et marchande, qui avait porté dans toutes les mers le nom, la gloire et la crainte de l'Angleterre.

Enfin, la marine de guerre, protectrice indispensable du reste, avait reçu d'énormes accroissements. L'Acte de navigation avait développé extrêmement la population maritime anglaise. Le cabinet de Londres était parvenu, avant 1750, à équiper deux cent trente-huit bâtiments de guerre, dont cent soixante-dix-huit, du premier au sixième rang, portant dix mille bouches à feu et montés par plus de soixante mille hommes. En 1746, il eut à la fois

____

[1] *Origin of commerce*, ann. 1754.

quatre flottes en mer, une sur les côtes d'Irlande, une à
Spithead, une à la Jamaïque et une à Antigoa [1].

Mais cela n'avait pas suffi aux Anglais. Leur politique
commerciale, nous le répétons, avait et a toujours eu deux
objets corrélatifs, l'un, d'agrandir leur puissance, l'autre,
de ruiner celle de leurs rivaux. On vient de voir ce qu'ils
avaient fait pour remplir le premier objet; ils n'avaient
été ni moins habiles ni moins heureux dans la poursuite
du second.

Le Régent, en 1717, se croyant personnellement menacé
par la politique romanesque d'Albéroni, lequel, comme on
sait, avait rêvé, entre mille plans de bouleversement universel, de faire donner la tutelle de Louis XV à Philippe V;
le Régent, disons-nous, avait eu la maladresse et la faiblesse, pour conjurer ce péril imaginaire, de se jeter dans
les bras du cabinet anglais. Celui-ci avait avidement saisi
l'occasion; il s'était allié avec nous pour faire la guerre à la
cour de Madrid, et ce qui nous restait de marine était allé, en
1719, brûler les vaisseaux et les chantiers des Espagnols!
C'est le cardinal Dubois, auquel s'était alors livré le Régent,
qui avait interprété ainsi la politique du traité des Pyrénées et de la guerre de la succession d'Espagne! Le cabinet
de Londres s'était-il contenté de cela? Non; à l'époque où
nous sommes parvenus, en 1739, à la veille de la lutte de
la succession d'Autriche, profitant de la vieillesse et de la
faiblesse de Fleury, il venait, sous prétexte que la cour de
Madrid se permettait de veiller à l'exécution du contrat de
l'*Assiento*, et de lui défendre de continuer, dans l'Amérique
espagnole, son commerce de contrebande, il venait, di-

<hr>

[1] Voyez Voltaire, *Siècle de Louis XV*, et Lédiard, *Hist. nav. d'Angleterre*.

sons-nous, de se brouiller avec cette cour, et de lui déclarer la guerre, pour achever de la ruiner.

Et nous, pendant ce temps, qu'étions-nous devenus?

On l'a, dans ce qui précède, vu en très-grande partie.

Dupleix et Labourdonnais, seuls dans les Indes, avaient songé à nous constituer une puissance capable de résister un jour à l'ambition marchande toujours croissante de l'Angleterre. Quant au reste, sans compter le triste rôle que nous avions joué, sous le Régent, contre notre plus nécessaire allié, non-seulement nous étions restés stationnaires, en matière d'armements maritimes, depuis le traité d'Utrecht, mais même, si l'on peut dire, nous avions reculé. Le cardinal de Fleury, en effet, durant sa paisible administration, qui eût dû être si favorable au développement de notre puissance navale, avait gâté ses meilleures qualités par deux défauts déplorables, une terreur puérile des Anglais, qui l'avait jeté et qui le retenait dans leur alliance à tout prix, et une parcimonie envers l'administration de la marine qui avait réduit notre flotte de guerre à la plus misérable expression. Phélipeaux de Maurepas, ministre de la marine alors, n'avait jamais pu obtenir de lui que neuf millions par an [1] pour toutes les dépenses de son département, si bien qu'au moment d'entrer en campagne, en 1740, nous n'avions à opposer aux deux cent trente-huit navires de guerre des Anglais, que cinquante-quatre bâtiments, du premier au sixième rang.

Dans une telle situation, quelle promptitude, quelle énergie, quelle intelligence n'avait pas à montrer Louis XV pour être digne de la France et de ses aïeux! Au lieu de cela, que fit-il? le voici.

[1] Voyez Salé, *Mémoires de Maurepas*, t. III, p. 18 et suiv.

La lutte s'engagea aussitôt sur mer. Mais elle était trop inégale pour durer longtemps. D'Epinay, de Caylus, la Jonquère et de l'Estenduère ne purent qu'honorer leurs défaites. Les Anglais nous infligèrent des pertes immenses. Ils nous coulèrent d'une seule fois toute une flotte marchande de quarante voiles. Une autre fois, au combat du Finistère, où la Jonquère, avec deux vaisseaux et deux frégates, lutta quatre heures contre une division de quatorze vaisseaux de ligne, ils nous enlevèrent un convoi marchand qui portait pour vingt millions de nos marchandises des Indes. Il n'y eut de gloire qu'en Asie, où Labourdonnais et Dupleix, réduits à leurs seules forces, firent avec quelques frégates les merveilles que l'histoire a immortalisées, dispersèrent les Anglais, enlevèrent Madras et sauvèrent Pondichéry. Mais à quoi bon? et que montrèrent-ils par là? Ce que le génie d'Henri IV, de Richelieu et de Colbert avait si profondément et si inutilement aperçu, c'est-à-dire, que l'Angleterre était arrêtée dans sa course, si nous avions eu une compagnie des Indes dès longtemps constituée, si nous avions su imiter la politique de l'Acte de navigation, avoir de la persévérance, savoir opiniâtrément, comme les Anglais, sacrifier le présent à l'avenir et préférer la grandeur de l'État à nos commodités actuelles et à notre intérêt privé! Regrets inutiles : il n'était plus temps de rien tenter de pareil en 1750; la sagesse anglaise, aux dépens de notre frivolité, avait forcé les destins.

Cependant, les succès de nos armées de terre avaient compensé les désastres de notre marine : Fontenoi, Bassignano, Lawfeld étaient de belles réponses aux victoires navales des Anglais. Une poignée de grenadiers, à la surprise

universelle, avaient surpris Berg-op-Zoom. Maëstricht,
où le maréchal de Saxe n'avait cessé de dire que la paix
se trouvait, était investi, et, à la frayeur des alliés, allait
se rendre. Nos troupes tenaient la Hollande, la Savoie et
Nice. Nulle part nos frontières n'avaient été entamées.

Qui n'eût cru que Louis XV, tout battu qu'il fût sur
mer, victorieux qu'il était sur le continent, allait sinon
dicter des lois, au moins obtenir quelques dédommage-
ments de plus d'un milliard ajouté à la dette nationale,
d'un demi-million d'hommes détruits, de notre marine
perdue, de notre commerce ruiné? C'était l'attente de
toute l'Europe, l'Angleterre comprise; et il eût pu obtenir
sur le Rhin et dans les Indes de fécondes compensations
à tant de sacrifices. Que fit-il?

Il déclara, à la stupéfaction publique, qu'il voulait
traiter « non en marchand, mais en roi », et il ne demanda et n'obtint rien, que la paix!

Qu'avait-il voulu dire par ce mot insensé? Que couvrait
cet empressement inouï à sacrifier la gloire et le bien de
l'État? Mon Dieu, le voici : Madame de Pompadour, la nouvelle maîtresse de ce « roi », lui avait signifié qu'elle se
lassait de le suivre à l'armée, que la guerre leur dérobait l'argent de leurs plaisirs, que le moment était venu de s'abâ-
tardir tout à fait dans ses bras. Il eût été fatigant de disputer contre le cabinet et le Parlement anglais les intérêts
maritimes et commerciaux de la France; il était bien plus
simple et bien plus court de les livrer. Et puis qui l'en empêchait, n'était-il pas absolu? Avait-il, comme le roi d'Angleterre, des chambres qui lui demandassent compte de sa
conduite? ne pouvait-il pas conclure la paix, quelque coûteuse qu'elle fût à la France, si la guerre ennuyait Madame

de Pompadour? Ce fut ce qu'il fit, en effet; et le traité
d'Aix-la-Chapelle le laissa libre enfin d'être tout à ses
nobles amours !

Mais ce n'était que] le premier acte de cette honteuse
comédie.

Le cabinet britannique avait fait, lui, la paix à Aix-la-
Chapelle, comme il l'a toujours su faire, « en marchand. »
Il avait très-bien calculé que c'était assez, pour une fois,
d'avoir ruiné notre marine, nos finances et la plupart de
nos colonies; qu'il était bon de reprendre haleine; que, de
la trempe dont était le « roi » de France, il n'y avait pas
à craindre que la nation se relevât des coups qu'elle avait
reçus; que l'occasion se présenterait bientôt de recommencer la guerre, et que l'Angleterre alors achèverait ce
qu'elle avait si bien commencé.

Toutes ces prévisions étaient justes : Louis XV se chargea, et au delà, de les vérifier.

Sept années de paix séparèrent le traité d'Aix-la-Chapelle de la reprise des hostilités; sept années, pendant
lesquelles il n'aurait pas fallu distraire une heure du soin
de se préparer au formidable assaut que l'Angleterre allait
livrer à notre puissance commerciale; mais, pour penser
à de telles choses, il aurait fallu que Louis XV eût, comme
le cabinet britannique, l'âme d'un « marchand »; et n'a-
vait-il pas dit à Aix-la-Chapelle qu'il était « un roi » ?

Ces sept années, dont chaque minute appartenait au
soin, aussi indispensable qu'à aucune époque de notre
histoire, de l'honneur et de la puissance de la France, à
quoi les passa donc ce « roi »? A engloutir des millions
dans l'entretien d'une demeure sans exemple et sans nom,
asile des turpitudes de sa lubricité!

Pendant ce temps, qui régna? Madame de Pompadour : négociations, finances, administration générale, la favorite eut tout dans les mains, et décida à son caprices des destinées de l'État.

Le cabinet de Londres cependant suivait avec une joie profonde cette dégradation croissante de notre puissance publique, et travaillait en silence à en tirer le plus grand profit possible.

Il y avait un homme en Asie qui le gênait. C'était Dupleix. Dupleix était intervenu habilement dans les démêlés des gouverneurs des différentes provinces du Mogol, et, pour prix des services qu'il avait rendus à quelques-uns d'entre eux, il avait fait céder à notre compagnie des Indes un littoral immense. Pondichéry, par ses soins, était devenu la capitale d'un véritable empire. Nous allions être les maîtres du riche commerce des toiles peintes. Notre marine coloniale marchande et militaire croissait tous les jours. Dupleix, dans la guerre de 1748, avait montré ce dont il était capable, même avec les plus médiocres ressources. C'était un homme à perdre. Les envoyés d'Angleterre agirent activement à Paris près de Madame de Pompadour et des directeurs de la compagnie des Indes. Ils représentèrent Dupleix à la favorite comme un homme dangereux qui allait incendier l'Asie et allumer une guerre qui troublerait ses loisirs. Ils le peignirent aux directeurs comme un agent maladroit qui, la tête pleine d'idées de conquêtes, ne leur donnerait jamais de dividendes. Dupleix fut rappelé.

Ce fut l'année même de son retour que l'Angleterre mit le monde en feu.

Elle avait préparé et attisé dès longtemps les matériaux

de l'incendie, là-bas, à l'autre extrémité de notre empire
colonial, sur le Saint-Laurent et dans les Antilles. Elle
n'avait cessé, depuis la paix d'Aix-la-Chapelle, d'entretenir
dans ces parages les plus futiles querelles, de manière à
avoir au premier moment, et quand elle jugerait le jour
venu, un prétexte à recommencer la guerre.

Cependant elle surveillait avec la même attention et tra-
versait de mille manières le progrès de notre marine militaire. Il ne nous était resté qu'un vaisseau, suivant les uns,
que deux, suivant les autres, de nos derniers désastres.
Deux hommes de probité et de cœur, Rouillé et Machault,
s'étaient succédé au département de la marine, et, pré-
voyant bien l'orage qui à l'horizon s'amoncelait, avaient
fait d'énergiques et inutiles efforts pour obtenir l'argent nécessaire à rétablir la flotte. Rouillé promettait
avec un budget suffisant de mettre à flot, avant dix ans,
cent onze vaisseaux de ligne. Mais on les laissa, lui et son
successeur, tellement dénués d'argent, que c'est à peine
si, à l'ouverture des hostilités, nous eûmes quarante-cinq
navires capables de tenir l'Océan.

Louis XV, abâtardi au fond de son sérail, était inaccessi-
ble à toute affaire sérieuse, et Madame de Pompadour ne
trouvait pas un écu à distraire, pour la simple sûreté de
l'État, des besoins effrénés de son luxe. Ajoutez nos armées
de terre et de mer sans administration et sans discipline ;
tous les grades prostitués à la plus scandaleuse faveur ; la
France enfin ruinée, déshonorée, vendue. L'Angleterre
n'avait qu'à paraître pour vaincre, nous lui étions livrés.

Dès qu'elle en fut bien sûre, elle agit. On sait comment
elle commença. Un jour de juin 1755, on apprit tout à
coup, au fond du Parc-aux-Cerfs, que les Anglais, sans dé-

claration de guerre, venaient, par une piraterie sans exemple, de nous enlever d'un seul coup trois cents bâtiments
de commerce et de huit à dix mille matelots. Puis, William Pitt arriva au ministère. Il y avait bientôt dix ans
déjà que son patriotisme et son génie attendaient ce grand
jour. Il s'allie à Frédéric le Grand, lui jette les millions, et
la lutte s'engage pour sept ans.

Grâce à Dieu, l'objet de ce livre ne m'oblige pas à raconter la suite de malheurs et de hontes par lesquels nous
passâmes alors. Allons d'un trait au bout, arrivons au désastre et à l'humiliation suprêmes qui achevèrent, avec
cette guerre, la ruine de notre puissance coloniale, et qui
assurèrent la suprématie maritime et marchande, désormais sans rivale, des Anglais.

Le traité fut, en 1763, signé à Paris. Louis XV céda à
l'Angleterre : en Europe, la plus importante des îles Ba-
léares, l'une des clefs de la Méditerranée, Minorque ; en
Amérique, l'Acadie, le Canada, le golfe et le fleuve Saint-
Laurent et quatre des plus importantes des Antilles, la
Grenade, Saint-Vincent, Tabago et la Dominique ; en outre, il nous fallut donner la Louisiane à l'Espagne, en dé-
dommagement de la Floride, que les Anglais exigèrent pour
restituer à celle-ci Cuba et les Philippines. En Afrique,
Louis XV abandonna la rivière du Sénégal et tous ses
comptoirs. Dans l'Inde, nos colonies ne nous furent laissées que sous défense expresse d'en relever les fortifications
et d'y entretenir des troupes. Il en fut de même, dans l'A-
mérique du Nord, de Saint-Pierre et Miquelon, dont l'abri
ne fut abandonné à nos pêcheurs qu'à condition de n'y
élever que des bâtiments civils. Enfin, jusque sur le territoire même de la France, il fallut pour la seconde fois

s'engager à démolir Dunkerque, et le commissaire imposé déjà à la paix d'Utrecht le fut de nouveau à celle-ci.

Tel est le chapitre que fournit le gouvernement de Louis XV à l'histoire de notre politique commerciale extérieure. On en peut résumer les résultats d'un mot. Avant Louis XV, la monarchie marchande universelle de l'Angleterre avait dans la puissance coloniale de la France un obstacle et un contre-poids ; après lui, elle n'en eut plus, et il fallut que le monde commençât de chercher ailleurs de quoi faire équilibre à cet empire démesuré. Nous suffisions, avant Louis XV, à garantir l'indépendance commerciale des nations, en contre-balançant et en arrêtant sur tous les marchés et sur toutes les mers l'ambition britannique ; après Louis XV et grâce à lui, nous dûmes descendre de ce rôle, nous n'y suffîmes plus.

La suite de cette histoire développera d'elle-même les effets et les preuves de cette insuffisance. Mais, avant de la continuer dans cette ligne, il convient, revenant un peu sur nos pas, de considérer ce qu'était devenue, pendant le gouvernement de Louis XV, notre politique commerciale intérieure.

On vient de voir ce que ce gouvernement avait fait au dehors de l'héritage d'Henri IV, de Richelieu et de Louis XIV; qu'en avait-il fait au dedans ?

On se souvient qu'à la paix d'Utrecht, les revers de la fin du grand règne avaient légué aux gouvernements à venir une succession plus chargée à l'intérieur qu'au dehors. Un gouvernement d'une conduite ordinaire, celui de Fleury l'avait fait voir, était capable de suffire honorablement devant l'étranger aux nécessités de la situation. Mais au dedans, le désordre des finances, la pauvreté du peuple, les taxes et gênes excessives qui écrasaient l'agriculture, l'industrie et le commerce, la multitude d'abus de toute provenance et de tout genre qui frappaient toute la partie productive de la nation, non-seulement dans les fruits, mais dans les ressources de son travail, tout cela appelait des réformes dont l'urgence seule égalait la difficulté et l'étendue. Un Colbert nouveau n'eût pas été de trop pour conjurer de tels maux; il eût trouvé, et amplement, de quoi y user toute une carrière de dévouement et de génie.

Mais il n'avait, comme on sait, pas plus paru de Colberts que de Turennes sous Louis XV.

Après la catastrophe du système, le Trésor n'avait cessé de s'obérer de plus en plus. La guerre de 1740 et celle de 1756 avaient coûté près de quatre milliards; tous les impôts avaient doublé; quarante millions de rentes environ avaient été ajoutés à la dette; l'État ne vivait que d'expédients; Louis XV et sa favorite dépensaient des sommes immenses en folies et en débauches; la perception et la distribution du revenu étaient au pillage : on n'avait jamais vu en France aussi honteuse dilapidation de la fortune publique.

Le mal cependant ne venait pas tout entier de l'indigne conduite de la monarchie; il avait encore d'autres sources plus dangereuses et plus profondes.

La nation, comme on sait, ne formait rien moins qu'un corps, sous le régime social qui prévalait de ce temps. Elle était distinguée en clergé, noblesse et bourgeoisie. Cette distinction, devenue de plus en plus intolérable avec le progrès de la civilisation générale, n'en était pas moins toujours complète, et les ordres privilégiés, à mesure que l'odieux préjugé sur lequel elle reposait devenait plus difficile à soutenir, semblaient se montrer plus acharnés à le défendre.

Le rôle du clergé dans la société n'était plus, loin de là, ce qu'on l'avait vu, autrefois, au moyen âge. Alors, on se le rappelle, le clergé était l'espoir et l'appui du faible. Les terres de l'Église étaient, durant ces siècles de fer, l'asile de la sûreté et du travail. Mais, depuis le seizième siècle au moins, tout, à cet égard, avait changé de face.

Le clergé n'était plus en France, à l'époque où nous sommes, qu'une caste de propriétaires privilégiés et indolents, qui détenaient les meilleures terres du royaume en grande partie sans culture. Les monastères avaient pullulé : ce n'était plus la persécution qui y trouvait asile, mais la paresse. Déjà Louis XIV et Colbert avaient, on s'en souvient, dénoncé cette oisiveté dans leurs édits comme un malheur et comme un danger public; mais en vain. Sourd à la voix de son propre intérêt, le clergé s'était enfoncé de plus en plus dans la prétention de ses priviléges. Plus que jamais, il prélevait la dîme sur le malheureux paysan, déjà si accablé d'impositions de tout genre. Plus que jamais, il entendait jouir de la protection de l'État sans participer en rien aux charges publiques. Louis XIV, pour suffire aux frais de la guerre de la succession d'Espagne, avait, à deux reprises, essayé d'étendre l'impôt aux biens et aux personnes de l'Église. Il avait tenté de les soumettre au dixième et à la capitation. Mais cela entraînait un recensement des biens ecclésiastiques et du nombre des religieux qui eût mis trop à nu ce qu'il y avait d'exorbitant dans la situation privilégiée que s'était faite le clergé dans l'État; aussi, celui-ci avait-il négocié et était-il parvenu à racheter l'impôt, moyennant des sommes considérables une fois

payées. Depuis, sous la Régence, sous Fleury, sous Louis XV
lui-même, différents contrôleurs généraux avaient voulu
imposer les revenus ecclésiastiques. En dernier lieu, en
1749, Machault avait tenté de faire payer au clergé le
vingtième de ses biens; mais les évêques avaient crié au
sacrilége et fomenté partout une telle résistance que Machault avait succombé. Tout cela constituait le clergé dans
un état exceptionnel, dont l'iniquité sautait aux yeux, et
aigrissait sourdement les esprits.

La noblesse ne se montrait pas moins folle de ses priviléges et de ses titres. Elle résistait à l'impôt, bien entendu,
comme le clergé. Mais, en outre, ses préjugés vis-à-vis du
tiers État étaient plus violents, et se traduisaient en procédés et en langage plus insultants que jamais. Un noble du
temps de Louis XV se croyait, comme un baron du moyen
âge, et de la meilleure foi du monde, d'une autre race que
le reste de la nation. Ils avaient tous dans la bouche et dans
le cœur les mots fameux du baron de Senecey aux États
de 1614 : « Nous ne voulons pas que des fils de cordon-
« niers et de savetiers nous appellent frères; il y a, de nous
« à eux, autant de différence qu'entre le maître et el
« valet. » [1] Cependant, presque toute cette noblesse était
ruinée, à ce point que, dans beaucoup de fiefs, le droit de
chasse n'était plus pour elle le privilége d'un plaisir, mais
d'une ressource.

Une chose l'eût sauvée de toute manière, le travail,
sous sa forme la plus fructueuse surtout, le commerce.

Mais d'abord, comment parler de travail à une classe
d'hommes qui trouvaient que c'était déroger d'être ministre,

[1] Cahiers des États généraux de 1614. Relation de Florimond Rapine ,
p. 828.

même de Louis XIV, et qui appelaient l'époque de de Lionne, de Colbert, de Bossuet et de Louvois, le règne de « la plus « vile bourgeoisie » et de « la crasse de séminaire? » [1]

Quant à conseiller aux nobles de Louis XV de se livrer au commerce, quelques avantages de tout genre qu'ils en eussent recueillis, aussi bien pour leur importance publique que pour leur fortune privée, c'était plus que jamais peine perdue. Déjà, et bien auparavant, tous nos rois, depuis Louis XI, au moins, s'étaient épuisés à jeter cette foule de glorieux ruinés, dans les carrières utiles. On a vu, tout le long de cette histoire, combien d'édits la royauté, depuis le quinzième siècle, avait rendus pour permettre à la noblesse de faire le commerce de mer, notamment, sans déroger. Tout récemment, en 1701, Louis XIV, renouvelant et rendant plus libérales encore les prescriptions d'un édit de Colbert, avait permis à tout noble de faire non-seulement le commerce maritime, mais le commerce en gros de toute nature ; mais vainement.

L'exemple de l'Angleterre qui, à défaut des encouragements de la monarchie, aurait pu les éclairer et leur faire voir que le commerce n'était pas, pour une aristocratie, une source de richesse seulement, mais encore de puissance, cet exemple était perdu pour eux. Quand on le leur représentait, ils le tournaient en dérision [2], ils deman-

---

[1] On sait que ces expressions sont de Saint-Simon. Les sentiments qu'elles rendent étaient ceux de la noblesse de tout son temps.

[2] Les monuments du préjugé de la noblesse à cet égard sont partout. Je demanderai seulement au lecteur la permission de lui signaler une curieuse controverse, aujourd'hui fort oubliée, qui s'alluma, en 1756, sur la question de savoir s'il était avantageux ou non à la noblesse française de se jeter dans le commerce. En 1756, l'abbé Coyer publia un petit écrit plein de sens et de verve, intitulé *la Noblesse commerçante*, où il montra à

daient si l'on voulait qu'ils suspendissent l'épée de leurs pères pour ouvrir boutique, ou pour vendre dans les rues du sucre et de la chandelle. Cela est bon pour l'Angleterre, disaient-ils; faisant comme Louis XV, leur digne chef, un cas médiocre de cette aristocratie de « marchands ».

Enfin, ce préjugé extravagant s'était produit, dans la dernière et triste guerre de 1756, d'une manière funeste à l'intérêt public. Tous les officiers de la flotte étaient nobles. Ils portaient à bord la même infatuation de leur titre que dans les antichambres, où ils s'étouffaient, de Madame de Pompadour. Aussi n'était-il pas de dédains, quand ce n'était d'avanies, dont à l'occasion ils n'accablassent la marine marchande. Ils se fussent crus perdus d'honneur de convoyer des bâtiments de commerce. Voulait-on les abaisser au rang des officiers de marine anglais et leur faire escorter du poivre et du calicot? Pour qui prenait-on le sang des dieux, que de lui demander services de telle sorte?

Cependant, ni le clergé ni la noblesse, dans leur incroyable aveuglement, ne s'apercevaient que tout avait changé autour d'eux, que le tiers État, c'est-à-dire en définitive la nation, moins une minorité de privilégiés et d'oisifs, avait crû en richesses, en lumières, en influence ; que tous les jours leur situation, dans ce milieu nouveau,

---

merveille quel tort les nobles se faisaient à eux-mêmes, sans parler de celui qu'ils faisaient à l'État, en persistant dans leur préjugé. Cela causa une querelle de plume d'où sortirent une douzaine environ de petits écrits pour et contre, notamment *la Noblesse militaire*, *le Commerce remis à sa place*, etc., où toutes les prétentions des nobles du temps sont étalées de la plus amusante manière. Les curieux, s'il en est, de ce point d'histoire, trouveront la plupart des écrits dont je parle à la Bibliothèque de la Ville. Trois vol. in-12, intitulés : *Recueil, Noblesse commerçante*, sous le n° C. 654.

devenait de moins en moins tenable ; que le terrain se mi-
nait d'heure en heure sous leurs pieds, et qu'ils étaient
perdus s'ils ne se réformaient pas. Ils ne connaissaient pas
ou ils affectaient de ne pas connaître cette bourgeoisie
qu'ils méprisaient, qui, elle, ne les connaissait que trop
et qui avait leurs priviléges en horreur.

Une chose leur faisait illusion : il n'y avait plus d'États
généraux. La monarchie et Madame de Pompadour distri-
buaient sans contrôle et sans remontrances le Trésor et
les places. Ils semblaient croire ce scandaleux régime éternel. Ils ne prenaient pas garde que des États généraux
d'une nouvelle espèce, et très-dangereux pour leurs priviléges, s'étaient assemblés d'eux-mêmes et étaient devenus
permanents dans ce siècle, je veux parler des États généraux de l'opinion.

De puissants génies avaient paru, qui s'étaient faits, dans
des sens divers, également redoutables pour les abus, les
éducateurs, les promoteurs et les orateurs de l'esprit public.

Montesquieu, le premier, avait ouvert la voie. Il avait
rassemblé dans un monument immortel les *titres* mépri-
sés *du genre humain*. Il avait, dans une langue incomparable,
révélé à la nation ses droits, ses devoirs et ses destinées.
Il lui avait expliqué ce que c'était qu'un bon et qu'un
mauvais gouvernement. Il lui avait montré dans la constitution d'Angleterre le modèle, grâce à Dieu toujours
debout, du seul état de société politique qui soit digne de
l'homme, l'état de liberté. Législation religieuse, civile,
économique, il avait tout exposé, tout approfondi, tout
éclairé. Le tiers État en le lisant avait grandi en intelligence
publique, d'un siècle en un jour.

Puis avait paru Voltaire. Ce merveilleux esprit avait, dans toutes les directions et sous toutes les formes, précipité en le passionnant, au risque souvent de l'outrer, le mouvement de réforme sociale qu'avait avec tant de circonspection inauguré Montesquieu. Il avait, lui aussi, été puiser en Angleterre le goût de la libre pensée; il avait propagé ce goût en France, avec une ardeur d'innovation qui s'était attaquée pêle-mêle aux institutions comme aux abus, et qui, dans une confusion funeste, avait présenté tout ensemble à la haine et à la dérision publique les croyances les plus sublimes et les excès les plus monstrueux. Son universelle intelligence s'était répandue sur tous les sujets, et sur tous avait laissé sa trace, au hasard dangereuse et salutaire. La nation, à cette école brillante et mêlée, avait acquis en mouvement d'esprit ce qu'elle y avait perdu en mesure. Un ébranlement profond s'était communiqué aux intelligences, et des intelligences à la société. Montesquieu, en dénonçant les abus, n'avait jamais suggéré contre eux le recours à la force, encore moins à la violence. Vis-à-vis de l'Église surtout, il était resté dans une sphère de censure aussi sensée que sublime; il avait, avec un pathétique immortel, plaidé pour la juive de Lisbonne, mais il n'avait pas demandé le supplice de ses bourreaux. Il s'était, comme Colbert, comme Bossuet lui-même, élevé contre cette engeance de mendiants qui, sous prétexte de religion, pourrissaient, au détriment de l'État, dans la débauche et dans l'oisiveté; mais il n'avait jamais poussé le flot populaire contre les murs des monastères. La passion avait emporté Voltaire au delà. Ne s'arrêtant pas à tourner en ridicule l'opulence et la paresse du clergé, il avait, sous une forme légère, ameuté contre lui la vindicte publique :

« ...Ah ! vous me laissez mourir de faim et vous avez cent
« mille livres de rente ! » disait à des religieux mendiants
le héros d'un de ses romans[1]. « Mon fils, répondait le carme,
« les aumônes qu'on nous a données nous ont mis en état
« de faire bâtir ces maisons dont nous tirons cent mille
« livres par an ; mais ces aumônes ont sanctifié les fidèles
« qui se sont appauvris en nous enrichissant. Ayant dit
« ces mots, le carme me ferma la porte au nez. Je passai
« par-devant l'hôtel des mousquetaires gris, je contai la
« chose à un de ces messieurs ; ils me donnèrent un bon
« dîner et un écu. L'un deux proposa d'aller *brûler*
« le couvent ; mais un mousquetaire plus sage lui remon-
« tra que le temps n'était pas encore venu, et le pria *d'at-*
« *tendre* encore *deux* ou *trois ans...* » Plaisanteries sinistres, qui entraînaient les esprits dans une voie au bout de
laquelle la société allait bientôt faire naufrage dans l'incendie et dans le sang !

Mais Voltaire, sur la pente funeste où il avait engagé la nation, s'était bientôt vu lui-même singulièrement dépassé.

Rousseau était entré en scène, et, dès qu'il y avait
paru, toutes les passions révolutionnaires avaient reconnu
et salué en lui leur interprète et leur apôtre. Il avait déjà
donné, à l'époque où nous sommes, à la paix de Paris, tous
ses grands ouvrages, le *Discours sur l'origine et les fondements
de l'inégalité parmi les hommes*, le *Contrat social*, la *Nouvelle
Héloïse*, *Émile*. La France avait lu avec avidité ces écrits
singuliers, mélange unique de vérités et d'erreurs, où la
plus enchanteresse éloquence sert également à l'expression
des plus nobles sentiments et des plus bas instincts du

---

[1] *L'Homme aux quarante écus*, chap. III.

cœur de l'homme. Elle s'en était enivrée. Elle y avait aspiré à longs traits l'esprit, non plus de réforme, comme dans les œuvres de Montesquieu, non plus même seulement de révolution, comme dans les écrits de Voltaire, mais celui de destruction. Ce génie puissant et faux avait porté la main jusqu'aux fondements de toute chose : religion, famille, propriété, gouvernement, prétendant tout refondre, il avait tout sapé. Montesquieu avait dit : Il faut réformer la société; Voltaire : Il faut la changer; Rousseau ajouta : Il faut la détruire. L'opinion, sous ce nouveau maître, fit un pas terrible de plus. Rousseau ne se borna pas, en effet, à éteindre dans les esprits la foi à la légitimité de l'ordre social établi, il y fit chanceler jusqu'à la croyance aux principes les plus indispensables au maintien de toute société.

Telle était, en face de l'indignité du pouvoir et des préjugés des classes privilégiées, la formidable organisation qu'avait prise l'esprit public, sous l'inspiration de trois hommes, dont le premier poussait la société aux réformes, le second à la révolution, et le troisième aux abîmes.

A qui des trois demeurerait la victoire? car il était évident que, contre un tel assaut, la vieille et absurde constitution de société qui durait encore était incapable de prévaloir longtemps, et la seule question que, dès lors, les esprits raisonnables et prévoyants pussent se poser, était celle de savoir à quel prix et par quelle voie on sortirait d'un monde d'abus qui succombait chaque jour sous les progrès de la raison, de la fierté et de la haine publiques.

Au fond, il était évident que le premier de tous les problèmes à résoudre était un problème économique. Ce qui était le plus pressé et le plus indispensable, en effet, c'était d'asseoir plus équitablement l'impôt, d'affranchir le travail des entraves de tout genre qui l'opprimaient, de faire au producteur place au soleil de la justice, de la liberté et de l'égalité civile, de reconstituer enfin la société sur de telles bases qu'il n'y eût plus pour tout le monde, en France, qu'un même droit et qu'une seule loi. Ce problème, dis-je, était visiblement, dans les plus importantes de ses conditions, sinon dans toutes, de l'ordre économique. Sa priorité d'urgence n'était pas moins incontestable. |Les questions de l'ordre politique proprement dit pouvaient être ajournées; le gouvernement absolu, en s'amendant, pouvait durer encore, l'état économique de la société ne le pouvait plus.

Dans ce grave état de cause, et l'opinion ayant pris sur la marche des destinées publiques un empire que déjà le gouvernement commençait à sentir, mais qui encore un peu allait le dominer, de manière à l'entraîner ou à l'écraser, les matières sur lesquelles il eût été le plus à souhaiter que quelque esprit de premier ordre fît l'éducation de la société étaient très-certainement les matières économiques.

Montesquieu avait posé les grands principes. Il avait ouvert sur la valeur comparée des différents systèmes d'impôt des vues admirables. Il avait consacré deux livres de l'*Esprit des lois* à exposer, avec un génie dont personne avant lui ni depuis lui en telle matière n'a approché, la nature, les lois et les révolutions du commerce des peuples. Mais si les principales bases de la science économique étaient dans ses écrits, il n'en est pas moins vrai que l'édifice à élever sur ces bases était encore à construire. Voltaire, au travers de déplorables mouvements de passion, avait jeté, en pas-

sant, en économie publique, un certain nombre d'idées
sur l'administration des finances et du commerce, d'une
exquise justesse ; mais ces idées, bien moins encore que
celles de Montesqueu, ne formaient un corps de science.
Quant à Rousseau enfin, bien loin que la société eût à lui
demander des principes, elle avait plutôt, dès lors, besoin
de songer à défendre contre sa pernicieuse éloquence les
vérités de tout genre qu'il avait corrompues et minées.

Il eût fallu qu'alors un homme parût, de grand sens et
de grandes lumières, qui, s'aidant de ce que l'expérience
des siècles avait, en matière d'économie publique, amassé
chez tous les peuples de leçons, de maximes et d'exemples, sût tirer de là un monument où l'opinion eût pu se
former à la connaissance des lois, tant générales que particulières, qui président à la formation, au développement,
à la décadence et à la ruine de la richesse des nations. Il
eût fallu que l'économie politique, dès les premiers pas
qu'elle faisait en France, y trouvât, par faveur divine, ce
que deux autres sciences, par exemple, elles aussi alors
au berceau, la chimie et la géologie, allaient rencontrer,
à quelques années de là, un Lavoisier ou un Cuvier. C'eût
été une grande grâce du ciel, non-seulement pour l'avenir
de la science, mais aussi, comme on va le voir, pour le
bien de l'instruction du peuple et de la direction de l'État.

A la place, en effet, du génie supérieur qu'à cette aurore
de la science économique il eût été si désirable de voir se
produire, pour l'engager dans la voie de la raison et de la
vérité, deux hommes parurent, remplis de bonnes intentions, mais dont l'esprit manquait des lumières, de l'étendue et de la justesse nécessaires à une telle entreprise, et
qui, à part un petit nombre de bonnes maximes, qu'en-

core ils n'eurent pas le mérite d'inventer, répandirent dans l'opinion, en matière d'économie publique, des erreurs grossières et pernicieuses, qui faussèrent la science à son début et qui égarèrent les esprits à la poursuite de chimères.

Ces deux hommes, à jamais célèbres dans l'histoire des aberrations de notre esprit public, furent Quesnay et Gournay.

Les vérités, non pas qu'ils inventèrent, car de leur invention il n'est sorti que des erreurs, mais qu'ils ont l'honneur d'avoir soutenues, sont toutes de l'ordre, soit de la politique, soit de la police commerciale intérieure. Ils furent, en les énonçant et en en poursuivant la traduction du monde des principes dans celui des faits, les organes chaleureux et convaincus, mais les organes seulement du cri public; il suffit de les énumérer pour s'en convaincre.

Ils demandèrent, en effet, la suppression des douanes de province à province, celle des taxes excessives dont une fiscalité d'une imagination sans pareille opprimait la production, le transport et l'échange de toutes les marchandises, la liberté du commerce des grains, l'abolition enfin des jurandes, des maîtrises et des règlements. Réformes essentielles, qu'à l'époque où ils écrivaient, le temps était définitivement venu d'accomplir; mais, je le répète et on le voit sur leur simple énoncé, qu'ils n'eurent, de leur propre fonds, que le mérite de propager et de défendre. Ce mérite, même dans ces bornes, fut grand encore, et le définir n'est point le rabaisser; mais l'exagérer au delà est un travers d'admiration que la foi naïve de leurs disciples a pu seule se donner, et dont l'histoire n'a que faire.

Quant aux douanes intérieures et aux taxes excessives

dont elles accablaient les marchands et les marchandises,
il y avait bientôt trois siècles, nous l'avons vu, à ne remonter qu'aux Etats généraux de 1484, que le commerce
en demandait l'abolition; nous avons vu aussi, par suite de
quelles invincibles difficultés, Colbert lui-même, tout convaincu qu'il fût de l'utilité de tout genre, politique aussi
bien qu'économique, de cette grande mesure, avait dû en
partie en limiter l'exécution. Ni Quesnay ni Gournay ne
demandaient donc rien de nouveau sur ce premier point.
Mais la revendication qu'ils élevaient, une fois de plus, du
principe de l'unité commerciale du territoire, à défaut de
déposer de leur génie, honorait, et l'histoire dans cette
mesure leur en tient compte, leur intelligence d'un grand
intérêt public.

La liberté non-seulement du commerce intérieur, mais
de l'exportation des grains, dont, en second lieu, ils furent
les apôtres, n'était pas davantage une nouveauté dans
l'histoire de notre politique commerciale.

Colbert, bien que Quesnay, en cela, prétendît le contraire [1], avait toujours, comme Sully, protégé et très-éner-
giquement le libre transport des grains d'une province dans
une autre. Quant aux défenses qu'il avait mises à leur exportation, si, comme nous avons vu, on peut lui reprocher
d'avoir, à cet égard, suivi un système dont l'incertitude
était faite pour en inquiéter la culture, en principe il savait
à merveille qu'*en fait de denrées du cru, tel est le débit, telle
est la reproduction;* et, sauf les précautions, plus indispensables de son temps que jamais, pour prévenir les disettes,

---

[1] Dans son article sur les *Grains* inséré dans l'*Encyclopédie,* et dans ses
Maximes économiques, note de la maxime VIII. Voyez ce que dit List de
cette affirmation de Quesnay, *Système national,* liv. I, chap. VI, note.

il avait toujours, l'approvisionnement du pays lui paraissant, à la présentation des récoltes, suffisamment assuré,
permis et même favorisé l'exportation des grains.

Quesnay et Gournay ne firent d'ailleurs, en cette matière, que proclamer un principe qui abstraitement est
juste, et dont il faut, dans la pratique, tendre le plus
possible à se rapprocher; mais, quant au système d'administration qui, en cette délicate et redoutable matière,
était capable de sauvegarder les intérêts également intéressants du producteur et du consommateur, ils ne
le découvrirent d'aucune sorte. On en a la preuve dans
le préambule et dans les prescriptions de l'édit qu'en
1764 la lecture de leurs écrits suggéra au contrôleur
général de Laverdy. De Laverdy, cherchant « à entre-
« tenir l'abondance » et cependant « à empêcher que les
« grains ne soient à un prix qui décourage le cultivateur »,
n'avait, en s'inspirant des doctrines et des conversations
de Quesnay, trouvé d'autre moyen que « de fixer un prix
« au grain, au delà duquel toute exportation hors du
« royaume en serait interdite, » C'est-à-dire qu'il était
tombé dans l'erreur du droit fixe; erreur bien autrement
funeste à la culture et à l'abondance des approvisionnements que n'avait été l'incertaine législation de Colbert.

Sur ce second point, quel fut donc l'exact mérite de
Quesnay et de Gournay? Je viens de le dire, et maintenant
on le voit, ils proclamèrent que le commerce des grains devait être libre, ce qui est vrai; mais ils n'allèrent pas au
delà, ce qu'il eût fallu faire, pour être original en la question.

Là réforme à laquelle ils ont pris la part, nous ne dirons
pas la plus inventive, car là encore ils avaient le cri du

temps avec eux, mais du moins la plus notable, c'est celle de l'abolition des règlements, des jurandes et des maîtrises.

Au dix-septième siècle, nous l'avons vu, la question de savoir si les temps de la liberté du travail étaient venus pouvait paraître douteuse. Colbert n'avait pas pensé que la France alors fût en état de la supporter; les résultats lui avaient donné raison, et de bons juges, à l'opinion desquels nous nous sommes rangé, l'ont absous de la violation du principe, quelque sacré qu'il soit, en considérant les fruits que le progrès de la nation avait recueillis de sa politique.

Mais tout était changé, et depuis longtemps déjà, en 1760.

Les règlements qui, sous Colbert, avaient été utiles pour faire l'éducation de l'industrie nationale, pour la former à l'intelligence et à la probité, n'étaient plus, au dix-huitième siècle, que des entraves qui étouffaient l'imagination des ouvriers, leur interdisaient toute heureuse tentative, et les mettaient en état déplorable d'infériorité vis-à-vis des manufactures étrangères. Les corporations avaient de même perdu tout ce qu'elles avaient pu avoir de raison d'être. Elles étaient devenues de véritables arsenaux de vexations, d'oppression et de tyrannie. L'heure enfin avait sonné, non plus seulement de proclamer, mais d'appliquer l'éternel et imprescriptible principe de la liberté du travail. Quesnay et surtout Gournay ont l'honneur d'avoir des premiers élevé le drapeau de ce principe et d'avoir contribué à en préparer la victoire. C'est, devant la postérité, le plus pur et le plus noble de leurs titres : l'histoire leur en doit donner acte.

Mais c'est ici que les erreurs de l'un et de l'autre com-

mencent, et l'influence qu'il était réservé à ces erreurs
d'exercer sur la direction de la science et sur celle de l'o—
pinion les rend à jamais déplorables.

Quesnay et Gournay, en effet, sauf les trois points qu'on
vient de rappeler, se trompèrent, et de la manière la plus
grave, sur le reste des principaux objets de l'économie
publique. Ils méconnurent : 1° l'importance de la source
la plus féconde de la richesse, l'industrie ; 2° tous les
principes d'une équitable répartition de l'impôt ; 3° la sécurité et la force d'impulsion que puise dans l'usage d'institutions libres la fortune publique d'un grand peuple ;
4° enfin, et ce n'est pas la moindre de leurs méprises, les
lois indispensables sur lesquelles reposent l'indépendance
du travail et la liberté du commerce des nations.

Toutes ces erreurs s'enchaînent ; mais les deux pre-
mièressurtout sont liées entre elles, d'une manière tellement indissoluble, que l'exposition ne peut s'en diviser.

Quesnay prétendit que la terre est l'unique source des
richesses, que c'est l'agriculture seule qui les multiplie,
et que la fortune d'une nation ne se compose que de ce
qu'il appela le produit net, c'est-à-dire cette portion des
récoltes qui excède le remboursement des frais de la culture
et l'intérêt des avances qu'elle exige. Quant aux travaux
de l'industrie, quels qu'ils fussent, il s'imagina qu'aucun
d'eux n'ajoutait à la valeur des matières qu'ils employaient
rien de plus que celle des consommations des ouvriers,
jointes au remboursement ou à l'intérêt de leurs avances.
De sorte que, dans son système, quand les ouvriers de
Lyon, par exemple, avaient créé pour cent ou cent cinquante millions de damas, crêpes, etc, ils n'avaient exactement rien ajouté à la valeur primitive de la soie écrue,

et pas davantage à la richesse de la nation. L'unique fruit de leur travail avait été une occasion pour eux de gagner un salaire qu'ils avaient, en définitive, échangé contre un produit de l'agriculture, laquelle se trouvait ainsi la seule créatrice de tous les biens. Cet énorme sophisme n'était pas exactement accordé par Gournay. Mais celui-ci différait en cela seulement de Quesnay, qu'il mettait la richesse, telle quelle, que pouvait produire l'industrie, infiniment au-dessous de celle que créait l'agriculture. Ce n'était guère la peine de se diviser pour si peu; d'autant qu'au sortir de cette petite divergence de mots, plutôt que de faits, ils se réunissaient à l'instant même dans toute la suite de contradictions ou de paradoxes que voici : d'abord, que l'agriculture mérite toutes les préférences de l'Etat, et qu'une nation doit s'occuper surtout d'avoir de riches cultivateurs; puis, qu'il ne faut pas tendre au bon marché des denrées, parce que ce bon marché anéantit le revenu; ensuite, ce qui assurément, en conséquence de ce qu'on vient de lire, ne s'attend guère, ensuite, disons-nous, que l'industrie, n'étant pas ou n'étant que peu productive, doit être entièrement exempte de charges publiques; que les impositions indirectes sont la ruine d'un pays; enfin, que l'impôt doit porter directement et uniquement sur le produit net des biens fonds.

Ce qu'il y a d'erroné dans ces bases de la doctrine de Quesnay saute tellement aux yeux qu'il est inutile de s'y arrêter. On priera seulement le lecteur de bien remarquer le point saillant qui la constitue, savoir : que l'industrie n'est pas une source de richesse, et que, par conséquent, elle doit rester également en dehors et des charges et de la protection de l'Etat. Cette claire utopie est, comme on va le voir, l'âme du reste du système.

Si, en effet, les travaux même les plus vastes de l'industrie ne sont rien que d'ingénieux moyens de rendre les productions de la terre plus usuelles et leur répartition plus générale, il s'ensuit que la dernière chose dont l'homme en société ait besoin pour vivre est la liberté politique.

A quoi servirait la liberté politique dans le « gouvernement « d'un royaume agricole qui doit réunir tous les intérêts à un « objet capital, c'est-à-dire à la prospérité de l'agriculture, « qui est la source de toutes les richesses de l'Etat et de « celles de tous les citoyens » ? A rien. Je me trompe, elle ne saurait être qu'une source de maux, car, « ce système « des contreforces dans un gouvernement est une opinion « funeste, qui ne laisse apercevoir que la discorde entre les « grands et l'accablement des petits… ; que l'autorité sou« veraine soit (donc) unique et supérieure à tous les indi« vidus et à toutes les entreprises injustes des intérêts « particuliers ; car l'objet de la domination et de l'obéis« sance est la sûreté de tous et l'intérêt de tous [1]… » La déclaration est claire ; mais, s'il pouvait rester la moindre équivoque sur le sens de ces étranges paroles, un des disciples immédiats de Quesnay se chargerait de la lever : « Il « est physiquement impossible, dit Mercier de la Rivière, « qu'il puisse subsister un autre gouvernement que celui « d'un seul. Qui est-ce qui ne voit pas, qui est-ce qui ne « sent pas que l'homme est formé pour être gouverné par « une autorité despotique [2] ? »

[1] *Maximes économiques*, maxime I.

[2] *Ordre naturel et essentiel des sociétés politiques*, t. I, p. 199. L'abbé Beaudeau, Mirabeau le père et d'autres encore ont, dans le même sens, des expressions d'une crudité aussi forte.

Ainsi, point d'industrie ou le moins possible, ce qu'il en peut être nécessaire seulement pour créer une occasion d'échanger des services et de consommer un peu plus de denrées ; la constitution de la France en un royaume agricole qui ne payera d'autre impôt que l'impôt foncier ; et Louis XV, pasteur absolu des prés et des citoyens, disposant « sans contreforces » qui ne sont bonnes (odieuses contreforces !) qu'à balancer le despotisme : voilà le gouvernement économique qui convient à la nation.

Mais ce n'est pas tout : cette nation n'est pas seule dans le monde ; elle a des voisines avec lesquelles elle entretient un certain commerce. Quelles lois Louis XV, dans la plénitude de sa pastorale omnipotence, donnera-t-il à ce commerce ? C'est ici le triomphe de l'école, et la naissance du *Libre échange*[1]. On demande quelles lois Louis XV donnera au commerce extérieur ? La réponse est bien simple : aucune.

Le rôle de l'Etat, tout absolu qu'il soit, et même Quesnay ne le fait absolu que pour cela, est, en matière économique, de ne s'occuper qu'à deux choses : la première, d'empêcher que les particuliers se nuisent les uns aux autres, et que leur liberté naturelle d'acheter et de vendre soit aucunement troublée ; la seconde, de veiller, par l'exact maintien de cette police, à ce que le produit

---

[1] Quelques écrivains libres échangistes modernes ont beaucoup disputé pour établir que cette utopie fameuse est bien d'origine française ; nous le croyons très-volontiers. Adam Smith connaissait certainement les opinions de Quesnay et de son école, avant d'écrire son ouvrage ; d'ailleurs, dans les quelques paradoxes qui déparent ses *Recherches sur la richesse des nations*, jamais Adam Smith n'a poussé les choses jusqu'à l'exagération des écrivains français. Tout le monde sait, en outre, quel éloge il a fait de l'Acte de navigation.

net des terres augmente le plus possible. Voilà toute la
fonction du gouvernement.

Quant aux rapports commerciaux de l'Etat avec les
nations étrangères, il n'y a proprement à s'en embar-
rasser en rien ; la seule mesure à prendre, c'est de renoncer
au système qu'on a suivi jusqu'alors, principalement depuis Colbert, c'est-à-dire le système des taxes protectrices,
car il est dénué de sens.

Les particuliers, en effet, savent mieux que l'Etat ce
qui leur convient ; il faut, comme le disait un fameux
négociant, nommé Legendre, à Colbert lui-même, les
laisser faire. L'intérêt public n'étant que la résultante
de tous les intérêts particuliers, et chaque négociant con-
naissant à merveille son propre avantage, il s'ensuivra
qu'à eux tous, sans se concerter, sans s'entendre, rien
qu'en faisant leurs affaires, ils feront celles de la nation.
De même qu'on laissera faire les marchands, on *laissera
passer* les marchandises et, pour cela, on abolira toutes
douanes, aussi bien entre les différents royaumes qu'entre
les différentes provinces.

Que craint-on ? de perdre ce que les « spéculateurs poli-
« tiques » appellent la balance du gouvernement ? Pure illusion ! « La balance du commerce est le pis-aller du
« commerce extérieur, qui est lui-même le pis-aller du
« commerce. » D'ailleurs, toute opération de commerce
n'est-elle pas inévitablement réciproque ? L'argent n'est-il
pas un pur signe, et les produits, en définitive, s'échan-
gent-ils contre autre chose que contre des produits ? S'il est
une chose extravagante en ce monde, c'est de vouloir tout
vendre aux étrangers et ne rien acheter d'eux. La France,
débarrassée des prohibitions qui l'enceignent, et s'adonnant

à cette agriculture pour laquelle elle est exclusivement faite, comme, il y a longtemps déjà, l'a remarqué Sully, la France, si elle est réduite à ce « pis-aller » du commerce extérieur, échangera contre les produits industriels des autres nations les « denrées de son cru. » « Le commerce « extérieur, dans tous les cas, doit être infiniment débar- « rassé et libre, » et toute la politique en cette matière consiste en cette seule maxime : « Qu'on maintienne « l'entière liberté du commerce; car la notion du com- « merce intérieur et extérieur la plus sûre, la plus exacte, « la plus profitable à la nation et à l'Etat, consiste dans « la pleine liberté de la concurrence[1]. »

Telles étaient les rêveries que Quesnay et Gournay, vers 1760 environ, à une époque où la société, plus que jamais, aurait eu besoin d'être mise, en matière écono- mique, à l'école de l'expérience et du sens commun, ré- pandaient dans le monde.

Ces rêveries n'avaient pas alors le seul défaut que nous leur trouvons aujourd'hui, le défaut d'être absurdes. Dans l'ignorance à peu près universelle où l'on était, à la fin du dix-huitième siècle, en France, des principes les plus élémen- taires de la politique commerciale, les erreurs de ces deux hommes avaient encore ce triste effet de corrompre les sources de la science naissante et de l'égarer, dès le début, et l'opinion publique avec elle, dans une voie déplorable.

Si, sans s'arrêter, bien entendu, au détail des grossiers paralogismes où Quesnay et Gournay s'égaraient à l'envi l'un de l'autre, on exprime et on considère, en effet, la

---

[1] Je tire les éléments et le plus souvent même jusqu'au texte de cette exposition des *Maximes économiques* et des *Dialogues sur le commerce*, de Quesnay, et de l'*Eloge* de Gournay qu'a donné Turgot.

substance de ces paralogismes, on verra qu'ils avaient
tous pour origine, ou la dénégation la plus effrontée, ou
l'inintelligence la plus dangereuse du principe qui, en
économie politique comme partout, est l'âme et la vie
même de la vérité, de la dignité et du progrès, — la
liberté.

Examinez ce que ces deux honnêtes chimériques, sans
le moins du monde penser à mal, car, il faut leur rendre
cette justice, ils étaient aussi sincères que violents, examinez, dis-je, ce qu'ils faisaient, en matière de politique
commerciale, tant intérieure qu'extérieure, de tous les
droits de la nation.

La première chose, sans doute, qu'il y eût à enseigner
à la France, en matière d'économie commerciale, à l'é-
poque où ils écrivaient, c'est que la liberté politique, je
veux dire le gouvernement des intérêts de la nation
par la nation elle-même, est, dans une société parvenue à
l'âge viril, non-seulement la seule condition d'existence
supportable, mais la seule garantie de la conservation de la
fortune publique et la seule ressource de son progrès.

Mais quoi? le premier article de leur doctrine, c'est qu'il
n'y avait d'autre sorte de gouvernement capable d'assurer la prospérité commerciale des particuliers et de l'Etat
que le gouvernement absolu! Sans descendre à relever
ce qu'il y avait de bas dans la maxime, que ne regar-
daient-ils autour d'eux ce qu'avait, en telle matière,
établi avec la plus invincible éloquence l'expérience des
peuples et des âges? Quel talisman, du huitième au quinzième siècle, avait donc fait la grandeur industrielle et
marchande des Républiques italiennes, d'Amalfi, de
Gênes, de Florence et de Venise? La liberté. Quel secret

avait élevé la Hanse? La liberté. Et la Hollande? La liberté. Et l'Angleterre, enfin, cette Angleterre qui venait de conquérir l'empire des mers et des marchés, comment l'avait-elle conquis cet empire? Par la liberté. Quelle puissance, produisant tout à coup William Pitt hors de la foule de l'aristocratie anglaise, l'avait nommé premier ministre, et avait fait ainsi décider la guerre de 1756 et le triomphe de l'Angleterre? La liberté. Qui l'avait emporté dans le traité de Paris, la gloire des Anglais et notre honte? La liberté. Toujours et partout, la liberté. Et cependant, en présence de ces grands exemples, ils ne faisaient nulle difficulté de mettre la fortune nationale, sans réserve ni contrôle, dans les mains, je me trompe, sous les pieds d'un seul homme, et d'un seul homme qui s'appelait Louis XV !

Mais, s'ils ignoraient ou méconnaissaient à ce point les principes de la dignité humaine et toutes les leçons même les plus navrantes de l'histoire, que ne considéraient-ils un peu, ces profonds philosophes, ce qui faisait que la France, si naturellement active et intelligente, si admirablement dotée de tous les moyens de prendre dans le monde la tête des nations industrielles, commerçantes et maritimes, était cependant refoulée au second rang? Comment ne recherchaient-ils pas pourquoi, malgré l'acharnement de génie qu'avaient mis, durant trois siècles, Louis XI, François Ier, Henri IV et Sully, Louis XIII et Richelieu, Louis XIV et Colbert, à la rendre la plus riche des nations de l'univers, pourquoi, malgré tout cela, son gouvernement était à la veille de faire banqueroute, sa marine épuisée, ses colonies les plus belles perdues, les autres languissantes, son industrie, malgré tant d'encou-

ragements, arriérée, son agriculture souffrante, son commerce à l'intérieur accablé de taxes, au dehors entravé
par des rivaux qui lui prenaient tous ses débouchés? S'ils
eussent cherché un peu, n'eussent-ils pas vu que cela
tenait à ce que la France avait toujours manqué de cette
sève de vie qu'on appelle la liberté! Mais non, ils ne
voyaient pas cela, et la première maxime de leur *science
nouvelle*, c'était, en face de dilapidations sans nom, que
la seule garantie de la prospérité publique était la tyrannie! Et ils plaisantaient sur la constitution de l'Angleterre! Et ils se moquaient des « contreforces » qui auraient
pu modérer le despotisme! Et leurs plus chers disciples im-
primaient , avec l'approbation de Sa Majesté, qu'il est
physiquement impossible que l'homme soit libre!

Considérez maintenant leur théorie de politique commerciale extérieure, autrement dit, pour lui donner par
avance son véritable nom, leur utopie du *Libre échange*.
Qu'y faisaient-ils des principes les plus élémentaires de
la liberté du travail et du commerce de la nation? La
même chose que de sa liberté d'administration intérieure,
— litière.

Les suivre dans la déduction des paralogismes où ils
s'égaraient sur ce nouveau terrain, aussi bien que sur le
premier, serait peine inutile. Un mot seulement sur chacune des maximes principales qui composaient le corps
de leur doctrine.

Il ne faut point gouverner le commerce extérieur, disaient-ils, les particuliers savent mieux que l'Etat ce qui
leur convient; et ce qui convient à chacun d'eux, pris ensemble, est le bien total de la nation. — Sophisme : ne pas
gouverner les intérêts d'une nation, considérée en tant que

nation, c'est abandonner la gestion de sa fortune au caprice des intérêts individuels. Mais, s'il est vrai de dire que la totalité de ces intérêts est la même chose que l'intérêt public, il est faux de conclure que l'intérêt public soit tout entier dans un chacun des intérêts individuels. Les industriels et les négociants ne voient que l'avantage de leurs affaires propres et ne se soucient aucunement, en tant que négociants et industriels, de l'intérêt de l'Etat, dont la garde et la conduite ne leur sont pas remises. Il n'y a qu'un gouvernement qui soit capable d'apprécier comment on peut conduire cet intérêt d'ensemble, tant à l'intérieur que devant l'étranger; il n'y a qu'un gouvernement qui, considérant d'une vue unique le faisceau des intérêts individuels, soit capable, au dedans, de prendre les mesures nécessaires à les concilier tous en en froissant le moins grand nombre possible, et au dehors, de suivre la politique la plus propre à les empêcher d'être ruinés par l'étranger.

— *Laissez faire*, ajoutaient-ils. — Qui laisser faire? Laisser faire l'Acte de navigation, et lui permettre d'achever la ruine de notre marine marchande?

— *Laissez passer.* — Qui laisser passer? Lord Clive, et le vaisseau qui l'emmenait fonder là-bas, sur les ruines des établissements de Labourdonais et de Dupleix, le merveilleux empire de l'Inde anglaise?

Et enfin, — « sachez que la liberté du commerce consiste « dans la pleine concurrence. »—Nous sommes bien aise de l'apprendre, si nous l'ignorions. Mais que n'apprenaient-ils, à leur tour, ces savants universels, ce que le bon sens le plus vulgaire enseigne, savoir qu'il n'y a pas de concurrence durable, sinon entre concurrents, soit égaux, soit équivalents en forces, par cette raison, brillante comme

le soleil, que lorsque, de deux concurrents en présence, le
premier a un plus grand capital que le second, le second
est ruiné par le premier?

Ils ignoraient profondément l'histoire; à la bonne heure.
Mais qui les empêchait de considérer ce qui arrive
quand, de plusieurs marchands qui tiennent boutique
dans une même rue, l'un, ayant plus d'argent, vend, pour
se défaire des autres, à plus bas prix qu'eux tous? Il les
ruine. Or, qu'est-ce que le monde commercial? Un grand
marché où toutes les nations se présentent à la fois pour
vendre leurs produits. Si les moins riches avaient la folie
de lutter avec les plus riches, sans égaliser par des taxes de
différence leur inégalité de puissance de production, qu'ar-
riverait-il? Qu'elles seraient ruinées évidemment.

Est-ce que ni Quesnay ni Gournay, Gournay surtout
qui avait voyagé en Espagne, n'avaient entendu parler
d'un certain traité de commerce conclu par lord Methuen,
dans lequel traité, le Portugal ayant voulu lutter avec l'Angleterre, sans équilibrer les conditions du combat, avait,
en moins de vingt ans, été réduit en province marchande
anglaise? Est-ce que, sans sortir de France et sans être un
historien consommé, il n'était pas, en 1760, parfaitement
notoire, que les Hollandais à Ryswick et les Anglais à
Utrecht, nous avaient imposé l'abandon de certain droit
de cinquante sols par tonneau qui avait, en un moment,
inondé nos ports de leurs navires, au détriment de tous nos
constructeurs?

Mais non, comme ils avaient, sans le moindre scrupule,
livré, à l'intérieur, l'administration de la fortune publique
au despotisme, de même, ils ne voyaient pas, au dehors, le
moindre inconvénient à abandonner cette fortune, sans

gouvernement ni garantie, à la concurrence même la plus destructive, de l'étranger.

Leçons déplorables, qui viciaient dans l'intelligence encore vierge de la nation les principes les plus essentiels de toute saine économie publique.

Ces leçons, en effet, furent bientôt propagées par de nombreux disciples qui se jetèrent ardemment sur les traces de Quesnay : Mercier de la Rivière, que nous avons déjà entendu nous dire ce qu'il pensait du meilleur des gouvernements possibles ; un abbé Beaudeau, qui partageait de tout point à cet égard les mêmes sentiments; Dutrosne, Mirabeau le père, Dupont de Nemours dont nous retrouverons ailleurs la trace, quelques autres encore.

Ces écrivains, assurément, étaient fort médiocres, et il est difficile aujourd'hui de soutenir la lecture de l'immense fatras où ils développèrent leurs utopies. Ils réussirent cependant, et ils eurent, sur l'opinion contemporaine, une nfluence considérable. D'où cela provint-il ? car assurément, ce succès ne s'explique, ni par l'élévation de leurs idées, ni par le charme de leur parole ; et il semble que la société qui avait lu Montesquieu, Voltaire et Rousseau, eût dû se montrer plus difficile.

Diverses causes peuvent rendre raison de ce succès.

D'abord, la matière était neuve, et les esprits se tournaient de plus en plus vers son étude. Il était presque inévitable que les premiers qui en entretiendraient le public obtinssent son attention; et pour peu, dans l'ignorance universelle, qu'ils le fissent avec quelque dogmatisme, il y avait grande chance qu'ils parvinssent à lui imposer : or, ce n'était pas le dogmatisme qui manquait dans les œuvres de Quesnay et de ses disciples. Ensuite, la société, à la fin

du dix-huitième siècle, outre qu'elle était, par son ignorance de ces matières, sans beaucoup de défense contre
l'erreur, la société, dis-je, à cette époque, avait pris un
goût de paradoxe et d'utopie qui la préparait à admettre
bien des erreurs. Rousseau, à cet égard, avait prodigieu-
sement ébranlé la sûreté du sens public. Ajoutez l'importance sociale personnelle de Quesnay et de Gournay.
Quesnay était le médecin favori de Louis XV. Il demeurait
à la Cour même, et Louis XV se montrait ravi d'une philosophie dont le premier chapitre était un hymne en faveur du pouvoir absolu. C'était lui faire sa cour que d'être
de l'avis de Quesnay. Gournay avait une place d'intendant
du commerce, qui lui donnait, en ces matières, un grand
prestige d'autorité. Tous les deux étaient liés avec la coterie la plus influente qui se soit jamais produite dans la
république des lettres, la coterie encyclopédiste, où les
matérialistes étaient en nombre, et ceux-ci naturellement
étaient en communion de principes avec les *économistes*,
comme ils les appelaient. D'ailleurs Quesnay et Gournay
s'étaient faits les apôtres de vérités qui servaient à recom-
mander leurs erreurs. Des écrivains qui demandaient l'a-
bolition des douanes intérieures, celle des jurandes et des
maîtrises, et la liberté du commerce des grains, avaient
acquis le droit d'être crus, provisoirement au moins, sur
parole, en toute matière d'économie publique ; et ç'avait
été la principale source de leur crédit. Enfin, grand secret
d'avoir raison, ils parlaient tout seuls, et personne n'avait
paru qui s'avisât de les contredire, encore moins de les
réfuter.

Un homme existait à cette époque, doué du plus noble
cœur et de la plus vive intelligence, qui eût pu, et qui, ce

semble, aurait dû se charger de cette tâche et se faire, dans ce domaine, l'éducateur de l'opinion publique : c'était Turgot.

Nous identifiant tout à l'heure par la pensée avec les besoins de la nation à la fin du dix-huitième siècle, nous disions que l'un des plus utiles présents qu'eût pu lui faire alors la Providence eût été de lui envoyer un esprit supérieur qui fît, en économie politique, ce que Montesquieu, par exemple, avait fait en législation universelle, c'est-à-dire qui, passant en revue l'histoire industrielle et commerciale de tous les peuples, et remontant aux causes de la prospérité et de la ruine de ces peuples, les généralisât et fît voir en elles les véritables principes qui doivent conduire les nations dans le gouvernement de leur fortune. A quel homme cette belle entreprise eût-elle dû, ce semble, plus naturellement échoir qu'au ministre philosophe qui rédigea les immortels édits de 1774 et de 1776?

Admirez ici les contradictions de l'esprit humain : non-seulement Turgot n'a pas combattu les fausses maximes de l'école de Quesnay; mais il les a toutes adoptées; bien plus, il les a énergiquement défendues; plus encore, il les a poursuivies et tenues pour bonnes jusque dans leurs plus extrêmes et leurs plus chimériques conséquences; enfin, il a été, sans réserve, l'un des soutiens, les plus ardents comme les plus convaincus, de toutes les utopies que cette école a mises au monde.

Bornons-nous à rappeler, pour mémoire, qu'il tenait, comme Quesnay, que la terre seule est productive, que l'industrie n'est pas une source de richesse, et que, par conséquent, il n'y a pas d'autre système raisonnable d'impôt à établir, qu'un impôt unique sur le produit net des biens-fonds; et, négligeant cette partie de sa doctrine où il ne diffère en rien des autres disciples du médecin de Louis XV, écoutons-le exposer, avec la nette et rapide précision de langage qu'il porte aussi bien dans l'expression de l'erreur que dans celle de la vérité, sa théorie de politique commerciale extérieure.

Il s'en est expliqué dans une lettre à l'abbé Terray [1], selon les termes singuliers que voici :

« ... Je ne connais de moyen d'animer un commerce « quelconque que la plus grande liberté... Je conçois que « des maîtres de forges, qui ne connaissent que leurs fers, « imaginent qu'ils gagneraient davantage s'ils avaient « moins de concurrents. Il n'est point de marchand qui ne « voulût être seul vendeur de sa denrée; il n'est point de « commerce dans lequel ceux qui l'exercent ne cherchent « à écarter la concurrence et ne trouvent quelques sophis- « mes pour faire accroire que l'Etat est intéressé à écarter, « du moins, la concurrence des étrangers, qu'ils réussissent « plus aisément à représenter comme les ennemis du com- « merce national. Si on les écoute, et on ne les a que trop « écoutés, toutes les branches de commerce seront infectées « de ce genre de monopoles. *Ces imbéciles* ne voient pas que « ce même monopole qu'ils exercent, non pas, comme ils « le font accroire au gouvernement, contre les étrangers, « mais contre leurs concitoyens, consommateurs de la « denrée, leur est rendu par ces mêmes concitoyens, ven- « deurs à leur tour dans toutes les autres branches de « commerce, où les premiers deviennent, à leur tour, « acheteurs... Cette augmentation forcée des prix pour

« tous les acheteurs diminue nécessairement la somme des
« jouissances, la somme des revenus disponibles, la ri-
« chesse des propriétaires et du souverain, et la somme
« des salaires à distribuer au peuple... Quelques sophis-
« mes que puisse accumuler l'intérêt particulier de quel-
« ques commerçants, la vérité est que toutes les branches
« du commerce doivent être libres, également libres, en-
« tièrement libres ; que le système de quelques politiques
« modernes, qui s'imaginent favoriser le commerce natio-
« nal, en interdisant l'entrée des marchandises étrangères,
« est une pure illusion ; que ce système n'aboutit qu'à
« rendre toutes les branches du commerce ennemies les
« unes des autres, à nourrir entre les nations un germe de
« haines et de guerres dont les plus faibles effets sont mille
« fois plus coûteux aux peuples... que tous les petits pro-
« fits mercantiles qu'on imagine s'assurer... La vérité est
« qu'en voulant nuire aux autres on se nuit à soi-même,
« non-seulement parce que la représaille de ces prohibi-
« tions est si facile à imaginer que les autres nations ne
« manquent pas de s'en aviser à leur tour, mais encore
« parce qu'on s'ôte à soi-même les avantages inapprécia-
« bles d'un commerce libre... S'obstiner, par les vues d'une
« politique étroite qui croit pouvoir tout tirer de son cru,
« à contrarier des effets nécessaires, ce serait faire comme
« les propriétaires de Brie, qui croient économiser en bu-
« vant de mauvais vin de leur cru... Ce que doit faire la
« politique est donc de s'abandonner au *cours de la nature*
« et au cours du commerce, non moins nécessaire, non
« moins irrésistible que le cours de la nature, sans pré-
« tendre le diriger, parce que, pour le diriger sans le dé-
« ranger et sans se nuire à soi-même, il faudrait pouvoir

« suivre toutes les variations des besoins, des intérêts, de
« l'industrie des hommes; il faudrait les connaître dans
« un détail qu'il est physiquement impossible de se pro-
« curer... J'ajoute que si l'on avait sur tous ces détails
« cette multitude de connaissances qu'il est impossible de
« rassembler, le résultat en serait de laisser aller les choses
« précisément comme elles vont toutes seules, par la seule
« action des intérêts des hommes qu'anime la balance
« d'une concurrence libre... »

Et c'est Turgot, Turgot à la veille d'entrer au pouvoir,
de siéger à cette place où s'est assis Colbert, que nous en-
tendons raisonner de la sorte !

Voyons : les maîtres de forges du Limousin étaient des
imbéciles qui ne connaissaient que leurs fers. Récusons-les.
Aussi bien, il ne s'agit pas de savoir si tel ou tel maître
de forge, tel ou tel manufacturier, tel ou tel négociant
fera ou ne fera pas fortune : en soi, cela nous est parfaitement indifférent; cela ne nous intéresse qu'à un point
de vue, au point de vue de l'avantage qui doit résulter
pour l'Etat à ce qu'il y ait sur le territoire le plus grand
nombre possible de producteurs de la richesse publique;
car, plus il y aura de ces producteurs, plus ils élèveront
d'usines, plus ils emploieront d'ouvriers, plus ils manu-
factureront de produits, et plus aussi, cela est clair à
éblouir les yeux, plus aussi l'Etat sera prospère.

Toute la question se réduit donc à ceci : trouver le
moyen le plus efficace de conserver et d'augmenter la
puissance productive de la nation.

Quel sera ce moyen ?

Vous répondez, Turgot : C'est de s'abandonner *au cours
de la nature* et du commerce, de renoncer à la *politique*

étroite des prohibitions, et de s'en fier à *la seule action des intérêts des hommes qu'anime la balance d'une concurrence libre.*

Je veux bien, pour un moment, quoique cela soit dur à vous accorder, que Louis XI, François Ier, Henri IV, Richelieu et Colbert chez nous ; les conseillers d'Elisabeth, Cromwell, Walpole, et, de votre temps même, William Pitt, aient été des politiques à vues étroites ; cependant, si Colbert et Cromwell s'étaient abandonnés au *cours de la nature,* croyez-vous que la *balance d'une concurrence libre* eût couvert la France de manufactures au détriment de la Hollande, de la Flandre, de Venise, etc., et l'Angleterre, aux dépens de l'univers? Si Colbert et Cromwell avaient *laissé aller les choses toutes seules ;* sans les tarifs de 1664 et 1667 et sans l'Acte de navigation, où seraient la richesse industrielle de la France et la puissance maritime de l'Angleterre?

— Mais cela crée, dans l'intérieur des Etats, des monopoles. — C'est une erreur : si tous les citoyens ont, à l'exclusion des étrangers, le droit égal d'exercer ces prétendus monopoles , où est le privilége, et quel citoyen a droit de s'en plaindre? Qui est-ce qui vous empêche demain matin d'extraire du charbon ou de fabriquer de la toile? Et si rien ne vous en empêche, que signifie votre mot de monopole?

— Mais il en résulte une augmentation dans le prix des choses. — Il est vrai, pendant un temps. Mais croyez-vous que ce soit une mauvaise spéculation pour un peuple, de consentir à payer momentanément certains produits un peu plus cher pour en acclimater la fabrication sur son territoire? Quand les Anglais ont prohibé les cotonnades de l'Inde, ils ont non-seulement consenti à payer le coton, chez eux, plus cher; mais, tout en le payant plus cher, à l'avoir, pendant longtemps, infiniment moins bon que s'ils eussent continué à le tirer des Indes. Oui; mais qu'est-il arrivé? Qu'ils ont naturalisé sur leur sol une industrie immense qui a été pour eux une source inépuisable de richesse. Défendez-vous, Turgot, aux nations d'avoir la prévoyance vulgaire du père de famille, et de sacrifier les commodités du présent à la grandeur de l'avenir?

— Mais la somme des salaires à distribuer au peuple diminue.— Comment cela? C'est assez difficile à comprendre, si le nombre des manufactures, et, partant, des ouvriers et des consommations de tout genre, augmente.

— Mais les prohibitions étant adoptées par tous les peuples, les représailles annulent les effets du système. — Tellement, Turgot, que si vous reveniez au monde de nos jours, vous verriez que l'Europe n'a jamais été plus couverte de douanes frontières qu'aujourd'hui, et qu'elle n'a jamais été plus florissante.

— Mais les haines des peuples! mais la guerre! —Avez-vous trouvé le secret de la paix perpétuelle? ou celui de mettre un frein à l'ambition des peuples ou des princes? Est-ce le régime protecteur qui, de votre temps, a jeté l'Angleterre sur nos possessions du Canada, Frédéric sur la Silésie, et qui tout à l'heure jettera Catherine sur la Pologne? Vous parlez de laisser couler le cours de la nature. Hélas! j'ai bien peur que Rousseau vous fasse envisager ce cours de la nature sous les chimériques images qu'il en donne. Il se peut que, dans le *Discours sur l'inégalité des conditions,* le cours de la nature ne roule que des flots d'innocence; mais les flots du cours naturel de la nature sont formés de tout autre chose, je veux dire de passions. En vérité, n'est-ce pas aller loin que d'accuser d'étroitesse d'esprit Richelieu et Cromwell, Colbert et William Pitt,

pour avoir pris la nature pour ce qu'elle est, et non pour
ce que vous voudriez qu'elle fût !

Chose étrange, je le répète, que ce soit à Turgot que
la philosophie et l'histoire aient à opposer des représentations pareilles !

Mais ce n'est pas tout. Nous l'avons dit, Turgot ne se
borna pas à adopter les plus fausses doctrines de Quesnay,
en matière de politique commerciale, et à se les approprier
en quelque sorte, en les exprimant dans une langue que
Quesnay n'a jamais connue ; il fit plus : il exagéra encore
ces doctrines, en ce sens qu'il ne craignit pas de descendre,
en logicien inflexible, jusqu'à l'extrémité de leurs conséquences, et d'avouer hautement ces conséquences, quelque violentes qu'elles fussent.

Nous venons de lui demander s'il avait trouvé le secret
d'établir la paix perpétuelle ; car enfin, il n'y a pas moyen
de se fier *au cours naturel des choses*, si les passions des peuples subsistent, et si les ambitions territoriales, nationales,
dynastiques, etc., sont toujours de ce monde. Eh bien, il
a répondu à cette question, et il y a répondu affirmative-
ment, sans tergiversation, sans équivoque. Savez-vous
quand ? En 1778 ; c'est-à-dire non pas, comme dans sa
lettre à l'abbé Terray, avant d'avoir appris de sa propre
expérience ce que pèse le gouvernement d'un grand peuple, mais deux ans après sa glorieuse sortie du ministère.
Et à qui a-t-il fait la confidence de son opinion à cet égard ?
Au docteur Price, à l'un des plus habiles financiers du
temps et à l'un des plus chers amis de cet autre grand financier qui s'appelait le second des Pitt ! Voici les termes
de sa lettre [1]. Le style où il s'exprime et le procédé qu'il

---

[1] On a plus d'une fois remarqué l'influence exercée par les écrits de Rous-

propose pour établir cette paix perpétuelle, sans laquelle la
réalisation de l'utopie du libre échange n'est pas possible,
sont aussi remarquables que le fond de son opinion
même :

« On suppose partout le droit de régler le commerce…
« Tout cet édifice est appuyé sur les bases fausses de la
« très-ancienne et très-vulgaire politique, sur le préjugé
« que les nations peuvent avoir des intérêts en corps de
« nations autres que celui qu'ont les individus d'être libres
« et de défendre leurs propriétés contre les brigands et les
« conquérants : intérêt prétendu de faire plus de commerce
« que les autres, de ne point acheter les marchandises de
« l'étranger, de forcer l'étranger à consommer leurs pro-
« ductions et les ouvrages de leurs manufactures; intérêt
« prétendu d'avoir un territoire plus vaste, d'acquérir
« telle ou telle province, telle ou telle île, tel ou tel vil-
« lage ; intérêt d'inspirer la crainte aux autres nations;
« intérêt de l'emporter sur elles par la gloire des armes,
« par celle des arts et des sciences… Avec le principe sacré
« de la liberté du commerce, regardé comme une suite
« du droit de propriété, tous les prétendus intérêts de
« commerce disparaissent. Les prétendus intérêts de pos-

seau sur l'imagination de Turgot ; mais je ne crois pas qu'il soit sorti de
la plume du célèbre économiste un morceau où cette influence soit plus
visible que dans celui qu'on va lire. Turgot ne fait qu'y élever, contre le
droit des nations à posséder en propre un certain territoire, les mêmes et
tout aussi extraordinaires revendications que Rousseau, au nom du communisme, élève contre le droit de propriété privée. Comparez le passage
de la lettre de Turgot à l'invective fameuse : « Le premier qui, ayant en-
« clos un terrain, s'avisa de dire : *Ceci* est à moi, et trouva des gens
« assez simples pour le croire, fut le vrai fondateur de la société civile,
« etc. » C'est le même ordre d'idées et presque le même mouvement de
style. La source des deux utopies est identique, et leur parenté flagrante.

« séder plus ou moins de territoires s'évanouissent, par le
« principe que le territoire n'appartient point aux nations,
« mais aux individus propriétaires des terres; que la
« question de savoir si tel canton, tel village doit appar-
« tenir à telle province, à tel Etat, ne doit point être dé-
« cidée par le prétendu intérêt de cette province ou de cet
« Etat; mais par celui qu'ont les habitants de tel canton,
« ou de tel village, de se rassembler, pour leurs affaires,
« dans le lieu où il leur est le plus commode d'aller; que
« cet intérêt étant mesuré par le plus ou moins de chemin
« qu'un homme peut faire loin de son domicile, pour
« traiter quelques affaires plus importantes, sans trop
« nuire à ses affaires journalières, devient une mesure
« naturelle et physique de l'étendue des juridictions et des
« Etats, et établit entre tous un équilibre d'étendue et de
« forces qui écarte tout danger d'inégalité et toute préten-
« tion à la supériorité... »

Nous demandions tout à l'heure si c'était bien Turgot
qui avait écrit l'apologie du libre échange que nous a con-
servée sa lettre à l'abbé Terray; mais, en lisant ce passage
de sa lettre à Price sur la manière de détruire l'esprit de
rivalité des nations, en vérité, on reste confondu.

Comment ! il venait de gouverner la France, il avait eu
cet insigne honneur de figurer noblement devant l'histoire
dans la place qu'avait remplie Colbert, il avait tenu et senti
palpiter dans ses mains cet admirable corps de la société
française, ouvrage de tant d'années et tant de dévouements,
et ce qu'il rapportait de là dans la vie privée, c'est qu'il n'y
avait rien de mieux à faire que de confondre le territoire
national avec celui des autres peuples et de partager le
tout en millions de villages tels, que l'étendue de chacun

d'eux n'excédât pas la longueur du chemin que pourrait faire un homme, sans se déranger trop des affaires de son domicile ! Et il était persuadé que l'abolition des douanes extérieures suffirait à amener cette extraordinaire transformation dans la distribution de la propriété du globe et dans les mœurs du genre humain ! Et il écrivait cela en Angleterre, à Price, à l'ami de Pitt!

Délétère et détestable influence de l'esprit de chimère ! Semblable à ces miasmes impurs qui empoisonnent aussi bien les constitutions les plus saines que les plus grêles, cet esprit s'attaque aux plus belles âmes, et le sang le plus généreux peut en être lui-même vicié et corrompu!

Turgot fut donc, comme personne ne l'avait été avant lui, des partisans les plus extrêmes des utopies de Quesnay. On peut penser quel crédit l'adhésion d'un homme aussi digne de respect contribua à donner à ces utopies. Ce crédit fut immense ; il tourna, comme tournent tant de choses en France, en mode, et cette pastorale bizarre de la suppression des nationalités devint, en un moment, le fond de la science économique, ainsi que de tous les écrits et de toutes les conversations.

Cette maladie de l'opinion était très-grave. Elle révélait dans les âmes un fonds de faiblesse qui les montrait ouvertes à tous les paradoxes ; et il eût été facile de prévoir, dès lors, qu'une société où de telles erreurs avaient si aisément cours pouvait être entraînée à toutes les aventures. L'esprit public accusa déterminément par là, dans ses tendances générales, un caractère non pas seulement révolutionnaire, mais dissolvant, à l'égal, sinon au delà des plus grands exemples connus. Il était visible, en effet, qu'on ne pensait plus uniquement, en France, à réformer

la constitution civile et politique de la société : Montesquieu et Voltaire, qui s'étaient arrêtés là, étaient dépassés
par l'esprit public. C'étaient les fondements mêmes de
l'existence du genre humain qui, non-seulement dans le
vulgaire des esprits, mais même dans certaines intelligences
d'élite, étaient mis en doute et chancelaient. L'influence
de Rousseau en économie politique, comme partout, s'é-
tait établie et avait prévalu : il régnait, et déjà bouillonnait
dans l'âme de la nation ce singulier mélange de sublimes
espérances et de désirs impurs dont la fermentation, après
quelques années encore, allait amener la plus formidable
explosion de société qu'ait vue l'histoire.

Que faisait donc la monarchie, en présence de ce mouvement, toujours croissant et se corrompant à mesure qu'il
croissait, de l'opinion publique ? Rien, que se dégrader
de plus en plus. Louis XV n'avait point d'illusion sur la
portée de ce mouvement ; il comprenait et il disait
que s'il n'était point réglé, il emporterait la monarchie. Mais son égoïsme égalait seul sa corruption. Il
s'amusait des rêveries de Quesnay, il contribuait même
à les propager ; il trouvait, comme tout le monde, que
l'état actuel de la société était à bout ; mais, « Après nous
« le déluge », disait-il, et, « La machine durera bien autant
« que nous » ; et, devenant chaque jour plus étranger aux
affaires, il ne songeait qu'à ses débauches.

Dans cette abjection, sans précédent, du pouvoir royal,
un homme cependant se produisit qui, comprenant lui
aussi à merveille l'immense fardeau de la situation, fit,
sinon pour pour la décharger, du moins pour en retar-
der l'affaissement, des efforts dignes des regards de
l'histoire : ce fut Choiseul.

Il n'était pas administrateur; et d'ailleurs, quand il l'eût été, les dilapidations sans bornes de la cour ne lui eussent permis de rendre, dans cette voie, aucun service à la nation; mais il était homme d'Etat, dans la plus forte acception du mot, et notre politique commerciale extérieure trouva en lui un ministre d'une élévation de vues et d'une vigueur de conduite qui forment le plus noble contraste avec le reste de l'existence du misérable gouvernement qu'il servit.

Il avait bien vu que le traité de Paris, en investissant l'Angleterre d'une suprématie maritime et marchande écrasante, avait détruit toutes les conditions anciennes de l'équilibre universel, et qu'il fallait désormais chercher quelque nouvelle manière de rétablir cet équilibre. La France n'y suffisait plus : elle était amoindrie et humiliée dans les quatre parties du monde; les temps n'étaient plus où sa seule épée, jetée dans un des plateaux de la balance, tenait l'ambition anglaise en suspens. Mais il était un moyen que Choiseul, avec une sagacité supérieure, sut saisir, de réparer sur ce point si grave les injures de la fortune : c'était de nouer une vaste confédération continentale et maritime de toutes les puissances secondaires, à la tête de laquelle serait la France.

Il débuta dans cette voie par un coup de diplomatie dont la grandeur de conception a comme un air de génie : ce fut de lier par un *pacte*, dit *de famille*, tous les souverains de la maison de Bourbon, c'est-à-dire les cours de Paris, de Madrid, de Naples, de Parme et de Plaisance, lesquelles, sous son inspiration, s'engagèrent par une alliance perpétuelle, offensive et défensive, à se garantir mutuellement leurs Etats, à reconnaître pour ennemi

commun l'ennemi de chacune d'elles, à ne faire de traité
séparé avec aucune puissance de l'Europe, et à ouvrir réciproquement aux produits et aux navires de leurs nationaux leurs marchés et leurs ports respectifs.

C'était beaucoup déjà : il sut faire davantage.

Le Portugal et la Hollande payaient chèrement l'impolitique alliance que, durant la guerre de la succession d'Espagne, ils avaient conclue avec l'Angleterre. Le Portugal
surtout, depuis le traité de Méthuen, n'était plus qu'une
province marchande de l'empire britannique. Il était gouverné alors par un homme d'une remarquable activité
d'esprit et dont le patriotisme s'indignait de la honteuse et
ruineuse sujétion de son pays aux intérêts de l'Angleterre. C'était le fameux Carvalho, marquis de Pombal ;
Choiseul conclut secrètement alliance avec lui. Il en fit autant avec la Hollande, qui, revenue enfin, au prix de bien
durs sacrifices, de l'illusion où elle avait été si longtemps
sur la valeur de l'amitié britannique, commençait à re-
gretter amèrement de s'être si fort éloignée de nous.
C'étaient deux marines secondaires à joindre éventuelle-
ment à celle de l'Espagne, et qui, l'occasion se présentant,
pouvaient nous aider à reconquérir un jour l'indépendance
compromise de l'Océan.

Mais, pour cela, il fallait aussi rétablir notre flotte, que
la guerre de 1756 avait ruinée. Choiseul confia cette tâche
à son parent, Choiseul-Praslin, qui s'en acquitta avec tant
d'activité, que bientôt nous eûmes dans nos ports une
soixantaine de vaisseaux et frégates prêts à prendre la mer.

Sur ces entrefaites, la fortune lui ouvrit une occasion
dont il profita, avec autant de résolution que d'esprit, de
rétablir un peu nos affaires dans cette Méditerranée, qui

semblerait ne devoir être qu'espagnole, italienne et française, et dont les cessions de Minorque et de Gibraltar avaient, dès le traité de Paris, donné les clés à l'Angleterre. La Corse se révolta contre Gênes : Choiseul intervint dans ces démêlés, il se fît céder par Gênes cette île précieuse qu'elle ne pouvait garder, et, avant que le cabinet de Londres fût revenu de son étonnement, il y envoya une armée qui en fit une province française.

Les choses étaient en cet état, quand un événement dont les suites devaient changer les destinées du monde éclata tout à coup. Les colonies anglaises d'Amérique, irritées des exactions financières de leur métropole, refusèrent de payer les taxes abusives dont celle-ci frappait leur commerce. Leur insurrection parut imminente. Choiseul jugea sur-le-champ les immenses conséquences d'une séparation de l'Amérique du Nord d'avec la Grande-Bretagne ; il prévit quel contre-poids la domination maritime et marchande anglaise y pourrait un jour trouver, et il encouragea tant qu'il put la légitime ambition d'indépendance des Américains, leur faisant passer déjà de l'argent et leur promettant, au besoin, des vaisseaux, des armes et des troupes.

C'était rentrer avec esprit et grandeur dans les voies, si oubliées depuis le traité d'Utrecht, de la vraie politique française ; cette politique d'équilibre, également avantageuse aux intérêts commerciaux aussi bien que politiques de toutes les nations, que Richelieu et Mazarin avaient si glorieusement fondée.

Donnez à Choiseul un autre souverain que Louis XV. Le diplomate adroit qui avait noué alliance avec l'Espagne, l'Italie, le Portugal et la Hollande, le ministre à entreprises qui avait réuni la Corse, eût peut-être ajouté une grande page à notre histoire. Mais Louis XV ne le permit pas.

De débauche en débauche, il en était venu, au moment où allait éclater la belle politique de Choiseul, à disputer aux passants, comme le lui dit un jour l'évêque de Séez, les vils restes de la corruption publique. Madame Dubarry s'était fait recevoir maîtresse en titre, et elle aspirait à devenir premier ministre. Choiseul avait subi madame de Pompadour; mais, ici, l'épreuve était trop forte : le dégoût lui monta aux lèvres; il le laissa voir, et ce fut lui qui fut renvoyé.

A partir de là, la suite du règne se traîne jusqu'à la fin, et sans compensation aucune, dans l'ordure et dans le désordre. La première année du ministère de madame Dubarry ajouta à la dette flottante plus de cent cinquante millions. Terray parut, qui combla les deux tiers du déficit en faisant banqueroute. Enfin, dernier acte de ce règne, qui en couronne dignement toutes les turpitudes, une société se forma, dont les opérations de politique commerciale consistèrent à accaparer des blés, à les exporter momentanément à l'étranger, à provoquer ainsi, avec la faim, la hausse, et à les faire rentrer alors, pour les vendre à grands bénéfices. Le peuple, accablé de misère, appela cette association abominable d'un nom inouï, comme elle, dans les fastes du genre humain : *le pacte de famine.*

Enfin, nous voilà au bout : Louis XV s'en va à Saint-Denis, chargé des malédictions publiques, et son infortuné successeur arrive au trône. On voit sous la charge de quel passé : on va voir pour quelle tâche et pour quel avenir.

FIN DU PREMIER VOLUME.

TABLE DES MATIÈRES

DU TOME PREMIER.